도서출판 대장간은
쇠를 달구어 연장을 만들듯이
생각을 다듬어 기독교 가치관을
바르게 세우는 곳입니다.

대장간이란 이름에는
사라져가는 복음의 능력을 되살리고,
낡은 것을 새롭게 풀무질하며, 잘못된 것을
바로 세우겠다는 의지가 담겨져 있습니다.

www.daejanggan.org

Copyright ©2007, 2009 Andrew Linzey

Originally published in English under the title ;
   Creatures of the Same God: Explorations in Animal Theology
    Published by Lantern Books, 128 Second Place Brooklyn, NY 11231
All rights reserved.

Uesd and translated by the permissions of Lantern Books.
Korea Edition Copyright © 2014, Daejanggan Publisher. in Daejeon, South Korea

동물신학의 탐구

지은이	앤드류 린지 Andrew Linzey
옮긴이	장윤재
초판발행	2014년 10월 4일
펴낸이	배용하
책임편집	배용하
디자인	이상희
등록	제364-2008-000013호
펴낸곳	도서출판 대장간
	www.daejanggan.org
등록한곳	대전광역시 동구 삼성동 285-16
편집부	전화 (042) 673-7424
영업부	전화 (042) 673-7424전송 (042) 623-1424
분류	동물신학 | 생태
ISBN	978-89-7071-338-0 03230

이 책은 저작권법에 의해 보호를 받는 출판물입니다.
기록된 형태의 허락 없이는 무단 전재와 복제를 금합니다.

 값 12,000원

같은 하나님의 피조물
동물신학의 탐구
Creatures of the Same God

앤드류 린지 지음
장윤재 옮김

나에게 깊은 영감을 준
철학자이자 동물 옹호가
프리실라 콘^{Priscilla Cohn}에게
이 책을 바친다

목차

7 · 한국 독자들에게

11 · 역자 서문

29 · 저자 서문

49 · 제1장 _ 종교 그리고 동물의 고통에 대한 감수성

61 · 제2장 _ 동물을 중요하게 생각하는 신학

77 · 제3장 _ 동물권과 동물신학

90 · 제4장 _ 생태신학과 동물신학의 갈등

115 · 제5장 _ 동물신학에 대한 논쟁에 답하다

135 · 제6장 _ 예수와 동물 – 한 다른 관점

154 · 제7장 _ 초기 중국 기독교에서의 동물과 채식주의

169 · 제8장 _ 동물을 위한 예배를 드리는 것에 관하여

195 · 제9장 _ 요약: 동물을 위한 예언자적 교회를 향하여

211 · 부록1 _ 사냥에 관해 주교님들에게 보내는 공개서한

218 · 부록2 _ 동물 및 종교관련 주요도서

229 · 부록3 _ 한국에 소개된 동물보호 및 채식 관련 책

235 · 색인

한국독자들에게

왜 동물을 돌봐야 하는가?

왜 동물을 돌봐야 하는가? 이 질문은 타당한 질문으로 답변을 얻을 가치가 있다. 우리가 '인간의' 정의와 평화와 관련된 수많은 요청을 받고 있지만, 동물이 상대적으로 적은 관심을 받는다는 것은 그리 놀랄 일은 아닐 것이다. 우리는 '연민 피로'에 시달리고 있다는 말이 있다.

하지만 동물 문제는 정의와 연민의 물음에서 떼어낼 수 없다. 데스몬드 투투Desmond Tutu 대주교는 이렇게 쓴 적이 있다.

> 우리는 긴박한 인간의 문제들에 직면해 있지만 동물에 대한 정의라는 문제를 간과해서는 안 됩니다. 사실 동물에 대한 학대와 약한 사람들에 대한 학대 사이에는 어떤 연관성이 있다는 증거가 늘어나고 있습니다. 예를 들어 우리는 난폭한 살인자들이 흔히 어린 시절에 동물들을 난폭하게 죽였다는 것을 압니다. 우리 모두는 학대 없는 세계의 창조에 관심을 가지고 일해야 합니다.[1]

---

1) Archbishop Desmond Tutu, "Extending Justice and Compassion", Foreword to Andrew Linzey (ed), *The Global Guide to Animal Protection* (Chicago: University of Illinois Press, 2013).

동물에 대한 폭행과 인간에 대한 폭력 사이에 있는 이러한 연결고리는 바삐 가던 우리를 멈추어 세운다. 너무도 흔히 우리는 동물을 '저 밖'에 있는 존재로, 그리고 동물이 당하는 고통은 인간이 당하는 고통과 매우 다를 것으로 생각한다. 하지만, 동물에 대한 폭력과 인간에 대한 폭력 사이에 분명한 연관성이 있다는 발견은 우리가 더는 그렇게 생각할 수 없다는 것을 의미한다. 우리는 동물에 대한 학대가 인간에게만이 아니라 동물에게도 해롭다는 아퀴나스, 로크, 교황, 쇼펜하우어, 그리고 칸트와 같은 사람들의 사상을 지지하는 강력한 경험적 증거들을 가지고 있다.[2] 그 중 하나는 인권을 탄압하는 국가들에서는 동물권 역시 심각하게 부인되고 있다는 사실이다. 만약 당신이 인권이 존중되는 나라에서 살고 싶다면 먼저 그 나라의 동물권이 얼마나 존중되고 있는지를 점검하면 된다.

그런데 인간에 대한 영향과 별개로, 동물에 대한 폭력에 반대하는 강력한 이성적 논거가 있다. 그것은 다음과 같은 요소들에게서 나온다. 동물은 동의를 하거나 동의를 보류할 수 없으며, 자신을 대변하거나 자신의 고유한 관심을 분명히 말할 수도 없고, 도덕적으로 무고하며 비난할 수도 없으며, 그리고 상대적으로 취약하고 자신을 방어할 수 없다는 점이다. 이 요소들 중 단 하나만으로도 동물은 우리의 특별한 윤리적 배려를 받을 정당한 이유가 있지만, 이 요소들을 모두 다 고려한다면 그것은 동물을 위한 아주 강력한, 그리고 정말로 설득력 있는 논거를 제공한다.[3]

---

2) 다음을 보라. Andrew Linzey (ed), *The Link Between Animal Abuse and Human Violence*, (Brighton, UK, and Portland, USA: Sussex Academic Press, 2009).
3) 이 논거는 다음의 책에서 보다 확실히 제시되었다. Andrew Linzey, *Why Animal Suffering*

더욱이 우리는 이제 포유류와 조류들이 최소한 지각이 있는sentient 존재라는 것을 안다. 지각이 있다는 말은 그들이 고통과 기쁨을 느낄 수 있다는 말이다. 우리는 이 생명체들이 고통을 당한다고 가정하는 것이 인간이 고통을 당한다고 말하는 경우처럼 합리적임을 안다. 동물들은 단지 고통부정적인 육체적 자극으로서의 고통을 당할 뿐만 아니라 스트레스, 정신적 충격트라우마, 공포테러, 정신적 타격쇼크, 불길한 예감, 그리고 비통과 같은 정신적 고통 또한 경험한다는 것을 보여주는 전문가들의 과학적 증거들이 속속 드러나고 있다. 이것을 알게 되면 우리는 더 이상 핑계를 댈 수 없다.

동물 보호 운동은 약하고 무구하며 자신을 방어할 수 없는 존재들이 우리에게 특별한 요구를 하는 것이라고 판단하는, 지금 전 세계적으로 일어나고 있는 새로운 감수성의 발현으로 이해되어야 한다. 이제 '그들' 대 '우리'라는 이분법이 사라져야 한다. 우리는 인간과 동물 둘 다 포함하여 모든 지각 있는 존재들을 위해 일어서야 한다.

한국에서 동물 보호 운동이 크게 성장하면서 동물을 위한 커다란 발걸음을 떼고 있다. 나는 존 스튜어트 밀John Stuart Mill의 말을 좋아한다. "모든 개혁 운동은 세 단계를 거친다. 첫째는 조롱하기, 둘째는 토론하기, 그리고 셋째는 받아들이기." 지금 한국에서 동물이 지적 의제가 되고 있다는 것은 미래를 위해 좋은 징조다. 나는 이 책이 동물이라는 문제에 대해 한국에서 더 활발한 토론이 일어나고 나아가 우리 모두를 밀이 말한

Matters: Philosophy, Theology, and Practical Ethics (Oxford and New York: Oxford University Press, 2009).

세 번째의 단계, 즉 동물 이슈를 우리 시대의 핵심적 문제의 하나로 '받아들이는' 단계에 한 걸음 더 가까이 다가가도록 이겨할 수 있기를 희망한다.

이 책은 동물에 대한 정의를 위해 지난 삼 십 년 이상 싸운 나의 투쟁을 반영한다. 어떤 이들은 성직자이자 신학자인 한 사람이 어쩌다가 이렇게 교회와 대학 둘과 깊은 갈등 관계에 빠졌는지 놀랄지도 모른다. 그렇지 않았더라면 좋았겠지만, 나는 이 두 기관들이 종종 동물과 동물들이 당하는 고통에 대해 깊이 무감각하고 냉담하다는 것을 발견한다. 나는 좀 더 평화로운 세계를 갈망한다. 그래서 동물에 대한 돌봄이 나의 동료 인간들로부터 그렇게 많은 반대를 낳았어야 했다는 점이 유감스러운 따름이다. 하지만 나는 포기할 의사가 없다. 이 세상이 동물들에게 좀 더 나은 세상이 되게 하는 일에 이미 내 삶을 바쳤기 때문이다.

내 책이 한국어로 출판되는 것은 나에게 너무도 커다란 영예이다. 대장간 출판사의 배용하 사장에게 깊이 감사하며, 특히 이 책을 훌륭히 번역해주고 동물 이슈를 사회적이고 학술적으로 의제화 하는데 용기를 가지고 나서 준 한국의 이화여대 장윤재 교수에게 감사한다.

내 희망은 오랫동안 평화와 정의를 갈망해온 한국인들이 창조세계의 모든 생명체에게로 이 정의와 연민을 확장하자는 내 책의 핵심을 간파하는 것이다.

2014년 9월
앤드류 린지

역자서문

신적 권리로서의 동물권

"인간들이여, 당신들이 동물보다 우월하다고 뽐내지 마십시오. 동물들은 죄를 짓지 않지만, 인간들은 자신의 위대함을 가지고 땅을 더럽히기 때문입니다"

— 도스토예프스키

　우리나라에서 반려견을 키우는 사람이 1,200만 명이나 되는 것으로 추산된다. 국민 4명 당 1명이 반려견을 키우고 있다는 말이다. 하지만 해마다 휴가철이나 연휴가 되면 전국적으로 수 만 마리의 반려견들이 버려진다. 한 해 평균 약 10만 마리가 버려진다. 대개 늙고 병든 강아지들이다. 반은 안락사나 자연사로 죽는다. 아무도 책임지지 않는 이 숱한 생명들의 죽음을 어찌할 것인가. 우리나라도 동물에 관한 근본적인 인식의 전환이 필요한 때다.

　우리나라는 OECD 국가 중 고아 수출 1위일 뿐만 아니라 유기견 수출도 1위다. OECD 국가 중 버려진 개를 해외로 입양 보내는 나라는 우리나라밖에 없다. 몇 년 전 캐나다로 입양 간 유기견 '티파니' 이야기는 이미 잘 알려진 이야기다. 티파니는 주둥이가 없다. 누군가 티파니를 잡아 먹으려고 철사로 입을 묶은 채 몽둥이로 때렸기 때문이다. 가까스로 탈출에 성공했지만 철사에 묶여 있던 입이 몽땅 잘려나갔다. 이 사연은 인터넷을 통해 해외까지 알려졌고, 캐나다의 한 대학병원이 데려가 수술을 했다. 캐나다 전역에서 입양 신청이 쇄도했다.

마하트마 간디는 이렇게 말했다. "한 국가의 위대함과 도덕적 진보는 그 나라의 동물이 받는 대우로 가늠할 수 있다." 우리나라는 도덕적으로 얼마나 진보했는가. 고양이가 사람을 보고 도망가는 나라는 한국밖에 없다는 보도가 사실이 아니길 바란다.

개와 고양이만의 문제가 아니다. 소와 돼지와 닭과 오리들도 문제다. 2010년 11월 23일 안동에서 시작한 구제역口蹄疫, foot-and-mouth disease은 곧장 전국으로 확대되었고 불과 몇 달 사이에 우리는 도합 600만 마리의 가축들을 산 채로 땅에 묻으며 한국판 '아우슈비츠'를 연출했다. 국제청정지역지위 유지를 위해, 그리고 고작 연간 20억 원 돼지고기 수출을 위해 3조원을 쏟아 부으며 무참한 살육을 저질렀다. 자연 상태에서는 구제역에 걸린 가축의 50-90%가 스스로 치유하고 벌떡 일어서는데, 그 날 갓 태어난 새끼부터 갓 출산한 어미까지 한꺼번에 땅에 묻어버렸다.

"사람으로 태어난다는 것이 벌인가 / 사람으로 살아가는 것 자체가 악인가 / 아니 사람으로 살아있다는 것만으로도 죄인가 / 미안하다, 용서하라, 잘 가라." 임옥상은 '인간 없는 세상'이라는 글에서 당시 구제역 파동으로 죽어간 수많은 생명들에게 이렇게 용서를 구했다. 용서를 구할 수도 있는지 모르겠다. 그 날 산 채로 땅에 파묻혀 울부짖던 돼지들의 울음소리에서 우리는 그 옛날 아벨의 핏소리를 들었다. 하나님께서는 인류 최초의 살인자 가인에게 "네 아우 아벨이 어디 있느냐"창세기 54:9라고 물으셨다. 하나님은 오늘 우리에게 "네 동료 피조물들을 어디 묻었느냐"고 물으실 것이다.

　이 책은 지구라는 행성 위에 우리와 함께 사는, 하지만 인간의 폭력과 학대에 시달리는 우리들의 '동료 피조물' fellow creature 동물의 권리와 복지와 해방을 다룬다. 우리는 더 이상 이 문제를 피해갈 수 없다. 동물은 이제 우리사회와 학계의 한 주요 의제로 떠올랐다.

　사실 동물에 대한 학대와 폭력은 한국만의 문제가 아니다. 해마다 500억 마리의 동물이 인간에 의해 죽임을 당한다. 물고기를 빼면 매년 250억 마리의 동물이 인간의 음식이 되기 위해 죽고, 매년 4천 만 마리의 동물이 모피가 되기 위해 죽는다. 먹고 입는 것만이 아니다. 다음의 열거하는 제품들을 이름을 읽어보고 그들의 공통점이 무엇인가 찾아보라.

　살충제, 부동액, 브레이크액, 표백제, 교회 초, 방취제, 목욕용 발포제, 탈모제, 눈 메이크업, 잉크, 선탠오일, 손톱 광택제, 마스카라, 헤어스프레이, 페인트, 지퍼 윤활유… 우리가 일상적으로 사용하는 이 많은 상품들의 공통점은 하나같이 모두 동물을 이용한 독성 실험을 거친 것들이라는 점이다.

　'토끼눈 실험'이라는 게 있다. 1940년대에 드레이즈J.H. Draize라는 사람에 의해 처음 시행되었기 때문에 '드레이즈 테스트' Draize Test라고도 불린다. 어떤 물질이 토끼 눈에 들어갔을 때 어떤 자극을 주는지 평가하기 위해 개발됐다. 토끼들은 머리만 내밀고 고정되는 장치에 꽁꽁 묶인다. 논을 부비거나 긁는 것을 방지하기 위해서다. 그리고 표백제나 샴푸 혹은 잉크를 한쪽 눈에 투입한다. 대부분 각막 또는 내부 구조에 심각한 상처를 입힌다. 완전히 시력을 상실하기도 한다. 이 때 토끼는 급히 눈을 깜빡거리고 비명을 지르며 몸을 움직여 도망가려 한다. 하지만 단단한 조임 장치 때문에 아무 것도 할 수 없다. 이 실험에 토끼가 사용되는 이유는 무엇일까. 토끼 눈이 커서 관찰하기 쉽고, 무엇보다 토끼의 눈에는 눈물관이 없어 투여된 물질이 빠져나갈 곳이 없기 때문이다. 크고 예쁜 눈이 토끼에게는 화褐가 됐다.

  이 정도의 동물실험은 불가피하다고 생각할 지도 모를 사람들을 위하여 다음과 같이 세계 명문대학들과 유수한 기관들에서 이루어지고 있는 동물실험들의 이름을 소개해보겠다. 쥐를 33일간 잠재우지 않기시카고대학, 갓 태어난 생쥐의 앞다리를 잘라 그럼에도 자기 몸을 단장하는지 관찰하기오레곤대학, 10일 된 새끼고양이 양 눈을 꿰매 시력상실의 영향에 대해 관찰하기옥스퍼드대학, 생쥐의 두뇌에 헤르페스 바이러스 주사하기케임브리지대학, 원숭이에게 신경가스, 청산가리, 방사능, 총알 혹은 미사일 쏘기미 국방부, 자동차 충돌실험에 돼지나 원숭이 이용하기GM, 어미 뱃속에 있는 새끼 돼지 태아의 목을 자르고 그것이 임신한 암퇘지의 인체 화학에 어떤 영향을 주는지 관찰하기미 농무부, 비글이라는 사냥개에 플루토늄 주사하기하버드대학. 계속해야 할까…

  "동물을 대하는 태도에 관한 한 모든 인간은 나치다"라고 세계적인 동물 윤리학자 피터 싱어Peter Singer는 말했다. 간디는 이렇게 물었다. "왜 사람들은 건물이나 예술작품과 같은 인간의 창조물을 파괴하면 '야만행위'라고 비난하면서 신의 창조물을 파괴하면 '진보'라고 치부하는가?" 실로 '문명의 진보'와 '동물의 고통' 사이에는 깊고도 분명한 함수관계가 있다. 인간의 '진보'는 동물에 대한 '잔인성'과 정비례한다. 그리고 21세기 말에 가면 지구상에 존재하는 모든 동물의 3분의 2가 인간에 의해 멸종될 것으로 예상된다. 그런데 동물에 대한 폭력과 학대에 있어서 우리가 주목해야 할 사실은 그것이 어쩌다 일어나는 사적인 일이 아니라 조직적이고 제도적인 일이라는 사실이다. 동물학대는 몇몇 개인의 병리적 현상이 아니다. 동물에 대한 학대는 사회적으로 합법화되고 제도화된 폭력이다. 그것은 우리들의 '의도적인 무지' wilful ignorance 속에서 일어난다. 우리는 보고도 못 본 체 한다. 듣고도 못 들은 체 한다. 아니 우리는 우리 앞의 동물을 보지 못한다. 저 밖에 움직이는 물체로서 볼지는 모른다. 하지만 살아있고 지각이 있는 존재로서 동물을 보지 못한다. 우리의 언어, 우리의 철학, 우리의 과학, 우리의 종교, 우리의 문화가 그들을 보지 못하도록 가로막고 있기 때문이다.

 그래서 동물의 문제는 우리의 철학과 윤리와 종교의 문제다. 인류의 역사는 도덕적 지평의 확대의 역사라 말할 수 있다. 여성에서 흑인으로, 가난한 사람으로, 장애인으로, 동성애자로 도덕적 배려와 책임의 지평이 확장되어 왔다. 동물에 대한 현대 서구 학계의 관심은 1960년대로 거슬러 올라간다. 옥스퍼드대학의 철학과 졸업생인 존 해리스John Harris와 로슬린드 고드로비치Roslind Godlovitch가 1971년에 낸『동물, 인간, 그리고 도덕』*Animals, Men and Morals*이 그 효시가 됐다. 이어 1975년에 피터 싱어의『동물해방』*Animal Liberation*이, 1976년에 앤드류 린지Andrew Linzey의『동물권 :

기독교적 평가』*Animal Rights: A Christian Assessment*가, 그리고 1977년에 스티븐 클락Stephen Clark의 『동물의 도덕적 지위』*The Moral Status of Animals*가 연달아 출간되면서 동물에 대한 현대 서구 학계 연구에 불을 붙였다.

피터 싱어의 『동물해방』은 한국에 일찌감치 소개되었다. 인간사랑 출판사 1999년, 연암서가 출판사 2012년. 싱어는 이 책에서 문제의 핵심이 동물도 인간처럼 '고통'을 느끼는가라는 것을 분명히 했다. 싱어는 공리주의功利主義, utilitarianism 입장에 서 있다. 이 입장은 쾌락은 증진시키고 고통은 감소시키는 것이 도덕적으로 옳다는 입장이다. 여기서 중요한 것은 평등의 원리다. 즉 어떤 한 존재의 고통은 다른 존재의 동일한 고통과 평등하게 취급해야 한다는 것이다. 거기서 그의 유명한 종種차별주의speciesism에 대한 비판이 나왔다. 동물이 단지 인간이 아니라는 이유만으로 그들에게도 고통을 받지 않을 권리가 있음을 부정하는 것이 종차별주의다. 싱어는 성차별주의나 인종차별주의에는 반대하면서 종차별주의에 반대하지 않는 것은 '위선'이라고 잘라 말했다.

싱어의 공리주의의 기원은 18세기 영국의 철학자 제레미 벤담Jeremy Bentham, 1748-1832이다. 그는 학대 받는 동물의 처지를 흑인 노예들의 처지와 비교하면서 동물에 대한 인간의 지배가 더 이상 정당한 통치가 아니라 학정이라고 고발한 유럽 최초의 사상가가 되었다. 그는 임마누엘 칸트Immanuel Kant, 1724-1804가 동물은 인간과 달리 이성이 결여되어 있으며 따라서 동물에 대한 인간의 직접적인 의무는 없다고 말할 때, "문제는 동물들이 이성적으로 사고할 수 있는가가 아니라 그들이 고통을 느낄 수 있는가이다"라고 반박했다. "바보야, 문제는 경제야!"고 했던 어느 누구

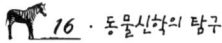

의 말이 떠오른다. 싱어는 이러한 벤담의 사상을 이어받았다. 그래서 오직 고통을 최소화해야 한다는 원칙에서 그의 책 『동물해방』을 이끌어나간다. 그는 여기서 어떠한 자연권 사상이나 천부적 권리에 호소하지 않는다. 이 점에 관해서는 인간도 마찬가지다. 그는 '권리'에 대한 철학적 논쟁에 휘말리지 않으면서 동물의 평등을 옹호할 수 있다고 믿는다.

동물에 대한 공리주의적 접근 말고 또 다른 접근방법이 있다. 그것은 의무론義務論, deontology이다. 의무론적 윤리는 칸트에 의해 수립되었는데, 공리주의와 달리 어떤 행위의 도덕적 올바름이 행위의 결과에 있지 않고 행위 자체의 올바름에 있다고 본다. 이러한 의무론적 입장에서 동물권리론을 개척한 사람이 미국의 철학자 톰 리건Tom Regan, 1938- 이다. 그는 동물도 인간과 마찬가지로 '한 삶의 주체' subjects of a life로서 자신의 타고난 가치가 있기 때문에 인간의 도덕적 고려의 대상이 되어야 한다고 주장했다. 그가 말하는 삶의 주체란 생명이나 의식의 여부가 아니라 자신에 대한 감각, 과거에 대한 기억, 미래에 대한 감각, 정체성에 대한 감각의 유무 등을 가리킨다. 리건의 동물권리론은 칸트의 의무론적 윤리를 비판적으로 수용한 것이다. 앞서 살펴보았듯이 칸트는 동물에게는 이성이 결여되어 있으므로 인간은 동물에게 직접적인 도덕적 의무를 가지고 있다고 보지 않았다. 그는 단지 동물을 인간을 위한 수단에 불과하다고 보았다. 하지만 리건은 칸트의 의무론적 윤리를 비판적으로 수용하며 자신의 동물권리론의 철학적 기반으로 사용하는 것이다.

우리는 현대 서구의 동물에 대한 담론이 벤담-싱어로 이어지는 공리주의 계보와 칸트-리건으로 이어지는 의무론의 계보 속에서 이루어지고 있음을 보았다. 이 책의 저자 앤드류 린지는 한때 공리주의의 입장에 선 적이 있으나 이와 결별하고 리건과 긴밀히 협력하면서 '동물권'animal rights 신학을 전개하고 있다. 특히 '신의 권리'로서의 '동물권'과 '신의 정의'에 기초한 '관대함의 윤리'라는 독특한 윤리를 제안하고 있다.

린지는 싱어의 공리주의적 접근을 비판한다. 린지가 보기에 공리주의는 차갑고 불충분하다. 물론 벤담에 의해 발전되고 싱어와 같은 현대 철학자들에 의해 계승된 공리주의는 동물이 당하는 고통에 주목하도록 만드는 데 크게 기여했다. 하지만 린지는 싱어의 공리주의에 아주 중요한 두 요소, 즉 연약함vulnerability과 무구함innocence에 대한 고려가 결정적으로 빠져 있음을 발견했다. 예를 들어 싱어는 최소 한 달 이상 된 태아만 우리의 도덕적 고려의 대상에 포함될 수 있다고 말한다. 왜냐하면 한 달이 안 된 태아는 아직 고통을 느낄 수 없기 때문이다. 린지가 보기에 그런 공리주의적 입장은 유아나 동물과 같이 역사적으로 도덕적 권리를 박탈당해 온 존재들에게 진정한 희망이 되지 못한다. 린지는 우리의 도덕적 의무를 특별히 그런 연약하고 무구한 존재들에게까지 확장해야 한다고 주장한다. 그는 초지일관해서 연약하고 스스로를 방어할 수 없는 존재들에게는 싱어가 말하는 것처럼 '평등한' 고려가 아니라 '더 큰' 고려가 필요하다고 강조한다. 한마디로 린지는 약자에게 '도덕적 우선순위'가 주어져야 한다고 말하는 것이다. 그의 입장은 다음의 한 문장 안에 압축되어 있다. "윤리에서 내가 견지하는 이론적 입장은 약자와 상처 입기 쉬운 자들이 우리에게 특별한 권리를 요구한다는 것이다." 이것이 앤드류 린지의 동물권 신학의 핵심인 '관대함의 윤리'ethics of generosity다.

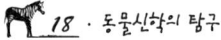

약하고 스스로를 방어할 수 없는 존재에게 더 큰 도덕적 우선순위가 주어져야 한다는 말은 이제 한국인들에게 낯설지 않은 말이 되었다. 최근 한국을 방문한 교황 프란체스코 1세가 보여준 모습이 바로 그것이 아니었던가. 그는 말없이 병들고 약하고 무기력하고 슬픔에 빠져 있는 사람들 편에 섰다. 한국인들은 종교를 떠나 그런 모습에서 종교가 줄 수 있는 감동과 메시지가 무엇인지 보았다.

　그런데 린지가 말하는 관대함은 동정심이나 온정주의에서 나온 것이 아니다. '신의 권리'와 '신의 정의'라는 확고한 신학적 개념에서 나온 것이다. 린지에게 동물권은 신학적으로 '신적 권리' theos-rights이다. 동물권은 동물이 스스로 획득했거나 아니면 인간이 동물에게 부여한 어떤 권리가 아니다. 그것은 창조주로서 하나님이 가지 고유한 권리다. 그러므로 동물권을 침해하는 것은 곧 린지에게 있어서 하나님의 권리에 대한 침해가 된다. 하지만 린지는 '권리' 담론을 넘어간다. 그는 동물권리론을 개척한 리건과 협력하면서도 그와 달리 '권리 위에 관대함'을 주장한다. 이 관점은 그가 성서적 통찰에서 얻은 것이다. 그가 성서에서 가장 중요하다고 생각하는 것은 예수 그리스도의 삶 안에 계시된 하나님의 관대하심이다. 하나님의 관대하심 혹은 자비는 특별히 예수의 '포도원주인의 비유' 마태복음 20장에 명확히 드러났다. 포도원주인은 이른 아침부터 하루 종일 일한 사람이나 "나중에 온 이 사람에게도" unto this last 모두 똑같은 임금을 주어 그 날 살아갈 권리를 보장해주었다. 인간의 관점에서 이것은 정의가 아니다. 더 일한 사람이 더 받고, 덜 일한 사람은 덜 받는 게 인간이 생각하는 정의다. 그것이 이른바 '공정으로서의 정의'다. 하지만 포도원주인의 비유에 나타난 '하나님의 정의'는 달랐다. 그것은 하나님의 관대하심 혹은 자비에 기초한 정의다. 그것은 업적과 관계없이 필요에 따라 삶의 권리를 보장해주는 은총의 정의다. 가장 약하고 무고한 자를 우선적으로 감싸는 적극적 정의다. 린지는 동물권 문제가 단지 인도주의의 확장이나 복지의 문제가 아니라 바로 이런 정의의 문제임을 강조한다. '모두를 위한 정의' justice for all가 문제의 핵심임을 누차 강조한다.

린지가 칸트-리건으로 이어지는 의무론적 윤리의 입장에서 동물의 '권리'를 이야기하면서도 그것을 신적 권리와 정의의 차원으로 승화시켜 자칫 개인주의적으로 흐를 수 있는 권리 담론 위에 '관대함' 혹은 자비 혹은 연민의 윤리를 결합한 것을 보았다. 그런데 린지의 동물권 신학의 또 하나의 특징이자 장점은 그가 동물의 권리에 대한 논쟁을 철저히 '이성적'으로 전개한다는 사실이다. 그는 동물과의 '감성적 연대'나 동물에 대한 '돌봄의 윤리' 혹은 '연민의 윤리'가 중요함을 인정한다. 하지만 동물권 반대자들의 논리와 논거를 이상적으로 반박하고 혁파하지 않으면 안 된다는 것을 절실히 깨달았다.

그는 지금까지의 동물에 대한 학대와 착취가 동물이 인간과 다르다는 사실, 즉 '차이'에 대한 강조 위에 이루어졌음을 인지한다. 린지는 인간과 동물 사이에 차이가 있다는 것을 부정하지 않는다. 아니 오히려 적극적으로 인정한다. 하지만 그 차이가 '차별'의 근거가 아니라 도리어 '특별한 도덕적 배려의 원리'가 된다고 논리를 뒤집는다. 지금 동물에 대한 인간의 학대는 두 개의 검증되지 않은, 그리고 사회적으로 영속되는 전제 위에 이루어진다. 첫째는 인간이 동물보다 우월하고 특권적 지위를

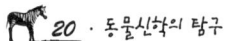

누린다는 전제이고, 둘째는 동물은 도덕적 권리의 합법적 주체가 아니라는 전제이다. 특히 이 두 번째의 전제는 바로 동물이 인간과 '다르다'는 것을 기반으로 정당화 되고 있다. 우리는 동물이 영혼을 가지고 있지 않아서, 혹은 의식이 없어서, 혹은 문화를 갖지 않아서, 혹은 도구를 사용하지 않아서 우리와 차이가 있으며 따라서 그런 동물을 맘대로 다루어도 괜찮다는 논리를 익히 들어왔다. 하지만 린지는 인간과 동물 사이에 그런 차이가 있다고 해도 그 차이가 과연 우리가 동물을 다루는 데 어떤 근본적인 차이를 만들어내야 하느냐고 반문한다. 인종과 종교와 성과 국적의 차이가 있다고 해서 한 인간이 다른 인간을 착취해도 되는가? 아니라면, 똑같은 논리가 왜 동물에게는 적용되지 말아야 한다는 말인가? 차별의 근거였던 차이를 도리어 특별한 도덕적 배려의 원리로 뒤집고 있는 것이다.

이러한 독특한 동물신학과 윤리를 펼치는 린지를 한국에 처음 소개하게 되어 매우 기쁘게 생각한다. 린지는 영국성공회의 신부이며 신학자이고 또한 작가이자 기독교 채식주의자이다. 현재 옥스퍼드대학교 신학부의 교수로 있으며 2006년부터 '옥스퍼드 동물윤리 센터' Oxford Centre for Animal Ethics를 설립해 운영하고 있다. 그는 앞서 살펴본 대로 현대 서구 지성사회에서 동물의 권리에 대한 이론을 개척한 선구자 중의 한 사람이다. 그는 1976년 『동물권 : 기독교적 평가』라는 기념비적 저서를 출간한 이래, 1988년에 『기독교와 동물권』 Christianity and the Rights of Animals, 1994년에 『동물신학』 Animal Theology, 199년에 『동물복음』 Animal Gospel, 같은 해에 『동물의례』 Animal Rites, 그리고 2007년에 이 책의 원저인 『같은 하나님의 피조

물 : 동물신학의 탐구』*Creatures of the Same God: Explorations in Animal Theology* 등 수많은 책들을 출간한, 이 분야의 대표적인 신학자다.

　린지의 많은 책들 가운데 특별히 이 책을 고른 이유가 있다. 그것은 첫째로 이 책이 린지의 다른 많은 저서들의 주장을 핵심적으로 압축해 소개하고 있기 때문이며, 둘째로 기독교인이든 아니든 혹은 종교를 가지고 있든 가지고 있지 않든 동물권을 둘러싸고 어떤 학술적 논쟁이 이루어지고 있는지를 알게 해주기 때문이고, 셋째로 이 분야의 주요저서들을 직접 소개해주어 여기에 관심을 가지고 공부하고자 하는 사람들에게 훌륭한 길라잡이가 될 수 있다고 확신했기 때문이다. 무엇보다 이 책은 길지 않고 흥미롭다. 이 책은 원서의 제목과 부제목을 바꾸어 출간한다. 아직 동물권이나 동물복지 혹은 동물해방에 대한 학계와 사회의 토론이 미약한 한국에서는 원서의 부제인 '동물신학의 탐구'를 역서의 제목으로 올리고 원서의 제목인 '같은 하나님의 피조물'을 역서의 부제로 내리는 것이 독자들의 생경함과 이질감을 조금이라고 줄일 수 있는 방법이 아닐까 고심했기 때문이다. 사실 번역을 하면서 린지의 매력에 더욱 끌리게 되었다. 린지는 열정적인 활동가이고 철저한 이론가지만 대단히 겸손한 사람이다. 그는 환경운동을 하는 사람들이 가질 수도 있는 독선을 경계하며 "동물에 관한한 우리 모두는 죄인"이라는 겸손한 자세를 끝까지 일관한다. 그는 또 평화주의자다. 아무리 훌륭한 대의가 있어도 결코 폭력을 통해서는 아무 것도 이룰 수 없다는 확고한 평화사상을 실천하고 있다. 그는 동물 문제를 우리 시대의 사회적 의제로, 그리고 신학적 의제로 확실하게 부각시킨 세계적인 학자다. 뒤늦게나마 그의 책을 한국에 소개하게 되어 매우 기쁘게 생각한다.

　동물에 대한 사회적이고 학술적인 담론이 아직 걸음마 단계인 우리나라에 이 책이 작게나마 기여하기를 바란다. 먼저 이 책은 동물 문제를 아직도 신앙의 문제로 인식하지 못하고 있는 한국의 기독교에 기여할 수 있기를 바란다. 지금까지 복음은 '인간에게만' 복음이었다. 앞으로 예수 그리스도의 복음은 인간뿐만 아니라 창조세계의 모든 생명, 특히 인간에 의해 오랫동안 학대 받아온 동물들에게도 기쁜 소식, 해방의 소식이 되어야 한다. 사실 이는 새로운 이야기도 아니다. 새들에게 복음을 설교한 아시시의 성 프란체스코를 기억해보라. 하지만 기독교 신학은 동물 문제에 관해 아직 걸음마도 떼지 못했다. 기독교 교리는 아직도 인간의 구원만 가르친다. 하지만 기독교의 구원자가 오직 인간만을 위해 죽었다고 주장하는 교리는 예수 그리스도의 우주적 사랑과 생명 정신을 잘못 이해한 것이다. 사실 예수 그리스도의 십자가는 인간에게 생명을 주는 구원이었을 뿐만 아니라, 구약제사에 의해 희생되어 오던 동물들의 고통을 그치게 한 사건이기도 하다. 그리스도의 속죄로 동물이 더 이상 피를 흘릴 필요가 없게 되었다면, 그리스도의 대속의 죽음은 인간만이 아니라 동물에게도 기쁜 소식이 되어야 하지 않겠는가. 신학적으로 린지의 동물신학은 생태신학의 하나지만 기존의 생태신학에 도전한다. 이슈는 '포식' 捕食, predation의 문제이다. 먹고 먹힘의 먹이사슬을 생명 순환의 한 자연스런 요소로 볼 것이냐 아니면 타락한 세계의 일환으로 볼 것이냐가 이슈다. 린지에게 중요한 것은 자연의 현재의 모습이 아니라 하나님의 은총으로 장차 변할 자연이다. 그에게 자연은 인간과 마찬가지로 하나님의 은총이 없이는 그 자체로 불완전하다. 여기에 대해 생태신학자들은 어떻게 응답할 것인가? 아울러 린지의 동물신학은 기독교의 신정론神正論, theodicy도 다시 볼 것을 요구한다. 지금까지의 신정론은 인간의 고통과 악의 문제에만 집중해왔다. 하지만 인간이 경험한 악과 고통에 대한 기존의 신학적 설명이 과연 동물의 세계에도 적용될 수 있는가?

또한 이 책은 기독교를 넘어 한국 사회와 지성 사회 전체에도 기여하길 기대한다. 린지의 책은 린지와 동일한 종교를 가지고 있는 사람들에게만 유효하지 않다. 그의 주장의 핵심은 '믿음'을 전제하지 않고도 모두가 공유할 수 있는 보편적인 것이라고 나는 확신한다. 린지의 주장에는 근대 휴머니즘, '인간이 만물의 척도'라는 프로타고라스의 격언 안에 함축된 이데올로기를 넘어서자는 주장이 함축되어 있다. 사실 동물에 대한 서구의 전통적 입장은 유대교와 고대 그리스 전통에서 유래하였고 이 둘은 기독교에 의해 통합되어 전해졌기 때문에 사실 동물의 문제는 곧 기독교 신학의 문제라 할 수 있다. 린지가 말하듯이 비종교적인 동물권 운동도 종교의 힘을 필요로 한다. 신앙은 – 바로 서면 – 도덕적 에너지를 창출한다. 동물권 운동에는 연민compassion이 필요한데 그것이 마음에서 일어나려면 종교의 힘을 필요로 한다. 타자를 인지하고, 타자의 고통을 상상하며, 자신의 이익에 반하더라도 이타적으로 행동할 수 있는 능력은 종교가 – 올바로 선 종교가 – 줄 수 있는 선물이다. 따라서 이 책은 기독교인만을 위한 책이 아니다. 국민의 절반이 어떤 종교를 가지고 있는 이 나라에서 이제 동물권에 대한 종교적 논의에도 귀 기울여 보는 것이 필요한 때가 되지 않았을까. 린지는 종교에 대해 아주 분명한 메시지를 던졌다. "나는 모든 종교를 윤리적으로 테스트할 수 있는 기준이 하나 있다고 생각합니다. 그것은 한 종교가 우리로 하여금 보다 더 사랑하고, 보다 더 자애롭고, 보다 더 연민하는 삶을 살도록 만드는가 혹은 아닌가 입니다." 누구나 공감할 수 있는 말이 아닐까 생각한다. 한때 동물학대를 정당화하는 데 일조했지만 올바로 이해하면 오히려 기독교가 동물의 생명을 존중하는 최상의 논거를 제공할 수 있다는 린지의 글에서 독자들이 통쾌한 반전을 경험해보길 기대한다.

혹시 동물권, 동물복지, 혹은 동물해방은 서구인들의 가치를 비서구인들에게 강요하는 문화제국주가 아니냐고 반문하는 사람들이 있을지 모르겠다. 하지만 자이나교나 힌두교나 불교는 '아힘사' 곧 모든 생명에 대한 비폭력주의를 가르친다. 멀리 갈 것도 없이 우리의 조상들은 실생활에서 생명존중 사상을 실천하며 살았다. 까치를 위해 감을 다 따지 않은 '까치밥', 음식을 먹기 전에 조금 떼어내 뭇 생명과 더불어 먹고자 한 '고시래', 콩을 심을 때 세 알을 심어 한 알은 새가 먹고 다른 한 알은 땅 속 벌레가 먹게 한 농부의 배려, 길을 나설 때 미리 지팡이로 땅을 쿵쿵 울려 벌레들이 도망하게 한 나그네의 세심한 배려, 하루 수십 리씩 걸어야 하는 소들을 위해 소장수들이 소에게 신겨준 '쇠짚신', 작은 생물이라도 해할까봐 뜨거운 물도 식혀 버렸던 어머니들의 살뜰한 살림살이, 소가 죽음의 공포를 느끼지 않도록 은어를 사용하며 한순간에 소의 명줄을 끊고자 노력했던 백정들의 우직한 배려, 한 집안에서 더불어 먹고 사는 존재들을 사람이나 짐승을 가리지 않고 모두 생구生口라고 불렀던 포용적인 마음, 또한 불교의 영향을 받아 오랫동안 실천했던 채식위주의 삶… 동물권, 동물복지, 혹 동물해방은 서구에서 수입된 외래 의제가 아니라 우리의 삶과 사상에 면면히 흘러왔던 아름다운 우리 것에 대한 반추인 것이다.

제인 구달Jane Goodall은 우리 인간이 경이로운 동물계의 일원임을 기꺼이 받아들이자고 제안한다. 그리고 이제 하나의 공통된 목표를 위해 일하자고 제안한다. 하나의 공통된 목표란 인간이 자연을 존중하고, 그 속에서 조화롭게 살아가며, 살아가는 동안 삶의 자취–이른바 '생태적 발자국'–를 너무 깊이 남기지 않는 것이다. 이것을 위해 그는 이제 우리 인간을 '호모 심비우스' homo symbious, 즉 '공생인' 共生人으로 다시 이해하자고 제안한다. 나는 이 '더불어 살아가는 사람'이 '호모 사피엔스' homo sapiens, 즉 '슬기로운 흙덩이'의 새로운 이름이 되길 기대한다.

생태신학자 프란츠 알트Franz Alt는 만물 안에서 하나님을, 즉 동물과 식물 속에서도 하나님을 인식하는 신비주의자들의 영성이 지금 우리에게 꼭 필요하다고 말하면서, 한 동양의 신비주의자의 노래를 소개한다.

> 하나님은 별 속에서 주무시고
> 식물 속에서 향기를 발하시며
> 동물 속에서 꿈꾸시고
> 우리 인간 속에서 깨어나시려 하네

참 아름다운 노래이다. 신비주의란, 슈바이처에 의하면, 경외심을 가지고 생명에 대해 경탄할 수 있는 능력이다. 바로 이런 능력을 우리 인간

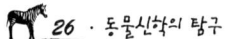

이 회복할 수 있을까. 우리에게는 바로 이런 생명에 대한 깊은 감수성, 즉 영성이 절실하다. 사람에게 인권이 있다면 동물에게도 생명체로서의 권리, 즉 동물권이 있다. 인권은 동물권으로 확대되어야 한다. 동물권은 생명권으로 확대되어야 한다. 우리의 아이들을 생명에 대한 감수성을 가진 인간으로 키워야 한다. 다른 존재를 귀하게 여기며 더불어 살아가려는 마음을 키워줘야 한다. 그렇게 더불어 살아가는 '슬기로운 흙덩이'로 키워야 한다. 종교적 영성이 이에 기여할 수 있을 것이다.

 이 책을 출간하기로 결정해 준 대장간 출판사의 배용하 사장에게 정말 특별한 감사를 표하고 싶다. 이 책은 번역을 마치고 출판사를 찾는데 2년이나 소비해야 했다. '한국사회에서 5년은 앞서가는 책'이라며 여러 출판사들이 주저했다. 그냥 땅에 묻힐 뻔했던 이 책을 살려내 이 땅 위에서 수난 당하는 동물들도 하나님의 사랑을 받는 고귀한 존재라는 것을 일깨우게 해준 대장간 출판사의 배용하 사장에게 진심으로 감사한다. 그리고 나의 제자 백인하가 많은 도움을 주었다. 고통 받는 모든 생명들을 아끼고 사랑하는 이 땅의 훌륭한 신학자로 성장하길 기도한다.

2014년 10월 4일
세계 동물의 날이자
아시시의 성 프란체스코 탄생일에
이화교정에서 장 윤 재

저자서문

"맙소사, 그것들은 단지 동물일 뿐이야!"

"나는 네가 왜 이 문제에 시간을 모두 허비하는지 모르겠어. 맙소사, 그것들은 단지 동물일 뿐이야!" 이것은 내가 1970년대에 런던의 킹스 칼리지King's College에서 신학을 공부할 때 나의 동료 학생 중 하나가 내게 던진 말이다. 그의 반응은 비상식적인 것은 아니었다고 말해야 할 것이다. 나의 많은 동기생들은 내가 왜 동물운동에 마음을 빼앗겼는지, 내가 왜 젊은 시절에 동물보호를 위해 나서야 한다고 느꼈는지 이해하기 무척 어려워했다. 이런 반응은 내 동기생들에게만 국한되는 것도 아니었다. 나에게 여러 가지 감화를 준 용기 있는 분이고 나는 그 분에게 큰 빚을 지고 있지만, 킹스 칼리지의 시드니 에반스Sydney Evans 학장님이 한번은 참지 못하고 나에게 빈정거리는 말을 입 밖에 내뱉고야 말았다. "앤드류는 앞으로 훌륭한 성직자가 될 거야… 너의 정신세계에서 이놈의 동물들만 치워버릴 수 있다면 말이야!"

그럼에도, 내가 이 일을 계속하게 한 것은 순전히 나의 고집 때문만은 아니었다. 나는 동료 성직자 후보생들과 나의 훌륭한 선생님들이 하나님의 다른 피조물들에 대해 내가 경멸적이고 부주의한 태도라고 간주하는 것들을 어떻게 정당화할 수 있는지 진심으로 알고 싶었다. 특히 풍부한 다른 먹을거리가 대안으로 있음에도 불구하고 어떻게 그들이 육식을 정당화하는지 알고 싶었다. 사실 당시에는 채식주의자들이 많지 않았고, 나는 2백 명가량이던 대학 기숙사에서 유일한 채식주의자였다. 그들은 양심을 뜨끔뜨끔 쑤시는 내 언행을 귀찮게 여겼고 또 그렇게 느낀다고 실제로 나에게 말했다. 나란 존재는 그들에게 어떤 특정한 문제에 사로잡힌 그저 또 하나의 학생이었을 것이다.

하지만, 돌이켜보니 그들은 나에게 은혜를 베풀었다고 할 수 있다. 물론 그런지 모르고서 말이다. 왜냐하면, 나는 뜻이 맞는 친구들 사이에서보다 그들 사이에서 왜 동물이 중요한지에 대한 '이성적' 논의의 기반과 왜 기독교 신학이 동물을 다뤄야 하는지의 이유를 더욱 깊이 숙고하게 되었기 때문이다.

물론 동물 문제는 단순히 지적인 문제만이 아니다. 시간의 흐릿함을 헤쳐 과거로 되돌아가 보면, 나는 겨우 14살이었을 때 독특한 종교적 체험을 했었다. 그 체험은 나에게 한 분의 창조주가 계시다는 것과 살아있는 모든 것을 돌보는 것이 그리스도인의 의무라는 생각을 갖게 해 주었다. 당시 나의 부모님은 그리 종교적이지 않았다. 그래서 내가 어린 나이에 성직자가 되겠다고 선언했을 때 그들은 당연히 대단히 회의적인 반응을, 심지어는 실소를 터뜨렸다. 같은 해 나는 채식주의자가 되었고, 그것은 내 가족과 친구들의 마음을 더욱 속상하게 하는 일이었다.

이후 내가 카디프 칼리지Cardiff College에서 공부하게 되었을 때 나는 내 입장을 더 충분히 표현하고 싶어 책을 쓰기로 했다. 처음에는 그저 파트 타임 취미로 시작한 일이었지만 그 책은 결국 내가 캔터베리에 있는 성 아우구스티누스 칼리지St. Augustine's College, 그러니까 이전에 영국성공회 대학이었던 곳에서 신학생으로 훈련을 받던 마지막 해에 완성되었다. 이 학교에서 있었던 많은 일 중에서 특히 채플에서 기도하던 일이 생각난다. 당시 채플을 드리던 곳은 땅끝까지 복음을 전하러 선교사로 나갔다가 유감스런 최후를 맞이한 졸업생들의 이름과 그 날짜들을 적어놓은 명판들로 둘러싸여 있었다. 그러니까 그곳은 신학생들이 자신의 미래 목회에 대해 숙고하기에 매우 좋은, 경외심을 자아내는 곳이었다. 때론 정신이 아찔해지기도 했지만 말이다.

  나의 저서 『동물권 : 기독교적 평가』Animal Rights: A Christian Assessment는 내가 도버Dover에서 성직자보補로 있을 때 출간되었다. 이 책은 상당한 후폭풍을 불러일으켰다. 다른 지면을 통해 이 책에 대해 약간의 설명을 한 적이 있지만,[1] 나는 여기서 그 책이 감정적인 반응을 불러일으켰다는 것을 말하는 것으로 족할 것이다. 그 책은 영국에서 피터 싱어Peter Singer의 책 『동물해방』Animal Liberation이 나오기 직전에 나왔고, 두 책은 철학자들로 하여금 동물의 지위에 대해 다시 생각하게 하는데 크게 이바지했다. 30년 전에 동물권animal rights이라는 개념은 무언가 생소한 것이었고, 그래서 나는 마치 광야에서 외치는 고독한 소리가 된 느낌이었다. 물론 이후에 동물의 권리를 옹호하는 운동은 전 세계적인 현상이 되었다. 비록 당

---

[1] Andrew Linzey, "Introduction," *Christianity and the Rights of Animals* (London : SPCK, and New York : Crossroad, 1987), pp. 1-6을 보라.

시 나는 그것을 잘 알지 못했지만, 내 책이 사람들의 주목을 받았다는 사실은 주사위가 효과적으로 던져졌다는 것을 의미했다. 이후 나는 계속해서 동물에 대해 글을 쓰고 강연을 하는 기회를 갖게 되었다. 그 결과 나의 성인의 삶 대부분을 나는 동물과 기독교에 대해 사유하고, 글을 쓰고, 가르치고, 또한 설교하며 보내게 되었다.

그런데 나는 왜 동물 때문에 이렇게 고민하는가? "맙소사, 그것들은 단지 동물일 뿐이야!" 이 질문은 대답할만한 가치가 있다.

첫째로, 많은 사람이 예상하는 것과 달리 동물권을 옹호하는 '이성적' 논거는 매우 튼튼하다. 물론 이성에는 한계가 있다. 나는 이미 다른 책에서 동물에 대한 나의 확신은 이성에서 나오는 것이 아니라고 이야기한 바 있다. 하지만, 순전히 지적인 용어로, 현재 우리가 동물을 대하는 방식이 바뀌어야 한다는 주장은 내가 윤리의 문제에서 부닥친 논거 가운데 가장 강력한 것 중 하나였다. 내 말의 요지를 될 수 있는 대로 단순화시켜보자. 만약, 최소한 포유동물들이 우리가 경험하는 것과 정도의 차이만 있을 뿐 똑같은 아픔과 고통을 경험한다고 가정하는 것이 이치에 맞는 아마도 가장 합리적인 것이라면, 동물들에게 고통을 가하거나 동물을 살상하려면 강한-어떤 이에게는 매우 강한-정당성을 증명해야 한다는 것이다. 정당성을 증명하지 않고 동물을 죽이거나 동물에게 고통을 가하는 것은 윤리적으로 잘못된 일이다. 이것은 현대 윤리학에서 최소한의 입장임이 분명하고 많은 사람은 여기에 이의를 제기하지 않을 것이다.

하지만, 생각해보라. 오늘날 이 세계에서 우리는 일상적으로 수백만, 아니 수십억의 동물들을 죽이고 그들에게 고통을 주고 있다. 어떤 경우에는 진짜로 필요해서 그럴 수도 있을 것이다. 하지만, 절대다수는 결코 그렇지 않다. 예를 들어보자. 스포츠를 명목으로 우리가 동물에게 끼치는 일상적인 해害를 숙고해보라. 거기에는 총을 이용한 새 사냥, 사냥개를 이용한 토끼 사냥, 어떤 나라들에서는 지금도 합법적인 닭싸움, 개를 부추겨 소를 물어 죽이는 경기, 소싸움, 로데오, 그리고 서커스에서 동물의 사용 등이 있다. 이것들은 어느 하나도 인간의 건강과 안녕을 위해 불가피하다거나 필수불가결한 의미에서 "필요하다"고 말하기 어려운 것들이다.

  만약 우리가 당장 내일이라도 스포츠와 오락을 위해 동물을 죽이거나 동물에게 고통을 가하는 것 중 하나만이라도 중지하기로 한다면, 세상은 분명 동물들에게 살기 좋은 세상이 될 것이다. 하지만, 우리는 이것도 이루지 못했다. 어떤 나라들에서는 잔혹한 스포츠나 그것의 일부가 금지되어 있지만, 대부분의 나라들에서는 그렇지 않다. 독자들은 지금 우리가 가장 기본적이며 최소한의 윤리적 기준을 범하는 행위들에 대해 고찰하고 있음을 상기해주길 바란다. 만약 이 책을 읽는 독자가 내가 제기한 문제 중, 단 하나라도 나와 동의한다면, 그들은 전 세계적으로 우리 앞에 어떤 도덕적 개혁을 위한 중요한 의제가 놓여 있음을 알게 될 것이다. 나는 죽기 전에 이것 중 일부라도 해결되는 것을 보고 싶다.

  둘째로, 비록 기독교는 동물의 문제에 대해 초라하기 그지없는 기록을 가지고 있지만─노예와 여성, 어린이와 동성애자 문제에 대해서도 교회는 똑같은 기록을 가지고 있다─만약 기독교 신학이 창조적으로 그리고 비평적으로 수행된다면 동물의 권리를 옹호하기 위한 튼튼한 기반을 제공할 수 있다는 것 또한 타당한 이야기라는 것이다. 동물이 우리와 '동료 피조물'이라는 말의 기독교적 함의를 생각해보라. 이 말은 동물에게 최소한 하나님이 부여하신 어떤 내재적 가치가 있음을 의미한다. 그들은 단지 우리와의 관계에서만 가치를 지니는 것이 아니다. 그들은 그들의 창조주와의 관계에서 가치를 지니는 것이다. 그렇다면 동물을 물건으로, 상품으로, 혹은 자원으로 간주하거나 그렇게 취급하는 것은 창조세계에서 동물이 가지는 지위에 대해 영적으로 빈곤하게 이해하는 것이다.

하지만, 나는 그리스도인들이 종종 동물을 그렇게 보아왔다는 것을 안다. 충분히 논증할 수 있지만 그리스도인들은 노예와 여성도 그렇게 보아왔다. 하지만, 동물도 하나님께서 주신 생명히브리어로 '네페쉬'을 가지고 있다는 점을 깊이 생각해보라. 이 말은 다른 무엇보다도 인간을 포함하여 각각의 동물이 모든 피조물에게 생명을 주시는 똑같은 성령에 의해 생동하게 되었음을 의미한다. 성령은 특히 '지각이 있는' sentient 생명들에게 감정을 느끼는 능력과 사물을 분별하는 생존의 능력을 부여하는데, 이 능력은 그들의 독특하고도 두드러진 가능성으로서 논리적으로는 그들의 창조주에 의해 평가되어야만 하는 것이다. 말하자면 하나님은 영에 의해 안으로부터 경험되는,[2] 많은 눈과 많은 느낌을 가진 세계를 창조하신 것이다. 하지만, 또한 인간이 동물에 대해 '지배권'을 가지고 있다는 점도 깊이 생각해보라. 그러나 '지배권' 히브리어로 '라다'은 폭정을 의미하

---

[2] 이와 관련해 주목할 만한 책은 Charles Birch, *Feelings* (Sydney : University of New South Wales, 1995)이다. 이 책은 인간, 자연, 동물, 그리고 하나님의 '느낌'을 탐구한다. 저자는 생물학 교수로서 생물학적 관점과 신학적 관점을 조화시키는 작업을 이 책에서 훌륭하게 수행해냈다. 학술적이고 큰 상상력을 자극하는 책이지만 많이 알려져 있지 않다.

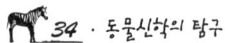

는 것이 아니라 하나님께서 지으신 하나님 소유의 보물들을 소중히 돌보기 위해 양도받았다는 것을 의미한다.

이렇게 아주 기초적인 방법으로, 또한 다른 많은 방법으로, 기독교 신학은 동물에 대해 가해지는 끊임없는 착취에 도전할 수 있고 또 그래야 한다. 하지만 그 누구보다 이런 기본적 생각을 소리 높여 이야기해야 하는 신학자들은 도대체 어디에 있는가? 물론 몇몇 신학자들이 그렇게 하고 있고 나는 이 책에서 그들의 연구에 관심을 기울일 것이다. 내가 그것을 잘했기를 바란다. 하지만, 한마디로 말해서 아직 연구가 불충분하다. 내가 부딪혔고 나를 여기까지 이끌어 온 것은 내가 동물을 대변하지 않는다면 동물을 옹호하는 생각은 제대로 주장하지 못한 채 그냥 흘러갈 것이라는 슬픈 깨달음이다. 이 깨달음은 나에게 자랑도 기쁨도 주지 않는다. 만일 누군가가 내 자리를 대신할 준비가 되어 있다면, 나는 기쁜 마음으로, 아니 그 이상으로, 동물 신학자로서의 나의 역할을 그만두었을 것이다. 하지만, 감사한 일은 지금 이 문제를 연구하는 사람들이 전 세계적으로 많이 늘었다는 사실이다. 그러나 지난 30년간 동물에 대한 철학적 작업이 빠르게 증가한 것과 달리, 기독교 신학은-동물에 관해서 윌리엄 템플William Temple에게 헌정된 말을 그대로 빌리자면-"여전히 유년기에 머물러 있다."

사람들은 종종 나에게 말한다. "그러나 앤드류씨, 다른 많은 문제들도 있는데 왜 굳이 이 문제에 집착하나요?" 글쎄, 사실을 말하자면, 나는 다른 문제들에도 정말 관심이 많다. 예를 들어 아동의 권리라든지, 전쟁과 폭력의 문제라든지, 태아에 대한 연구라든지, 그리고 동성애자들을 위한 정의의 문제 등에 관해 나는 많은 관심을 가지고 글을 써왔다.[3] 나는 다른 여러 윤리적 문제들에 대해서도 상당한 관심을 가지고 있다. 윤리에서 내가 견지하는 이론적 입장, 즉 약자와 상처 입기 쉬운 자들은 우리로 하여금 그들이 가진 특별한 권리를 승인하도록 요구한다는 입장은 커다란 함의를 가지고 있다. 하지만, 사람들이 나를 '한 가지만 아는 사람'이라고 부르는 것은 조금 터무니없는 말이다. 학문의 세계에서는 학자들이 구약이나 신약, 기독교 교리나 교회사와 같은 '한 가지 문제'를 놓고 평생 연구하는 것 때문에 나와 같은 비판을 감수하지는 않는다. 그런데 동물이 왜 단순히 '한 가지 문제'인가? 사실 동물에 대한 우리의 의무를 고찰하기 위해서는 생물학, 역사학, 법학, 철학, 신학, 그리고 윤리학의 다양한 지식들을 습득해야 하고, 동물에 대한 그러한 고찰은 글자그대로 수백만 다른 생물 종種에 대한 직접적이고 도덕적인 연관성을 가지고 있다. 이 세계에 존재하는, 인간이 아닌 다른 피조물의 생명과 복지에 대한 연구를 단지 여러 문제 중의 '한 가지 문제'라고 말하는 것은 학문적 근시안 때문이라고 밖에는 달리 설명할 길이 없다. 한 가지 예만 들어보자. 나는 작년 여름이 되어서야 비로소 매년 캐나다에서 열리는 바다표범 사냥에 의해 끔찍한 상해를 당하는 하프물범의 생태를 공부하는 일에 겨우 며칠을 할애했을 뿐이다.[4]

---

[3] 예를 들어 다음의 책들을 보라. Andrew Linzey and Paul Barry Clarke, eds., *The Dictionary of Ethics, Theology and Society* (London and New York: Routledge, 1996), 그리고 P.A.B. Clarke and Andrew Linzey, *Research on Embryos: Politics, Theology and Law* (London: LCAP, 1988), 그리고 보다 최근에는 Andrew Linzey and Richard Kirker, eds., *Gay and the Future of Anglicanism* (Winchester, UK, and New York: O Books, 2005).

[4] Andrew Linzey, *Public Morality and the Canadian Seal Hunt* (London: Respect for Animals, and Washington: The Humane Society of the United States, 2005)를 보라.

셋째로, 나를 또한 여기까지 이끌어 온 것은 내가 씨름하는 문제들이 인간이 지구 위에서 어떻게 살아갈 것인가와 또한 동물이 어떻게 대우받을 것인가에 대해 중요하고도 실질적인 함의를 가지고 있다는 인식이었다. 소수의 사람들이, 확실히 소수의 학자들이 다른 이들의 생명에 직접적 관련성을 가지는 문제들에 대해 글을 쓰고 이야기하는 특권을 가지고 있다. 내가 만약 옥스퍼드 안에 나를 가두고 동물에 대한 성서적 혹은 교리적 측면에 제한된, 고도의 전문적 글을 쓰면서 정선되었으나 잘 알려져 있지 않은 잡지에 기고한다면 나는 동료학자들로부터 훨씬 큰 존경을 받았을 것이다. 물론 그런 식의 연구는 수행될 필요가 있고 그럴만한 가치가 있다. 하지만, 사안은 너무나 절박하다. 고통의 문제만 놓고 보더라도 사안은 너무나 긴박해서 나는 보다 넓은 독자들을 상대해야 한다고 느꼈다. 물론 이 과정에서 나는 결코 작지 않는 논쟁 속으로 나를 물고 들어가는 몇 가지 문제들에 대해 내 입장을 분명하게 말하지 않으면 안 되었다.

　나는 모든 동료들의 사랑과 존경을 받고 싶은 마음이 굴뚝같다. 하지만, 나는 생물의학 실험에서 동물의 특허나 복제라든지, 스포츠로서의 동물사냥이라든지, 모피농장에서의 동물에 대한 처우라든지, 캐나다 바다표범 사냥이라든지, 또한 먹을거리를 얻기 위해 동물을 죽여야 하는지에 대해 도전한 것을 단 한 번도 후회하지 않는다. 다른 사람들의 증언이 부재한 상황 속에서, 나는 동물에 대한 착취를 쉽게 용인하는 것들에 도전하는 신학적 입장을 분명히 말하지 않으면 안 된다고 느꼈다. 하지만, 누구든 이러한 그리고 이와 유사한 문제를 공적인 영역에서 다룬다면 미디어에 의해 잘못 이해되고 다루어지는 것을 피할 길이 없다. 성직자가 되기 위해 준비하는 나의 윤리전공 학생들에게 내가 말하곤 하는 것처럼, 미디어를 상대하는 데에는 오직 두 가지 길이 있을 뿐이다. 영원한 침묵을 선언한 부처님의 서원을 따라하든가, 아니면 한 인간으로서 할 수 있는 최대한의 책임적 자세로 자신의 목소리를 내고 그것에 책임을 지든가.

그럼에도 불구하고 현재의 '동물운동' animal movement에는 나를 근심케 하고 따라서 내가 이 책에서 여러 가지 방식으로 다룬 문제들이 있다. 첫째는 모든 사회운동가들, 특히 동물운동가들을 괴롭히는 독선self-righteousness이라는 문제다. 이 문제는 지난 20년 동안 내가 이 모임 저 모임에서 하는 이야기들을 들은 나의 동료 동물 애호가들에게는 익숙한 문제일 것이다. 내 생각에 동물 문제에 있어서 우리는 혼란에 빠져있다. 반복해 이야기하지만, 이 세상에는 그 어디에도 더럽혀지지 않은 순순한 땅이 없다. 인간의 동물에 대한 착취는 너무도 방대하고 잔인해서 어느 누구도 여기에 직간접적으로 개입되지 않았다고, 즉 우리가 구입하는 상품이나 몸에 걸치는 옷을 통해서, 혹은 우리가 내는 세금을 통해서 개입되지 않았다고 말할 수가 없다. 우리의 목표는 우리를 이러한 착취로부터 구출하는 것이다. 하지만, 우리의 개인적이고 사회적인 삶 속에서 그것의 절대적이고 실제적인 실현은 현재 우리의 너머에 있다. 심지어 완전 채식주의자vegan들과 동물 대량학살의 결과로 나오는 모든 상품이나 제품의 구입을 거부하는 사람들도 그들이 먹는 음식은 오로지 다른 경쟁 종種들을 무자비하게 제거하고 나서 길러진 작물로부터 온 것이라는 문제와 씨름하지 않으면 안 된다. 이 세계에는 불을 끄는 소화기 제재로부터 콩에 이르기까지 동물 실험을 거치지 않은 물질을 찾기가 힘들다.[5]

이것이 왜 내가 끊임없이 개인적이고 사회적인 차원에서 "동물에게 가하는 상해로부터의 진보적인 이탈"이라는 전략이 필요하다고 주장해왔는지의 이유다.[6] 이 전략은 우리 각자가 '학대와 폭력이 없는 삶'이라는 목표를 이룰 수 있도록 최대한 노력하자는 것이다. 하지만, 우리는 모든 사람들이 똑같은 걸음으로 이 목표를 향해 나아갈 수 없다는 점을 명심해야 한다. 그리고 우리들 중 많은 사람은 이런저런 형식으로 동물에 대한 착취로부터 오는 이득에 깊이 연루되어 있다는 점도 잊지 말아야 한다. 우리는 덜 착취적인 세계를 향해 발걸음을 떼기 원하는 사람들에게 치유와 상담을 제공해야 한다. 그들은 우리의 격려와 도움을 필요로 하고 그것을 받을 만한 자격이 있다. 하지만, 이 과정에서 독선적인 태도는 적합하지 않을 뿐만 아니라 인간적 견지에서 역효과만 낳는다. 동물에 관한한 우리 모두는 '죄인'이다. 그리고 바로 이러한 생각이 사람들 귀에 덜 거슬리면서 더욱 열정적인 운동을 낳게 해야 한다. 사람들 앞에서 "완전 채식주의가 아니면 아무 것도 아니다"라고 말하는 사람은 종종 동물을 위해 정확히 "아무 것도 아닐" 것이다.

다른 책에서 나는 동료 동물 옹호자들에게 다음과 같은 제안을 던지는 만용을 부렸다.

---

5) 나는 이 점에 대해서 *Christianity and the Rights of Animals*, pp. 147-149와 이후 많은 후속 논문에서 길게 논의했다.
6) Linzey, *Christianity and the Rights of Animals*, pp. 100f.

우리는 동물과 관련해 남아공의 데스몬드 투투 주교가 의장을 맡았던 것과 비슷한 일종의 '진실과 화해 위원회'를 필요로 합니다. 진실을 고백하고, 회개하고, 받아들여지고, 용서 받을 사람들을 위해 동물운동 안에 그런 공간과 기회를 만들어야 합니다. 나는 '용서'라는 말을 사용하는 것에 변명을 늘어놓지 않겠습니다. 우리 모두는 절실히 용서를 필요로 합니다. 하지만, 우리의 운동에서 무엇보다도 사람들로 하여금 흥미를 잃게 만드는 것은 사실 슬프게도 거의 모든 진보적 운동에 수반되는 독선이라는 섬뜩한 문제입니다. 하지만, 독선은 도덕적 감수성과 실질적 진보의 살인자입니다…나는 고백할 것이 많습니다. 나는 고기를 즐겨먹곤 했습니다. 10대 때에는 낚시를 가기도 했습니다. 동물을 너무도 '사랑'한 나머지 정원에 우리를 만들고 동물들을 거기에 가두기도 했습니다. 어리석고 바보 같이, 나는 그 동물들이 나와의 사귐을 즐기고 있다고 착각하곤 했습니다. 지금도 나는 완전 채식주의자가 되기 위해 날마다 투쟁하고 있습니다. 하지만, 나는 아직 거기에 완전히 이르지 못했습니다. 그리고 분명히 말씀드릴 수 있는 것은 이것이 다가 아니라는 사실입니다…내가 이 분야로 진출하게 된 이유는 동물해방이 곧 인간해방이라는 확신 때문입니다. 여성의 해방이 곧 불의하고 억압적인 마음가짐으로부터 남성을 해방시키는 것과 마찬가지로 동물해방도 그렇습니다…아마도 우리는 "AA"라는, 하지만, "AAA"라 불리는 새로운 단체를 필요로 하는 것 같습니다. '익명의 동물 학대자들' Animal Abusers Anonymous이라는 이름의 단체 말입니다. 나는 기쁜 마음으로 여기에 가입할 것이고, 진리는 우리 모두에게 유죄를 선고할 것입니다.[7]

지금의 동물운동에서 나를 근심케 하고 따라서 내가 이 책에서 여러

---

[7] Andrew Linzey, "Truth and Reconciliation," *The Animals' Agenda*, 19/1 (January/February, 1999), p. 19.

가지 방식으로 다룬 문제라기보다 솔직히 고민이고 정신적 외상이며 비탄이라고 할 수 있는 두 번째의 문제는 지금 일부 동물권 활동가들이 채택하는 폭력적 전술이라는 문제이다. 한 가지 가슴 아픈 예를 들고 싶다. 영국 TV 채널 4의 프로그램으로 지난 2001년에 방송된 '동물권 운동의 발생과 진보'라는 것이 있었다. 이 프로그램은 '동물 연구를 위한 장애자들의 모임' Disabled for Animal Research이라는 단체의 앤드류 블레이크Andrew Black의 인터뷰로 구성되었다. 그는 그 프로그램에서 간신히 눈물을 참으며 그가 받은 증오 편지와 살해 위협의 일부를 읽어주었다. 나는 그와 TV에서 논쟁을 벌인 적이 있기 때문에 그를 잘 안다. 그는 자신을 포함하여 인간의 질병을 고치는데 있어서 동물연구가 만병통치약이나 되는 것처럼 생각하는 심각한 오류에 빠져있는 사람이다. 하지만, 그는 자기의 양심에 따라 행동하는 진실한 사람이라고 나는 믿는다.

  동물에 대한 연구를 반대하는 사람들이 비슷하게 그러한 잔인한 전술에 의존하는 것을 발견하는 것은 결코 창피하지 않은 일이 아니다.[8]

  위협, 협박, 방화, 재산파괴 등과 같은 폭력적 방식은 단호히 배격되어야 한다. 그런 방식을 시도하는 사람들은 극소수에 불과하지만, 그들의 방식은 미디어로 하여금 동물운동 전체가 마치 반인간적이고 광신적이며 폭력적이라는 딱지를 붙일 수 있는 쉬운 명분을 제공한다. 그러다보니 운동의 과정에서 문제가 되는 것은 동물의 고통의 문제가 아니라 폭

---

8) 출처는 Andrew Linzey, "Putting Our House in Order," *The Animals' Agenda*, 21/5 (September/October 2001), p. 21. 또한 나의 앞선 항의에 대해서는 다음을 보라. Andrew Linzey, "On Lions and Lambs: Why Violence in Pursuit of Animal Rights is Morally Self-contradictory," *The Times Higher Education Supplement* (9 February 1994), p. 21. 그리고 Andrew Linzey, "Dear Animal Rights Activist," *The Independent* (4 November 1994), p. 21.

력의 문제이다. 동물권을 위해 일하는 사람들의 대다수가 이러한 오명을 뒤집어쓰고 있고, 이 문제에 공감하는 그 외 상당수가 인도적인 운동이라는 목적에서 소외되어 있다. 나는 호전적인 동물권 활동가들이 마치 20세기 초기 영국과 미국의 여성 참정권론자들과 같다고 암시하는 이야기를 들은 적이 있다. 그러나 이 비교는 올바로 평가되었다기보다 흥미로운 사실을 드러내줄 뿐이다. 한 새로운 연구는 어떤 운동에 있어서 폭력이 얼마나 큰 역효과를 낳는지 잘 보여준다.[9]

하지만, 나는 단지 폭력이 역효과를 낸다는 이유만으로 그것에 반대하는 것이 아니다. 내가 폭력에 반대하는 이유는 그것이 동물권 철학 그 자체를 배신하기 때문이다. 폭력이라는 방식에 의존하는 사람들은 동물권이 당연히 인간을 포함한 모든 '지각이 있는' sentient 존재들에게 우리의 도덕적 지평을 확장하는 것이라는 것을 올바로 이해하지 못한 사람들이다.

어느 누구도 인간의 권리를 짓밟으면서 동물의 권리를 주장할 수는 없다. 나는 동물권 잡지인 「동물의제」 *The Animal's Agenda*에 기고한 글에서 분명한 언어로 폭력에 의존하는 것이 어떻게 일종의 자가당착인지를 지적한 바 있다.

> 폭력을 승인하는 것은, 마치 더 큰 선善이 산출될 것이라는 희망을 가지고 동물에게 해를 입히는 것을 정당화하는 생체해부자의 윤리를 채택하는 것

---

9) Martin Hugh, *The Pankhursts* (London: Allen Lane, 2001)을 보라. 예를 들어 243쪽을 보라. 여기서는 재산에 대한 연속된 공격이 영국 하원의원들로 하여금 그들이 지지했던 법안, 즉 참정권을 확장했던 1912년 영국 노동쟁의 조정법(Conciliation Bill)을 뒤집도록 만들었다. 이것은 이 책의 훌륭하고 도움이 많이 되는 연구 중 하나일 뿐이다.

과 똑같은 일입니다… 나는 우리 운동이 루비콘 강 앞에 서 있다고 믿습니다. 만약 동물권 운동이 테러 전술과 동의어가 되지 않으려면 각 개인과 단체들은 신속히, 반드시 신속히 폭력적인 호전성으로부터 완전히 벗어나야 합니다… 지난 30년 동안 우리 운동은 많은 후퇴에도 불구하고 현저한 성공을 거두었습니다. 하지만, 우리가 가진 대의의 궁극적 성공은 불가피하지도 필연적이지도 않습니다. 우리의 대의는 승리하지 못할 대의라고, 실패할 대의라고 사람들은 말합니다. 나도 그렇게 믿습니다. 만약 우리가 테러 전술의 오명으로부터 우리를 벗겨내지 못한다면 우리는 실패해야 할 뿐만 아니라 실패해야 마땅합니다. 이렇게 많은 존경을 받는 사람들과 양심적인 사람들을 포용하는 운동이 소수의 폭력적인 열심당원들에 의해 공개적으로 협박을 당하고 양보를 요구받는 일은 결코 비극이 아니라고 말할 수 없습니다. 나는 평화를 사랑하는 나의 동료 동물 옹호자들이, 다른 이들이 우리를 반대하며 자리를 잡기 전에, 지금 속히 우리의 자리를 잡기 바랍니다.10)

이 글은 2001년 9월 11일 테러 공격 이전에 쓴 것이다. 슬픈 일이지만, 이 글은 더 이상 예언자적일 수 없었다.

동물을 위해 일하는 사람들은 독선에 빠지지 않고 목표를 향해 나아가야 하며 예외 없이 항상 평화적이고 문명적인 방법으로 그렇게 해야 한다고 나는 생각한다. 나는 또한 법의 테두리 안에서 그렇게 해야 한다고 믿는다. 몇 년 전에 나는 한 건물에 페인트로 칠해진 구호를 본 적이 있다. 거기에는 '동물해방'이라고 적혀 있었는데 첫 글자 "A"가 동그란 원 안에 그려져 있었다. 그것은 내가 알기에 무정부주의자의 상징이다. 하

---

10) Andrew Linzey, "Putting Our House in Order," p. 21.

지만, 그것을 쓴 사람은 자신이 깨닫기도 전에 스스로 자기의 모순을 가리키고야 말았다. 왜냐하면, 무정부주의자들은 법의 지배와 모든 강제적인 권위를 거부해야 한다고 믿기 때문이다. 하지만, 동물은 무엇보다도 법을 필요로 한다. 법이 가질 수 있는 최고의 정당성은 그것이 가장 약하고 또 스스로를 방어할 수 없는 자들을 보호한다는 점에서 나온다. 동물을 위해 일하는 사람들이 추구하는 것은 그 무엇보다도 동물에 대한 법적 보호를 실현하는 것이다. 전 세계적으로 무정부주의가 채택된다면 동물에 대한 더욱 극심한 학대행위가 허용될 것이다. 동물보호가들이 법의 토대를 침식시킨다는 것은 말도 되지 않는다. 모든 것이 법률의 제정에 달려있지는 않지만, 문명화된 법을 창출하는 것은 우리가 앞으로 나아가기 위해 절대적으로 필요하다.

독자들 중에서는 이렇게 말하는 사람들이 있을지 모른다. "글쎄요, 당신은 말과 글로 동물운동에 대해 무자비한 비판을 날린 것으로 아는데요, 그러면서도 왜 이 운동을 계속 지지하나요?" 이에 대한 나의 간단한 답변은, 우리는 우리가 사랑하는 것들에 가장 비판적이고 비판적이어야 한다는 사실이다. 시인 스티븐 스펜더Stephen Spender는 언젠가 조지 오웰George Orwell이 사회주의에 깊이 헌신하면서도 사회주의를 지독하게 비판한다고 말한 적이 있다. 나는 헌신과 비판이 함께 가는 것이라고 생각한다. 아니 둘은 같이 가야만 한다. 이것과 관련해 제시할 수 있는 최고의 유비는 기독교 교회에 대한 나의 참여다. 나는 여러 면에서 영국국교회Church of England를 사랑한다. 하지만, 나는 동물에 대해 내 교회가 보여준 관심의 결여를 포함하여 내가 보기에 이 교회가 기독교 복음을 종종 배반하는 것에 대해 대단히 비판적이다. 내가 영국국교회의 신자로 남아있는 것은 내가 동물운동의 일원으로 남아있는 것만큼이나 어려운 일이다. 둘 다 때로 나를 격노케 하고 심지어 절망케 한다. 눈물을 쏟게 하는 일은 말할 것도 없다. 그럼에도 불구하고 나는 그들을 버릴 의향이 없다.

몇 년 전에 나는 반#농담으로 '린지 교회'를 시작해볼까 생각했었다. 이 세계에 대한 나의 고유한 도덕적 식견에 전적으로 동의하는 사람들로만 이루어진 그런 교회 말이다. 하지만, 좀 더 진지하게 생각해보니 그 교회에는 오직 단 한 명의 신자, 즉 나 혼자만 출석할 것임을 깨달았다. 모든 인간을 완전히 포기하지 않는다면, 우리는 때때로 자신의 가장 깊은 가치마저도 배신하는 타협적인 기관들 안에서 일하는 것 외에는 다른 선택의 여지가 없을 수 있다. 나는 역사 안에서 자행된 거대한 폭력과 학대행위를 승인해 온 한 기독교 교회에 속해 있다. 비록 많은 사람들이 이것을 깨닫지 못하지만, 그러한 행위는 언제나 교회 자신이 신봉하는 사랑의 복음과 상치된다. 나는 동물운동의 일원으로 남아 있는데 이 운동의 지지자들도 종종 이 운동의 핵심적 가치를 배신한다.

나는 아마도 천진난만하게 생각의 교화하는 힘에 변치 않는 믿음을 가져온 것 같다. 나는 내 눈으로 학생들이 어떻게 최선을 다해 새로운 생각에 응답하고 그것에 의해 변화되는지를 보아왔다. T.S. 엘리엇T.S. Eliot은 하나의 새로운 생각은 하나의 경험이라고 말한 적이 있다. 의심의 여지없이, 지적인 개방성이 가장 영웅적인 가치는 아닐 것이다. 하지만, 그것은 내가 매일 거르지 않고 헌신하는 어떤 것이다. 그런 점에서 '옥스퍼드 동물윤리 센터' Oxford Centre for Animal Ethics의 설립은 획기적인 사건이다.

이 센터의 목적은 동물의 지위를 윤리적으로 향상시키는데 이바지할 수 있는 국제적이고 간학문적인 학술 연구 및 교육 그리고 출판을 지원하는 것이다. 이 센터는 동물에 대한 진보적인 생각을 전진시키기 위한 독립적 '두뇌 집단'로서 활동할 것이다. 이 센터는 이 분야에서 세계 첫 번째이고, 나는 이 센터를 창립한 것을 자랑스럽게 생각한다.

대학이 동물 문제를 이성적으로 다룰 수 있는 수단을 제공하는 것은 매우 중요하다. 내가 창립한 센터는 바로 이것을 위한 것이다. 그것을 다루면서 우리는 폭력과 위법에 대해서 이성적 논쟁이 얼마나 좋은, 그리고 아마도 유일한 응답인지를 보여줄 것이다. 과학과 인문학을 포함한 모든 분야의 학자와 연구자들은 이 센터의 특별회원이 될 자격이 있다. 대학원생들은 부회원이 될 자격이 있다. 이 센터는 웹 사이트 http://www.oxfordanimalethics.com/home/와 전자 통신을 통해 서로 협력하고 소통할 수 있는 국제적 학술 네트워크 허브로 작동할 것이다. 오랫동안의 명백한 무시 끝에 결국 동물 문제가 비로소 진지하게 다루어지는 기미를 보이는 것은 매우 고무적인 일이다. 특히 신학자들 사이에 그런 일이 일어나는 것은 기쁜 일이다. 내가 윤리 과정에 있으면서 이 주제로 논문을 쓰거나 연구하고 있는 많은 학생들로부터 받은 문의와 초대들은 이 문제에 대한 관심이 증가하고 있다는 증거다. 마침내 동물이 지적이고 학술적 의제로 부상한 것이다. 동물을 사랑하는 사람들은 무엇보다 그들의 생각과 이성적 토론의 힘에 쏟아야 한다. 그리스도인들이 그러는 것처럼, 진리의 계획만 짜지 말고 몸소 진리를 실천해야 한다.

여기에 모아진 에세이들은 1994년에 출간된 나의 책 『동물신학』*Animal*

*Theology*과 이 책의 후편으로 1999년에 출간된 『동물복음』*Animal Gospel* 이후에 내가 동물과 신학의 분야에서 연구한 것들을 대표한다. 각각의 에세이는 특정한 화제를 다루고 있으며 각 장에서 나는 독자들을 좀 더 깊은 논의로 이끌려 노력했다. 모든 에세이들은 중복을 피하기 위해 수정되거나 새로 쓰였다. 마지막 장 "동물을 위한 예언자적 교회를 향하여"는 이 책의 전체적인 요약으로서 앞선 이야기들을 종합하고 있다. 각 장 앞에 붙여진 짧은 서문들은 각 에세이의 출처와 본래의 독자들이 누군지에 관해 일러줄 것이다.

이 책이 나오기까지 많은 사람이 도움을 주었다. 가장 큰 감사는 윈체스터 칼리지Winchester College의 엘리자베스 스튜어트Elizabeth Stuart 교수에게 보내야 한다. 그녀는 관대하게 내 원고를 지지해주었고 출판이 가능하도록 힘써 주었다. 스튜어트 교수는 신학과 윤리 분야의 학자로 또한 개척자로 국제적인 명성을 누리고 있다. 이 책의 편집과 출판에 그녀와 함께 할 수 있었던 것은 나의 특별한 즐거움이었다. 새로워진 윈체스터대학출판부가 처음으로 출판한 책들 가운데 이 책이 출간된 것은-가장 첫 번째의 책은 아니지만-나에게 커다란 영예다. 옥스퍼드의 맨스필드 칼리지Mansfield College의 필립 케네디Philip Kennedy 박사와 미국 마이애미 대학University of Miami의 마크 롤런즈Mark Rowlands 교수는 나의 원고 전체를 읽고 뼈아프지만 통찰력 넘치는 코멘트를 보내주었다. 나는 또한 기쁜 마음으로 내 아내 조Jo에게 진 빚도 여기에 기록하고 싶다. 그녀는 이 책의 편집과정을 도와주었다. 마이라 윌킨슨Myra Wilkinson은 매우 능숙한 솜씨와 배려로 이 책의 원고를 정리해주었다. 두 말할 필요도 없이 이 책에서 발견되는 모든 오류는 전적으로 나의 책임이다.

    이 책에서 나는 다른 무엇보다도 독자들의 접근가능성에 가장 큰 관심을 기울였다. 나는 언어의 세련됨 뒤에 숨어 에둘러서 그리고 종종 두루뭉술한 말로 논쟁을 전개하는―논쟁이 있기나 하다면―신학적 연구들에 점점 더 실망하고 있다. 이 책에서 나는 감히 있는 그대로의 사실을 말하려고 애썼으며, 또한 논쟁이 발전하는 데 필요한 여백도 제공하기 위해 노력했다. 이 책의 소망은 이전과는 완전히 다른 모습으로 이 주제를 가지고 씨름하려는 오늘의 새로운 세대의 학생들에게 용기를 북돋워주는 것이다.

    누구든지 나와 접촉하기를 원하는 사람은 andrewlinzey@aol.com으로 연락하는 것을 환영한다.

앤드류 린지
'동물윤리를 위한 옥스퍼드 센터'
2006년 성 미가엘 축일에

제1장
종교, 그리고 동물의 고통에 대한 감수성

이 책의 첫 장은 동물에 대해 불명료한 종교적 관점을 중점적으로 다룬다. 어떤 종교적 관점은 사람들이 동물보호에 나서도록 힘을 준다. 그러나 다른 종류의 종교적 관점은 인간의 이익을 지탱하는 수단이 되기도 한다. 내가 보기에 거의 모든 세계의 종교들이 가진 난제는 그들이 이미 가지고 있는 최상의 윤리적 가르침을 현재 이슈로 떠오르는 동물에 대한 감수성 운동과 결합 할 수 있는가 하는 것이다. 이 장은 2004년 6월 13일에 골더스 그린 유니테리언 교회Golders Green Unitarian Church에서 '세계신앙인의회' World Congress of Faiths가 주최한 제1회 '영국 종교 간 동물축제' UK Interfaith Celebration of Animals에서 행한 나의 연설문을 수정한 것이다. 이 글은 처음에 *Interreligious Insight* 3/3^{2005년 7월호}에 발표되었다.

하나의 세계, 하나의 민족, 하나의 가족. 지금 우리 시대를 다른 시대와 구분 짓는 여러 재난들과 새로운 발견은 우리가 이 더욱 큰 비전에 응답하도록 촉구하고 있습니다. 더 이상 부족주의, 인종주의, 분파주의, 근본주의가 발붙일 곳은 없습니다. 아마도 하나님이 오늘날의 소란과 비극을 통해 우리에게 말씀하시는 것은 우리 모두가 낡은 장벽을 넘어 서로 인정하고 받아들여야 한다는 것, 그리고 서로 다른 문화 안에 있는 독특하고도 고아한 것들을 잃지 않으면서도 함께 사는 새로운 길을 찾아야 한다는 것입니다.

이 말은 1980년에 영국국교회Church of England의 총회 개막식에서 행한 시드니 에반스Sydney Evans의 설교문 중에서 따온 것이다.[11] 이 설교에는 종교 간 대화를 제시하는 '보편적인 에큐메니즘'과 인류의 일치에 대한 근원적이고 예언자적인 통찰력이 살아 있다. 하지만, 이보다 더욱 크고 넓은 비전이 있다. 단순히 인간만의 일치가 아니라 모든 생명의 일치, 모든 살아있는 피조물의 일치에 대한 비전 말이다.

이 비전은 최소한 어느 정도 '세계신앙인의회' World Congress of Faiths의 창립자인 프란시스 영허즈번드Francis Younghusband 경卿에 의해 예고되었다. 그는 자신의 신비적인 경험을 회고하면서 어떻게 "이 세계의 불타오르는 심장과 접촉함을 느꼈는지" 다음과 같이 기술한다. "모든 창조세계 안에서 그리고 모든 사람들 안에서 타오르는 것은, 마치 태양의 영광이 촛불의 밝은 빛 이상인 것처럼, 단순한 선善을 훨씬 넘어선 기쁨이다. 강력한 힘이 그리고 기쁨을 주는 힘이 세계 안에서 작용하고 있다. 나의 모든 것 주위에 그리고 살아 있는 모든 것 주위에서 작용하고 있다."[12]

---

11) Sydney Evans, *Prisoners of Hope*, edited by Brian Horne and Andrew Linzey (Cambridge: Lutterworth Press, 1990), p. 101.
12) *The Beginning*, the history of the World Congress by Marcus Braybrooke, 〈www.worldfaith.org/

영허즈번드의 견해는 본질적으로 지구라는 이 행성을 우리와 함께 나누어 쓰는 다른 모든 피조물들을 경축celebration하자는 것이다. 어떤 사람은 설사 경축할 것이 있다 하더라도 뭐가 얼마나 있겠느냐는 논리적인 질문을 던질 수도 있다. 지구의 곳곳에서 동물들이 학대당하고 스포츠나 이윤이나 사리추구를 위해 잔혹하게 취급되고 있지 않으냐고 물을 수 있다. 우리의 이력이 이렇게 형편없는데 무엇을 경축하자는 말인가? 하지만, 우리의 이력이 이렇게 형편없는 이유 중의 하나는 우리가 경축하는 능력, 즉 우리 주위에 있는 불가사의한 피조물들에 경탄하고, 경외심을 갖고, 혹은 감탄하는 능력을 잃어버렸기 때문일 수도 있다. 아마도 우리는 동물을 단지 여기에 우리를 위해 존재하는, 혹은 우리의 이익을 위해 존재하는 사물 정도로 생각하는지 모르겠다. 왜냐하면, 우리는 한 번도 동물을 자신의 타고난 권리 때문에 가치를 가진 한 주체로 보지 않았기 때문이다.

만일 영허즈번드가 "모든 살아 있는 것들 안에서 작용하는 강력하고 기쁨을 주는 힘"을 말할 때 의미하는 것이 무엇인지 우리가 조금도 감을 잡을 수 없다면 우리는 인간이 계속해서 심술궂고 비좁고 이기적이며 본질적으로 착취하는 삶을 산다고 해도 놀라서는 안 된다. 내가 다른 책에도 썼듯이, "핵심은 경축이 우리 밖에 있는 가치와 중요성을 인정한다는 점이다. 인간은 모든 가치의 총합이 아니다. 우리 밖에는 우리가 깨달아야 할 무언가가 혹은 누군가가 있다."[13]

생명의 경축, 그것이 바로 많은 종교들이 가장 중요하게 가르치는 위대한 주제이다. 두 번째는 생명에의 경외다. '경외'는 단순한 '존중' 이상을 의미한다. 앨버트 슈바이처는 경외로 독일어 "에르푸흐트"Ehrfurcht

---

Beginning.htm〉에서 인용함.
13) Andrew Linzey and Dan Chon-Sherbok, *After Noah: Animals and the Liberation of Theology* (London: Mowbray, now Continuum, 1997), p. 12.

를 사용했는데, 이것은 일체一體에 대해 주장된 어떤 신비적 혹은 종교적 함의를 가지고 있다.14) 경외는 겸손을 불러일으키는 어떤 가치에 대한 경험을 가리킨다. 경외심을 갖는다는 것은 우리 자신보다 더 큰 어떤 힘이, 생명을 주는 힘이 우주에서 작용하고 있다는 것을 인정하는 것이다. 그것은 또 우리가 같은 창조주의 손에 의해 지어졌다는 것과 우리가 모두 생명이라는 공동의 선물을 나누고 있다는 것을 인정하는 것이다. 우리가 동물을 대할 때 절실하게 필요한 것은 다름 아닌 바로 이와 같은 동료 감각, 친족 감각, 혹은 '피조물 됨'의 감각이다.

종교인들은 인간의 특별함에 대해, 우리가 어떻게 하나님의 형상으로 만들어졌는지에 관해, 혹은 우리가 어떻게 성령에 의해 축복을 받았는지에 관해 이야기하기를 좋아한다. 하지만, 종교인들은 너무도 자주 인간이 이 세계 안에서 또한 가장 사랑스럽지 않은 종種이라는, 다른 피조물과는 달리 스스로 타락시킬 수 있는 종이라는 똑같은 진리를 이야기하는 데에는 실패한다. 우리는 독특한 존재다. 하지만, 폭력과 악을 행할 수 있는 우리의 능력 또한 독특하다. 우주의 모든 존재 가운데 인간만이 유일하게 최선의 것을 행할 수도 있고 최악의 것을 행할 수도 있다.

우리는 겸손을 회복해야 한다. 우리는 너무도 자주 동물에 대한 인간의 힘의 행사가 정당하고 자명하다고 스스로 생각해왔다. 하지만, 영허즈번드가 깨달았듯이 이 세상에는 또 다른 힘이 존재한다. 우리를 지탱하고 있는, 또 우리의 일부가 믿듯이 우리를 궁극적으로 심판할 "강력하고 기쁨을 주는 힘"이 존재한다. 따라서 보다 더 적합하고 확실히 더욱 성서적인 견해는 우리가 "다스리는 종種"이 아니라 "섬기는 종種"이라는

---

14) 슈바이처는 이 용어를 대중화시켰고 실제로 자신의 것이라고 주장했으나 아마 힌두교나 자이나교에서 빌려왔을 것이다. 다음을 보라. Ara Barsam, *Reverence for Life: Albert Schweitzer's Great Contribution to Ethics* (New York: Oxford University Press, 2008).

것이다.15) 즉 땅과 땅 위에 거주하는 모든 것들을 돌보라고 명령 받은 유일한 종이라는 것이다.

세 번째의 주제는 생명에의 연민이다. 철학자 윌리엄 제임스William James는 종교가 어떻게 도덕성에 있어서 산소와 같은 존재인지를 설명했다. 신앙은 도덕적 에너지를 창출하는데, 왜냐하면, 그것은 "오직 유한한 요구자만 있는" 상황과 달리 그가 "무한한 요구자들의 이익"이라 부르는 것에 불을 붙이기 때문이다.16)

확실히 연민은 인간의 마음에 쉽게 일어나지 않는다. 그래서 연민이 일어나려면 종교가 제공할 수 있는 모든 자원이 필요하다. 우리는 타자를 인지하고, 타자의 고통을 상상하며, 비록 우리가 자각하는 자신의 이익에 반하더라도, 이타적으로 행동할 수 있는 능력을 필요로 한다. 이것이 왜 우리 자신을 넘어서는 종교적 비전이 우리가 다른 종을 다루는 데 있어서 너무도 중요한지의 이유다.

신학자 조나단 에드워즈Jonathan Edwards는 언제가 죄를 일종의 '수축' shrinkage이라고 서술한 바 있다. 그는 죄가 어떻게 "강력한 수렴제와 같이 인간의 영혼을 자기애라는 아주 작은 단면으로 축소시키는지, 그래서 하나님을 버리고, 동료 피조물도 버리고, 자기 안으로 퇴각하여, 협소하고 이기적인 원칙과 느낌들에 의해 완전히 지배당하게 되는지"에 관해 썼다.17) 우리는 도덕적으로 수축되었으며 다른 피조물들과의 관계에서 오그라들었다는 결론을 피하기 어려울 것 같다. 어리석게도 우리는 하나님

---

15) 다음을 보라. Andrew Linzey, *Animal Theology* (London: SCM Press, and Chicago: University of Illinois Press, 1994), Chapter 3, "Humans as the Servant Species," pp. 45-61.
16) William James, "The Philosopher and the Moral Life" in *The Will to Believe, and Other Essays in Popular Philosophy* (New York: Dover, 1956), p. 211. 다음에서 인용되고 논의 됨 Gerald E. Myers, William James, *His Life and Thought* (New Haven and London: Yale University Press, 1986), pp. 446f.
17) Jonathan Edwards, *Charity and Its Fruits* (Edinburgh: Banner of Truth Trust, 1969), pp. 157-158. 다음에서 인용되고 논의 됨. James M. Gustafson, *Theology and Ethics* (Oxford: Basil Blackwell, 1981), pp. 305ff.

이 혹은 "기쁨을 주는 힘"이 오직 인간이라는 종種에게만 관심을 가지고 계신 것처럼 생각한다. 우리는 동물이 여기 오직 우리를 위해, 즉 인간의 이기적인 목적을 위해 존재하며, 우리의 고유의 사명은 단지 우리 자신 혹은 인간을 섬기는 것이라고 생각하면서 스스로를 영적으로 빈곤하게 만들었다.

종교는 최상의 상태에서 우리를 자유롭게 풀어주어 우리 자신보다 더 멀리, 우리의 욕구보다 더 높게 보도록 돕는다. 종교는 우리가 피조물의 세계와 다시 연결되어 피조물을 경축하고 그들의 생명을 경외하며 그들의 고통을 함께 느끼고 그들을 섬기는데 적극적으로 나설 수 있도록 도울 수 있다. 그것이 종교가 가진 최소한의 희망이다.

하지만, 종교적 믿음이 이와 반하는 경우도 있다. 그것은 에반스가 "분파주의, 부족주의 그리고 근본주의"라 불렀던 것으로부터 우리를 해방하기는커녕, 종교가 오히려 그것들에게, 그리고 한 가지 더 다른 '주의' ism에, 특히 말하자면 '인본주의' humanism에 더욱 깊이 예속시킬 수 있다는 점이다. 내가 '인본주의'라고 말할 때 나는 여기서 "사람이 만물의 척도"라는 프로타고라스의 위대한 격언 안에 함축된 이데올로기를 가리킨다. 그 이데올로기가 일어나면 인간의 단순한 욕구와 필요와 만족은 마치 모든 피조물의 목표인 것처럼 보인다. 그리고 '인본주의'가 종교적 형태를 갖추면 그것은 우리의 도덕적 성장을 좌절시키고 제약하며 방해하기까지 한다. 슬픈 일이지만, 동물 세계에 대한 우리의 대우보다 이를 더 분명하게 보여주는 것은 없다.

종교 지도자들은 다른 피조물들을 경축하도록 돕기는커녕 종종 동물이 아예 존재하지도 않는 것처럼 말한다. 마치 인간만이 중요한 종種인 것처럼, 그리고 모든 창조세계는 단지 인간 세계를 위한 단순한 극장 혹은 배경인 것처럼 말한다. 동물을 동료 피조물로 보도록 사람들을 인도하기는커녕, 그리고 동물을 본래적 의미에서 향유하고 그들에게 경탄하고 또한 그들의 세계가 가진 아름다움과 복잡성의 진가를 인정하게 하기는커녕, 종교인들은 너무도 자주 동물을 보지 않고, 진가를 인정하지도 않으며, 경축하지도 않고, 따라서 아무 것도 이바지할 것이 없는 사람들이다. 너무도 자주 종교인들은 마치 동물의 세계가 존재하지 않는 것처럼 생각하고 행동하며 또한 하나님께 예배드린다.

이보다 더 한 것도 있다. 살아 있는 모든 존재들에 대한 경외감을 심화시키기는커녕, 너무도 자주 종교 사상가들은 어떻게 해서든 마치 경외심은 우리가 자라면서 떨쳐버려야 하는 어떤 성가신 습관이나 유치하고 비이성적인 것처럼 제한하는 지적인 장치를 고안해낸다. 모든 생명의 친족관계를 경축하기보다, 신학자들은 마치 진화론적 생물학이 전혀 존재하지도 않는 것처럼 인간을 동물로부터 구별하는 보다 더 교묘한 방법을 고안해낸다. 그리고 누군가 동물을 위한 발언이라도 하면 그들은 겉으로는 '인간 우선'을 이야기하지만, 해독하면 '오직 인간만 중요하다' 고 말할 뿐이다.

역설은 이것이다. 많은 종교인들에게 동물이라는 이슈는 사소하고 아주 주변적인 이슈인 반면, 고통의 문제만 놓고 보더라도 그것은 오늘날 우리들에게 매우 중요한 도덕적 문제의 하나라는 점이다. 모든 포유동물은 인간과 비교해 최소한 육체적 고통뿐만이 아니라 두려움, 스트레스, 공포, 근심, 정신적 외상, 예상, 그리고 불길한 예감 등과 같은 정신적 고통을, 단지 정도의 차이일 뿐, 인간과 똑같이 느낀다는 풍부한 증거들이 전문가들에 의해 인정받는 과학 잡지들에 잔뜩 실려 있다. 이것을 확실히 이해하기만 한다면, 우리는 사람들이 생각하는 것보다 훨씬 더 예민하고 깨지기 쉬운 세계 안에 살고 있다는 것이 명백해지며, 이와 상응해 우리의 돌봄의 의무는 더욱 커질 것이다.

하지만, 동물에 대한 연민을 이야기하는 종교적 목소리들은 다 어디로 갔는가? 1999년에 효력이 시작된 암스테르담 유럽협약European Treaty of Amsterdam에서 회원 국가들은 동물의 지위를 단지 농업상품으로 보지 않고 '지각이 있는' sentient 존재로 인정하기로 합의했다. 그러면서 이 조약은 회원 국가들에게 "동물 복지에 필요한 조건에 최대한의 관심을 쏟을 것"을 주문했다. 하지만, 이어서 이 조약은 회원 국가들이 이것을 시행함에 있어서 "종교적 의식과 관련된 회원 국가들의 입법적 혹은 행정적 법률조항과 관습을 준중하면서" 그렇게 해야 한다고 명기하고 있다.[18] 달리 말하면, 종교가 유럽의 법 안에서 동물의 복지를 존중하지 않는 기반이 되는 것이다. 과연 이것은 우리에 대해, 우리의 전통에 대해, 그리고 우리의 종교에 대해 무엇을 말해주는가?

덧붙인다면, 언론 특히 종교 언론에 의해 동물에 대한 관심이 조롱당하지 않는 날은 하루도 없을 지경이다. 가장 최근의 예는 국제 가톨릭 언론사인 제니트Zenit의 경우인데, 이 언론사는 동물을 위한 예배에 종교적 관심을 기울이는 것을 한껏 조롱했다. 이 언론사는 동물을 위한 종교적 예식을 불균형이라고, 심지어 "『동물농장』이라는 책의 그늘"이라고 묘사하는 기사를 뽑아냈다. 동물을 위한 종교적 예식이란 무엇인가? 그 언론사는 깔보듯이 그것은 "개 짖는 소리 계율"bark mitzvahs, 또한 "애완동물 장례식", 그리고 "애완동물 친화적 예배"라 장난삼아 불렀다.[19] 물론 우리는 인간 동반자들에게도 그럴 수 있듯이 반려동물에게도 지나치게 관대할 수 있다. 하지만, 인간과 동물의 관계에 종교적 예식을 거행하는 것

---

[18] 암스테르담협약 1997. 동물복지를 위한 개선된 보호와 존중에 관한 의정서. 이 협약은 1997년 6월에 합의되었고, 1997년 10월 2일에 EU 회원국가들에 의해 공식적으로 서명되었으며, 1999년 5월 1일 발효되었다. 이 정보를 준 웬디 스미스(Wendy Smith)에 감사한다.

[19] "Pampering the Pets, and Then Some," *Zenit, Weekly News Analysis: The World Seen From Rome* (5 June 2004), p. 6.

을 조롱하는 것은 잘못된 일이다. 동물을 기르는 많은 사람들은 그들의 반려 동물들과 깊은 영적 유대감을 발전시킨다. 그래서 그들이 동물이 가진 생명에 감사하고 그것을, 최소한의 기독교적 용어로 볼 때, 하나님의 손에 위탁하는 종교적 '종부성사' 終傅聖事, last rite는 전적으로 정당화될 수 있는 것이다. "반려 동물과의 사별 때문에 고통 받는 사람들에게는 그들의 죽은 동반자가 단 한 번의 기도도 없이 쓰레기처럼 버려지는 것을 상상 조차 할 수 없다. 동료 인간의 시신을 그렇게 할 수 없는 것과 마찬가지로 말이다."[20]

우리가 주목할 것이 하나 더 있다. 그것은 영국 정부가 개를 사용하는 사냥에 반대하는 입법을 시도할 때 이를 저지하기 위해 사냥을 지지하는 사람들이 스스로를 하나의 새로운 '종교'로 만들려는 시도이다. 바로 '전원 스포츠 자유교회' Free Church of Country Sports의 설립이 그 경우다. 이 운동의 지지자가 다음과 같이 말한 것이 보도되었다. "전원 스포츠와 제도권 종교 사이에는 너무도 많은 유사성이 존재합니다. 우리 역시 상징을 가지고 있고, 고유한 언어와 예술을 가지고 있습니다. 유대교를 믿는 사람들은 뿔, 즉 쇼파shofar를 가지고 나팔을 부는데, 우리도 그렇게 합니다. 사냥은 일종의 의식화儀式化된 살해ritualized killing라고 할 수 있습니다. 우리의 경우 실제 살해는 동물이 도망치기 유리하도록 사전준비가 된 상황에서 이루어집니다." 그는 계속해서 이렇게 말한다. "우리는 우리가 죽이는 동물의 피를 발라 아이들에게 세례를 베풉니다. 이것이 흰 옷을 입고 물에 완전히 잠기는 것과 비교해 뭐가 더 이상하다는 말입니까?"[21]

나는 스포츠를 즐기기 위해 야생 동물에게 고통을 가하는 것을 정당화하는 어떤 종교도 그리고 어떤 종교적 경전도 알지 못한다. 종교 공동체

---

20) Andrew Linzey, *Animal Rites: Liturgies of Animal Care* (London: SCM Press, and Cleveland, Ohio: The Pilgrim Press, 1999), p. 109.
21) "Hunt enthusiasts call faithful to Free Church of Country Sports," *Sunday Times* (23 May 2004).

들은 왜 그들이 이 문제에 그토록 침묵했는지 이제 스스로 답을 찾고 스스로의 양심을 점검하면서 스스로에게 물어야 한다. 정말 큰 부끄러움을 가지고 이것을 보고하지만, 내가 속한 교회, 즉 영국국교회는 궁극적으로 자신의 믿음을 배반했다. 영국 상원에서 최종 논의가 있기 전 나는 영국성공회의 주교들에게 공개서한을 보낸 적이 있다. 여기서 나는 그간의 논쟁에서 간과되어 온, 신학적으로 그리고 도덕적으로 중요하게 고려할 사항들을 명확하게 설명하려고 노력했다. 이 편지는 이 책의 부록으로 실려 있다. 하지만, 슬프게도 아무 소용이 없었다. 10명이나 되는 주교들이, 즉 옥스퍼드Oxford, 첼름즈퍼드Chelmsford, 바르트와 웰스Barth and Wells, 길드퍼드Guildford, 헤리퍼드Hereford, 피터보로Peterborough, 솔즈베리Salisbury, 성 알반스St. Albans, 포츠머스Portsmouth, 그리고 상원의 전前 주교 한 사람이 사냥을 지속하는데 찬성 발언을 했거나 찬성표를 던진 것이다.[22]

마틴 부버Martin Buber는 우리에게 이런 유명한 말을 남겼다. "종교처럼 신의 얼굴을 멋지게 가리는 것은 없다." 우리는 인간에게 계속해서 큰 희망을 주는 똑같은 우리의 종교 전통들이 종종 인간의 사리추구를 유지하는 수단으로 사용되고 있음을 직시해야 한다. 나는 고통의 문제에 대해 무감각하게 만드는 어떤 종교도 참된 종교가 아니라고 확신한다. 어떤 면에서 우리가 어떻게 예배를 드리고, 어떤 명칭을 사용하며, 어떤 옷을 입고, 혹은 영허즈번드가 말한 "강력하고 기쁨을 주는 힘"을 어떻게 다루는지는 사실 그다지 중요하지 않다. 정작 중요한 것은 우리가 심술궂거나 이기적이거나 심장이 없거나 사랑할 수 없는 사람이 되지 않는 것이다. 그것이 동물의 고통이든 인간의 고통이든 타자의 고통을 보지 못하거나, 그들의 울음소리에 응답하지 못하거나, 혹은 다른 피조물들이 비

---

[22] 논의를 위해 다음을 보라. Andrew Linzey, *Christian Theology and the Ethics of Hunting with Dogs* (London: Christian Socialist Movement, 2003).

참함 속에 사는 것이 무엇과 같은지 아무런 상상도 할 수 없는 인간이 되지 않는 것이다. 나는 모든 종교를 윤리적으로 테스트할 수 있는 기준이 하나 있다고 생각한다. 그것은 한 종교가 우리로 하여금 보다 더 사랑하고, 보다 더 자애롭고, 보다 더 연민하는 삶을 살도록 만드는가 혹은 아닌가이다.

몇 주 전 나는 종교인들이 종종 위선자들이라는 사실에 불만을 가진 어떤 사람의 고뇌에 찬 편지를 받았다. 그녀는 이렇게 썼다. "이 사람들이 예배를 드리는 신은 과연 어떤 종류의 신인지 나는 의심하지 않을 수 없습니다. 이들이 믿는 신은 과연 참새 한 마리가 땅에 떨어지는 것도 뒤집을 수도 있는 바로 그 신입니까? 물론 그런 신은 아무 신도 아님을 우리는 압니다. 그 신은 단지 사람하고만 관련이 있는 신입니다. 동물을 책상이나 의자와 전혀 다르게 보지 않는, 그런 인간의 신 말입니다." 그녀는 자신이 무신론자였다고 말하면서 이렇게 편지를 마무리 지었다. "나는 인간을 이해하려는 노력을 포기했습니다. 이제는 어떤 희망도 없습니다." 우리는 이런 견해에 귀를 기울여야 한다. 순전히 인간적 용어로 "인간이라는 종의 전체 역사는…거대한 실패로 드러났다"고 결론지은 철학자 윌리엄 고드윈William Godwin의 말에 우리는 동조해야 할지도 모른다.[23] 우리가 전 세계적으로 동물들에게 연구나 농장사육이나 오락을 이유로 가하는 막대한 고통의 문제를 편견 없이 검토하고 나면, 인간과 그들이 만든 종교가 높은 도덕적 감수성을 가지게 될 것이라고 낙관하기는 어려울 것이다.

하지만, 우리에게는 오직 종교만이, 최상의 상태의 종교만이 제공할

---

23) William Godwin, *Enquiry Concerning Political Justice and Its Influence on Modern Morals* [1978] (London: J. Watson, 1842), p. 217. 다음에서 발췌함. Andrew Linzey and P.A.B. Clarke (eds), *Animal Rights: A Historical Anthology* (New York: Columbia University Press, 2005), pp. 132–134.

수 있는 영적 통찰력이 절실히 필요하다. 그 이유는 순전히 인간적인 용어로 말하면 정확히 우리의 상황이 종종 너무나 절망적으로 보이기 때문이다. 당신이 그것을 통찰, 계시, 조명, 혹은 신비주의라고 부르든, 아니면 당신의 의도대로 맘대로 부르든, 우리가 지금보다 더 나아질 수 있고 무엇보다 좀 더 나은 일을 할 수 있게 바뀔 수 있다고 믿으며, 우리에게 희망의 기반을 제공할 수 있는 것은 오직 종교뿐이다. 오직 우리가 꿈을 꿀 용기를 가질 때에만 우리는 도덕적 에너지를 찾아 그것을 가동할 수 있다. 시편 기자의 말을 사용해본다면, 비전이 없는 곳에는 동물이 그리고 인간도 멸망한다.

 종교를 가진 사람들과 동물보호를 위해 일하는 사람들 사이에는 훨씬 더 많은 대화와 이해가 시급하다. 고상한 목적을 위해 일하는 수많은 동물보호가들이 있는데 그들은 종교 당국으로부터 지지를 받을 자격이 있다. 그들이 추구하는 목표는 주류 종교의 가르침과 전적으로 일치한다. 그럼에도 불구하고 그들은 종종 그러한 지지를 받지 못하고 있다. 이제 각 종교 전통들은 동물에 대한 도덕적 감수성이라는, 지금 세계적으로 떠오르는 새로운 운동의 도전과 만나야 한다. 동물보호가들도 세계로 확장된 종교적 비전으로부터 얻을 것이 많이 있다. 만약 종교인들이 더욱 깊이 자신의 종교적 전통들을 들여다본다면 그들은 아마도 그 안에 명백히 살아있는, 동물을 포용하는 평화로움과 연민의 비전에 놀라게 될 것이다.

제2장
동물을 중요하게 생각하는 신학

> 이 장은 동물이 전통적 기독교 신학에 제기하는 도전들―윤리적, 신학적, 그리고 영적 도전들―이 무엇인지 그 윤곽을 보여준다. 이 글은 원래 *Dialogue: A Journal of Religion and Philosophy* 26호, 2006년 4월에 실렸다. 이 잡지는 종교학과 철학의 분야에서 고등학생들을 가르치는 선생님들을 위한 자료 출판을 목적으로 하고 있다. 나는 새 세대의 학생들에게 내 생각 핵심의 일부를 소개할 수 있는 기회를 갖게 된 것을 특히 감사하게 생각한다.

동물은, 인정하지 않을 수 없지만, 기독교 전통 안에서 별로 중요한 신학적 혹은 윤리적 문제로 생각된 적이 없다. 그렇기는커녕, 이 문제는 그리스도인들에게 문제가 아니었고, 그리스도인들은 동물을 신학적 연구의 변두리로 추방했다. 하지만, 동물에 대한 윤리적 감수성은 지난 30년 동안 크게 성장했고, 의심의 여지없이 이 운동을 떠받치는 사상은 창조 세계 안에서 인간의 자리와 동물의 자리에 대한 과거 인습적인 생각의 토대를 깊이 침식했다. 철학자들은 우리가 동물을 대하는데 있어서 "새로운 윤리"라 부르는 길을 앞서서 인도해왔다.

하지만, 기독교 신학은 이 새로운 감수성에 더디게 응답했다. 지금도 많은 신학자들은 이 문제를 '감정에 호소하기' 혹은 '감상적 행위'의 하나로 간주하면서 신학적 문제로 다루기를 거부한다. 하지만, 이는 완전히 틀렸다. 동물에 대한 관심은, 많은 철학자들이 보여준 것처럼, 강력한 이성적 기반을 가지고 있다. 앤드류 로완Andrew Rowan이 논평했듯이, 지난 30년 동안 도덕 철학자들은 이전 3천 년 동안 그들의 선조들이 동물에 대한 인간의 책임에 대해 쓴 것보다 훨씬 더 많은 글을 썼다.

최근 어떤 사람은 나에게 그리스도인들에게 동물이라는 문제는 "40년 전 페미니즘 문제와 다소 비슷한 단계에 있다"는 의견을 피력한 적이 있다. 그 때 많은 그리스도인들은 페미니즘과 여성의 권리를 공개적으로 경멸했었다. 물론 아직도 그러는 그리스도인들이 있다. 그러나 페미니즘 사상은 여성의 지위에 대한 기독교의 사고에 실질적으로 도전했고 그 결과 기독교는 중요한 변화를 겪게 되었다. 여성이 남성에게 복종해야 한다는 전통적인 기독교의 견해는 오늘날, 최소한 아둔한 형태로는 좀처럼 드러내놓고 표현되지 않는다.

나는 여기서 동물 문제가 전통적인 기독교 사상에 제기하는 몇 가지 도전들을 간략히 스케치할 것이다. 비록 신학자들이 거의 깨닫지 못하고 있지만, 내가 보기에 여기에는 우리가 주목하고 철저히 씨름해야 할 윤리적이고 신학적이며 또한 영적인 강력한 도전들이 있다.

윤리적 도전들 : 위胃 중심성을 넘어서

첫째로 윤리적 도전이다. 기독교는 자신의 전 역사를 통틀어 압도적으로 인간의 생명과 지위와 복지에 대한 윤리적 관심을 기울여 왔다. C.S. 루이스C.S. Lewis의 책 『고통의 문제』The Problem of Pain에서 동물의 고통을 다룬 장처럼, 동물이 이따금 모습이 나타나긴 했지만 대부분의 기독교 윤리학자들은 동물의 문제를 단순히 무시했다. 동물의 삶이나 동물이 겪는 고통은 만약 신학적 레이더가 있다면 거기에 삑 하는 소리로도 나타나지 않았다. 하지만, 대부분의 신학자들은 이것을 근시안적이거나 어떤 약점으로 보기는커녕 도리어 인간중심성을 옹호했다. "하나님의 말씀은 하나님 및 사람과 관계가 있다"고 칼 바르트Karl Barth는 주장했고,24) 이것은 당연히 동물을 윤리의 '주변적' 문제로 만들었다.25) 그 결과 신학은 일종의 인간학과 같은 것이 되었다.

이런 생각은 또 다른 생각, 더욱 널리 퍼지기까지 한 생각, 즉 동물은 여기에 우리 인간이 사용하기 위해 주어졌다는 생각에 의해 보강되었다. 한 옥스퍼드 대학생이 나에게 던진 다음과 같은 질문은 그것을 잘 요약하고 있다. "린지 박사님, 당신의 강의는 아주 흥미롭습니다. 그런데 한 가지 이해되지 않는 게 있습니다. 동물이 존재하는 이유가 무엇인가요? 먹기 위해서가 아닌가요?" 그 학생의 질문은 진심이었지만, 인간중심주의적이고 심지어 위胃중심주의적인 기독교 사상이 어떻게 그렇게 생각 없이 잘 나타날 수 있는지 보여주고 있다. 동물이 존재하는 목적은 인간의 필요와 동일시되는 것이다.

---

24) Karl Barth, *Church Dogmatics, 3/2, The Doctrine of God*, edited by G.W. Bromiley and T.F. Torrance (Edinburgh: T. & T. Clark, 1960), p. 6.
25) Barth, *Church Dogmatics, 3/4, The Doctrine of Creation*, edited by G.W. Bromiley and T.F. Torrance (Edinburgh: T. & T. Clark, 1961), p. 333. 바르트에 대한 나의 비평과 새로운 이해의 시도는 다음에서 찾을 수 있다. Andrew Linzey, "The Neglected Creature: The Doctrine of the Non-Human Creation and its Relation to the Human in the Thought of Karl Barth," Ph.D. dissertation, University of London, 1986.

물론 동물이 여기 이 땅에 우리 인간에게 사용되기 위해서 존재한다는 견해는 단지 기독교만의 견해는 아니다. 그것은 본래, 그 이전이 아니라면, 아리스토텔레스로부터 유래되었다. "자연은 실현될 것으로 보이는 어떤 결말 없이는 아무 것도 만들지 않기 때문에, 즉 아무 목적 없이는 아무 것도 만들지 않기 때문에, 자연은 동물과 식물을 인간을 위해 만든 것이 분명하다"고 아리스토텔레스는 말했다.[26] 이런 생각은 성 토마스 아퀴나스에 의해 받아들여졌고 그는 거기에 신학적 광택까지 냈다. 그는 비이성적인 존재들이 보다 이성적인 종種을 섬기는 것은 신의 섭리라 주장했다. "따라서 인간이 동물을 죽이든 어떻게 하든 그들을 사용하는 것은 잘못이 아니다".[27] 마르틴 루터나 장 칼뱅과 같은 종교개혁 신학자들을 포함하여 거의 모든 기독교의 고전적 사상가들이 여기에 동의했다. 그리고 아퀴나스의 신학이 갈 데까지 다 갔다고 생각된 경우에 1994년의 가톨릭 교리문답은 심지어 그 핵심을 이렇게 고쳐서 서술하고 있다. "하나님은 창조세계를 인간에게 보내는 선물로 의도하셨다." 또한, "동물은 식물이나 무생물과 마찬가지로 그 본성상 과거와 현재와 미래 인간의 공동선을 위해 예정되었다."[28]

우리를 놀라게 하는 이런 주장들의 본질을 이해하려면 우리는 한 걸음 물러서 살펴볼 필요가 있다. 우리는 이런 주장들에 너무나 익숙해져 있기 때문에 이런 주장들이 순전히 터무니없는 것이라는 사실을 종종 깨닫지 못한다. 수백만 종의 생물을 창조하시고 지탱하시는 창조주께서 오직

---

26) Aristotle, *The Politics* (Harmondsworth: Penguin Books, 1985) tr. by T.A. Sinclar, revised by T.J. Saunders, p. 79.
27) Thomas Aquinas, "Summa Contra Gentiles", in Anton C. Pegis (tr.), *Basic Writings of Saint Thomas Aquinas* (New York: Random House, 1945), 2:221. 다음에서 발췌함. Andrew Linzey and P.A.B. Clarke (eds), *Animal Rights: An Historical Anthology* (New York: Columbia University Press, 2005), p. 10.
28) *Catechism of the Catholic Church* (London: Geoffrey Chapman, 1994), para 299, p. 71 and para 2415, p. 516.

그 중 한 종種만 돌보신다는 것이 과연 자명한 사실인가? 지구라는 이 행성 위에서 이루어진 기나긴 생명의 진화 기간을 통해서 모든 종들이 인간을 섬기는 것을 제외하고는 다른 어느 목적도 가지지 않는다는 말이 과연 믿을만한 것인가? 그리고, 더욱 믿을 수 없는 것이지만, 다른 종들은 오직 인간의 허기진 위를 채우는 것 말고는 아무 기능이 없다는 말은 사실인가? 어떤 이는 식용에 적합하지 않아 우리가 먹을 수 없는 다른 수천 종을 여기에 덧붙일 지도 모른다. 만약 인간이 모든 종을 먹어치우는 것이 하나님의 뜻이라면, 실제로 아주 적은 수의 종들만이 요리법의 장애 없이 인간에게 먹힌다는 사실은 놀랄 만한 일이다. 그나저나 동물이 '섬길' 인간이 존재하지 않았던 수백 만 년의 진화의 기간은 도대체 무어라 설명할 수 있는가?

다른 많은 질문들도 포함될 수 있지만, 일단 이러한 질문들의 함의를 충분히 음미하기 시작하면 기독교 윤리는 이제 심각하게 교정될 필요가 있는 일련의 가정들의 포로가 되어있다는 사실이 분명해진다.

만약 어떤 사람이 나서서 성서는 동물에 대해 일련의 긍정적인 견해를 제시한다고 주장하면 논쟁은 더욱 첨예해질 것이다. 성서는 종종 동물에 대한 인간 '우월주의' 견해를 지지하며, 특히 동물은 인간에게 사용되기 위해 여기 지구 위에 주어졌다는 생각을 지지한다고 추정된다. 하지만, 전자만이 엄격한 조건부 안에서 성서적이고, 후자는 전혀 성서적이지 않다. 성서는 그 어디에서도 동물이 단지 인간의 지위 향상을 위해 지어졌으며, 우리는 아무 도덕적 제약 없이 동물에 대해 맘대로 할 수 있다고 말하지 않는다. 성서의 많은 책들 안에는 동물에 대한 친절, 책임, 심지어 소통을 말하고 있다. 다른 것을 찾기 위해 멀리 갈 필요도 없다. 하나님의 계약은 명백히 모든 살아있는 피조물들과 맺어졌다.창세기 9:9~11 안식일의 평화는 모든 창조세계의 목표다.창세기 2:1~3 하나님께서는 "지으신 모든 피조물에게 긍휼을 베푸신다."시편 145:9 "자기 가축의 생명을 돌보는" 사람은 의로운 사람이고 불의한 사람은 자기의 가축에게 "잔인한" 사람이다.잠언 12:10 욥기는 심지어 인간에 대한 나쁜 인상을 가지고 리워야단Leviathan과 베헤못Behemoth으로 비교한다.욥기 40~41장 거의 모든 그리스도인들은 하나님이 인간에게 동물에 대한 '지배권'을 주셨다고 알고 있다.창세기 1:28 그러나 바로 그 다음 구절에서 하나님이 채식을 명령하셨다는 것을 아는 그리스도인들은 거의 없다.창세기 1:29

물론, 성서의 모든 구절이 명약관화하게 동물 우호적 입장을 보이는 것은 아니다. 성서는 인간에 의해 씌어졌으며 하나님이 인간을 다루시는 이야기에 초점을 맞추고 있다. 성서의 모든 내용이 인간 혹은 동물에 대해 연민과 친절을 보이라고 말하지는 않는다. 게르트 뤼더만Gerd Lüdemann이 환기시키듯, 거룩한 경전 안에는 "거룩하지 않은 것"도 있다.29) 인권도, 동물권도 성서로부터 간단히 도출되지는 않는 것이다. 그럼에도 불구하고, 만약 기독교 윤리가 성서 안에 있는 긍정적인 목소리를 주의 깊게 경청한다면 오늘 우리가 목격하는 동물에 대한 끊임없는 착취를 우리는 결코 묵인하고 가만히 앉아있지는 않을 것이다.

신학적 도전들 : 다른 눈으로 보기

두 번째로 신학적 도전들이다. 우리가 살펴보았듯이, 기독교 전통은 자신의 대부분의 역사에서 하나님이 다른 피조물들을 깊이 돌보신다고-조금 돌보신다고 생각했는지는 모르지만-생각하지 않았다. 그 결과는 별로 놀랍지 않다. 그리스도인들 역시 이웃과 다른 피조물들을 깊이 돌보지 않는 것이다.

---

29) Gerd Lüdemann, *The Unholy in Holy Scripture: The Dark Side of the Bible* (London: SCM Press, 1996), translated by John Bowden. 이 책은 성서 안에 있는 대량 학살과 반유대교적 요소에 대해 탐구한, 마음을 어지럽게 하는 중요한 연구다.

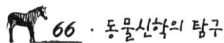

동물의 고통이라는 문제에 대해 신학자들의 공식적 견해가 얼마나 끔찍하게도 무관심으로 일관했는지에는 긴 역사가 있다. 다음과 같은 예수회 소속 조세프 릭카비Joseph Rickaby의 말은 결코 최악의 경우가 아니다.

> 이해력이 없고 따라서 인격이 아닌 야만적인 짐승들은 아무런 권리도 가질 수 없다… 우리는 나무의 줄기나 돌에 그렇게 하지 않는 것과 마찬가지로 하등 동물들에게 자선이나 친절을 베풀 의무가 없다.[30]

우리는 적어도 여기서 릭카비가 동물에 대한 의무를 식물과 무생물에 대한 우리의 의무 혹은 비非의무와 똑같은 범주에 놓는 것을 눈여겨볼 필요가 있다. 하지만, 여기서 특별히 드러나는 것은 이 인용문에 나타난 가톨릭 신학 안에서 동물에게 부여된 낮은 혹은 존재하지 않는 가치다. 결국 우리는 동물에게 아무런 의무가 없다는 생각에 쉽게 빠지게 되는데, 왜냐하면, 동물들을 창조하신 이가 그들을 돌보시지 않는다고 보기 때문이다. 하지만, 어떻게 수백만 종의—수십억이 아니라면—생명을 창조하신 하나님이 그 중 오직 한 종만 돌보신다고 말하는 것이 가능한가? 물론 하나님은 모든 종들을 동등하게 돌보시지 않을 수도 있다. 그렇다면 왜 창조주는 각각의 복지에 전적으로 무관심한 존재들에게 생명을 주시길 원하셨겠는가?

우리는 하나님이 모든 피조물들을 친히 돌보신다는 성서적 통찰을 파악한 후에야 비로소 세계에 대해 인간중심주의적이지 않은 견해를 확실히 붙잡을 수 있게 된다. 다른 피조물들이 우리 인간에게 어떤 가치나 용도를 가질 수 있느냐는 그들이 전능하신 하나님에 대해 어떤 가치를 가질 수 있느냐와 전적으로 다른 문제다. 우리는 너무도 많은 신학이 과

---

[30] Joseph Rickaby, *Moral Philosophy* (London: Longman, 1901), "Ethics and Natural Law," 2:199.

거와 현재에 그렇게 가정하듯이 우리 인간에게 이익이 되는 것이 곧 자동적으로 하나님의 뜻이라고 더 이상 가정할 수 없다. 인간의 필요와 복지에 대한 우리 자신의 추정치가 곧 동료 피조물과 우리의 관계를 결정하는 유일한 기준이 될 수는 없다. 그런 점에서 기독교 신학은 인간 이외의 피조물에 대하여 기본적으로 공리주의적功利主義的, utilitarian 견해에 세례를 준 것처럼 보인다. 하지만, 아니다. 여기서 우리는 "인간 이외의"이라는 말에 주목해야 한다. 동물에 대해 경멸적이지 않은 언어를 찾는 일은 매우 어려운 일이다 그래서 이 말은 나의 작은 시도라 할 수 있다. 아주 소수의 신학자들만이 다음과 같은 제임스 구스타프슨James M. Gustafson의 말을 이해할 수 있는 상상력을 가지고 있다. "목적이 인간의 이익을 보장해주지 않는다.… 하나님의 최고의 목적은 인간의 구원이 아닐 수도 있다."[31]

대부분의 신학자들과 달리 크리스티나 로세티Christina Rossetti와 같은 시인은 이점을 다음과 같이 깊이 간파했다.

    그리고 우리의 눈이 아니라 다른 눈들이
    꽃을 구경하도록 만들어졌지…
    깃털이 난 날개 위로 하늘 높이 날아오르거나
    멋지고 길게 자란 잔디밭을 기어가는
    가장 작은 생물은
    기쁨의 할당된 몫만큼
    어떤 왕도 충분히 가질 수 없는 권리를 가지고 있지.[32]

---

31) James M. Gustafson, *Theology and Ethics* (London: Blackwell, 1981), p. 112.
32) Christina Rossetti, from "To What Purpose This Waste?" anthologized in Jon Wynne-Tyson, *The Extended Circle: A Dictionary of Humane Thought* (Fontwell: The Centaur Press, 1985), p. 281.

자기 스스로를 창조세계의 왕으로 생각하는 우리는 하나님이 여러 개의 눈을 가진 우주를 창조하셨다는 것을 깨닫지 못한다. 하나님은 세상을 바라보실 때 오직 인간의 눈을 통해서만 보시지 않는다. 하나님은 성령을 통해, 즉 생명을 주시고 모든 생명을 고양시키시는 분을 통해, 이 창조세계를, 말하자면, 안으로부터 경험하시고 땅의 모든 피조물들을 통해 보고 느끼신다.

인간이 아닌 피조물 전체에 창조주께서 가지고 계신 관심을 이해해야 비로소 우리는 성육신이나 구속과 같은 기독교의 중심적 교리들을 바로 이해할 수 있다. 내가 나의 책 『동물신학』 *Animal Theology* 에서 제안했듯이, 성육신은 단지 인간의 육체에 대한 하나님의 긍정이 아니라-남성의 육체에 대한 하나님의 긍정은 더욱 아니며- '모든' 육체에 대한 하나님의 긍정으로 이해되어야 한다. 성육신은 육체를 가진 모든 피조물에 대한 하나님의 연애 사건이다. 이 말은 우리의 귀에 생소하게 들리겠지만 사실 초대 기독교 교부 저술가들에 의해 이미 숙고된 생각이다. 예를 들어 성 아타나시우스는 로고스가 "단 하나의 멜로디"를 생산하고 있음을 이렇게 표현하고 있다.

> 모든 곳에 그의 힘을 확장하면서, 보이는 것과 보이지 않는 모든 것을 밝게 비추면서, 그것들을 자기 안에 담고 에워쌈으로써, 생명을 주면서 그리고 모든 것에, 모든 곳에, 각각의 개체에, 그리고 모두에게 함께 정교하고 단 하나의 듣기 좋은 하모니를 창조하면서.[33]

우리는 성육신을 우주적 의미로 다시 볼뿐만 아니라, 구속 역시 진정

---

33) Athanasius, *Contra Gentes and De Incarnatione*, ed. and tr. by R.W. Thompson (Oxford: The Clarendon Press, 1971), p. 115.

으로 포용적인 것으로 새롭게 생각할 필요가 있다. 우리는 시간의 종말에 이르러 나와 다른 어떤 이질적 물질로부터 뽑혀질 영혼이 아니라, 모든 창조세계를 감싸는 구속의 드라마의 일부다. 로고스는 모든 피조된 것들의 기원이자 운명이다. 그럼에도 신학은 아직도 이런 기독교의 기본적 신념을 자신의 창조교리에 비추어 분명하게 설명하지 못하고 있다. 어떻게 성육신과 구속이 하나님의 창조 그 자체보다 더 작을 수 있단 말인가? 전적으로 인간만을 중시하는 하나님은 우리가 신뢰하기에 너무 작은 하나님이다.

신학이 이러한 방향으로 시급히 나아가야 할 또 다른 이유가 있다. 루트비히 포이어바흐Ludwig Feuerbach는 기독교가 자기 확대, 심지어 인간이라는 종種의 신격화에 다름 아니라는 유명한 논제를 남겼다.[34] 이런 비판을 피하기 위해 기독교 신학은 어떻게 자기 스스로가 공표한 것, 즉 세계에 대해 진정으로 인간중심적이 아니라 하나님 중심적인 견해를 피력할 수 있는지 보여주어야 한다. 신학이 다른 모든 것을 제외하고 인간에게만 사로잡힌 결과 창조주 하나님에 대한 교리는 철저히 균형을 잃어버리고 말았다. 그렇다면 동물신학은 인간의 자아숭배라고 하는 우상숭배로부터 그리스도인들을 구출하기 위한 신학이라고 말할 수 있을 것이다.

한 가지 강조하고 싶다. 아퀴나스가 동물을 비이성적인 존재로 대했고 그러한 생각이 수 세기 동안 기독교 사상에 지대한 영향을 끼쳤다는 것을 기억할 것이다. 그러나 오만한 이야기는 아니지만, 오늘날 우리는 성 토마스 때보다 동물에 대해 더 많은 지식을 가지고 있다. 포유류는 최소한 자의식을 가지고 있으며 미리 예상한 특정한 목표를 향해 직접적으로

---

34) Ludwig Feuerbach, *The Essence of Christianity*, ed. and tr. by George Eliot, Introduction by Karl Barth, Foreword by H. Richard Niebuhr (New York and London: Harper Torchbook, 1957). 특히 p.xix를 보라. 다음에서 인용되고 논의 됨. Andrew Linzey and Dan Cohn-Sherbok, *After Noah: Animals and the Liberation of Theology* (London: Mowbray now Continuum, 1997), p. 119f.

행동할 수 있는 능력으로 정의된 최소한 합리성의 초기 형태를 가지고 있다는 새로운 증거들이 속속 드러나고 있다. 여기에 덧붙여 공포, 스트레스, 근심, 불길한 예감, 예상, 그리고 두려움을 포함하여 지각을 가지고 있다는 상당한 증거들도 나오고 있다.

만약 우리가 동물이 자의식을 가지고 있으며 경험적으로 볼 때 지각을 가지고 있다는 것을 받아들인다면 기독교 신학에서 신정론theodicy, 神正論이라 불리는 문제는 이전보다 더 큰 두통거리가 될 것이다. 많은 '과학과 종교' 연구자들과 생태신학자들처럼 브라이언 혼Brian Horne은 이렇게 말한다. "현대 동물학은 우리로 하여금 죽음과 질병, 그리고 지진과 홍수가 늘 지구 행성의 일부분이었다는 것을 믿도록 한다…" 그리고 이러한 시각은 "고통과 죽음을 어떤 먼 과거의 행동에서 발생한 악이나 난폭함으로가 아니라 생물학적 존재의 평범하고도 불가피한 사실로 보도록 요청한다." 그의 결론은 인간과 동물의 영역 안에 있는 이러한 '일들'을 '사랑을 위한 일들'로 생각하는 것을 배워야 한다는 것이다. 그럼으로써 악이 그러한 사랑에 대해 할 수 있는 최악의 일도 "그것에 신선한 사랑의 기회를 제공하려는 것"으로 생각하는 법을 배워야 한다는 것이다.

그러나 내가 다른 글에서 이에 대해 응답했듯이,

> 동물 피조물이, 그리고 나중에는 인간이라는 피조물이 수 백 년, 수 천 년, 심지어 수백 만 년 동안 질병과 죽음을 경험한, 하나님에 의해 창조된 이 세계가 단지 '신선한 사랑의 기회'를 제공하기 위한 것이었다는 이론은 우리로 하여금 그리스도의 얼굴을 알아보기 어렵게 만들 수 있다. 그저 자기 자신만을 영속시키길 원하는 일종의 사랑에 대해, 그러니까 추함으로 가득 찬 피조세계라는 존재를 상정해야만 성립하는 그런 종류의

사랑에 대해 우리는 어떤 판단을 내려야 하는가?[35]

신학자들은 아직 제대로 된 신정론을 말하는 데 있어서 동물의 지각이 갖는 함의와 씨름을 하지 않았다. 진화의 거대한 고통 앞에서 단순히 한 종種이 사랑의 능력을 가지고 있다는 것을 제안함으로써 신적 정의가 옹호될 수 있다는 생각은 오히려 우리가 이 문제의 중차대함을 파악하기 위해서는 얼마나 갈 길이 먼지를 알려주는 지표에 불과하다.

영적 도전들 : 인간은 하나님이 아닌 것을 다시 배우기

세 번째로 영적 도전들이다. 신학적 맥락에서 동물에 대한 관심이 제기될 때면 언제나 우리는 곧바로 다음과 같은 반론에 접한다. "하지만, 우리 인간은 하나님의 형상대로 만들어졌습니다." 이 구절은 이후의 모든 논의를 중단시키는, 마치 카드놀이의 으뜸패처럼 사용된다. 하지만, 우리는 이것이 실제로 어떤 종류의 '으뜸패'인지 깊이 생각해야 한다. 창세기 1장의 본래의 맥락에서, 인간은 하나님의 형상대로 만들어지고[26절], 다스리는 지배권을 받으며[28절], 그리고 채식을 하라는 명령을 받는다[29절]. 그러니까 하나님 형상의 부여는 지배권의 행사 및 창조세계 안에서 하나님의 평화의 유지와 하나로 연결되어 있는 것이다. 우리는 지배권을 폭정보다 조금 덜한 정도로 해석한다. 그러나 창세기의 맥락 안에서 이해할 때 하나님의 형상과 지배권은 우리가 하나님에게 합당한 방법으로 또한 하나님의 의지에 따라 힘을 행사하도록 위임받았다는 것을 뜻한다. 형상과 지배는 하나님께서 지으신 세계를 돌보라는 명령과 한 짝을 이루고 있는 것이다. 우리의 힘은 제멋대로 행사되는 것이기는커녕, 오직 신

---

35) Brian L. Horne, *Imagining Evil* (London: Darton, Longman and Todd, 1996), pp. 130-131. 나의 응답과 함께 인용된 부분은 다음을 보라. Andrew Linzey, "C.S. Lewis's Theology of Animals," *Anglican Theological Review, 80/1* (Winter 1998), p. 71.

적 의지를 반영하고 그것을 구현할 때만 정당화될 수 있다. 그리고 자신의 형상대로 우리를 만드신 하나님께서는 거룩하시고 사랑이 많으시며 공의로우시기 때문에 우리의 지배권도 오직 그와 같아야 하는 것이다.

하지만, 여기서 한 걸음 더 나아가 우리는 이 해석에서 한 가지 매우 중요한 연결고리를 만들어야 한다. 힘은 기독론에서 즉 예수 그리스도라는 인격의 관점에서 바라볼 때 결코 그 자체로 정당화될 수 있는 것이 아니라는 점이다. 예수 그리스도 안에 나타난 하나님의 힘은 '카타바시스' *katabasis*, 즉 겸손과 희생적 사랑이며, 억압 받는 자들과 함께 그들을 위한 고통 안에서 표현된다. 한 마디로 그리스도의 주권이 의미하는 것은 섬김이다. 이 관점에서 볼 때 동물에 대한 인간의 지배는 무임승차권이 아니다. 내가 다른 책에서 요약해 말한 것처럼, "창세기 1장에 대한 낡은 견해는 키스 와드Keith Ward의 의역 안에 표현되었다. 그는 '사람'이 창조세계 안에서 '신'으로 만들어졌으며 피조물들은 '그를 섬겨야' 한다고 주장한다. 하지만, 새로운 견해는 이와 매우 다르다. 하나님으로부터 우리에게 온 힘과 창조세계에 대한 지배권이 주어졌다고 가정하면, 창조세계를 섬겨야 하는 것은 바로 우리들인 것이다. 그리스도의 주권이 가진 내적 논리는 더 높은 것이 더 낮은 것을 위해 희생하는 것이지 결코 그 반대가 아니다. 만약 그리스도 안에 나타난 하나님의 겸손이 이렇게 값비싸고 중요한 것이라면, 왜 우리의 겸손이 그보다 못해야 하겠는가?"[36]

독자들은 여기서 거라사 지방의 돼지 떼 사건과 예수께서 분명히 물고기를 잡수신 일과 또 사도행전에 나오는 베드로의 비전에 관한 질문을 제기할 것이 뻔하다. 이 성서의 이야기들에서 발생하는 모든 문제들에 대해 간단한 답변은 없다. 이 이야기들을 서로 조화시키는 것은 더더

---

[36] Andrew Linzey, *Animal Theology* (London: SCM Press, and Chicago: University of Illinois Press, 1994), p, 71. 케이스 워드(Keith Ward)의 구약성서 번역과 바꿔쓰기에 대해서는 다음을 보라. *The Promise* (London: SPCK, 1980), p. 2.

욱 어렵다. 하지만, 세세한 것을 떠나서 우리는 전체적 윤곽에 대해서 분명히 말할 수 있다. 예수께서 우리에게 주신 것은 가난하고 불이익 당하고 또 버림받은 자들에게 확장된 포용적인 도덕적 관대함의 패러다임이라는 것이다. 우리가 이것을 우리의 사고의 모델로 삼는다면 오늘날 모든 고통당하는 피조물들을 포함하여 "우리 가운데 지극히 작은 자"에게로 확장될 수 있는, 진정으로 예수께서 몸소 보여주신 관대함의 윤리ethics of generousity를 세우는 것이 가능할 것이다.

동물신학이 주장하는 것은 인간이 다른 피조물 위에 신과 같은 우월성을 가졌다는 과거의 관념을 버리고 대신에 자신을 하나님의 명령을 받은 섬기는 종種으로 볼 때 보다 인간이 더 자유로운 종種이 될 것이라는 점이다. 우리는 다음의 한 가지 점에서 특별히 더욱 자유로워질 것이다. 즉 지배하고자 하는 욕구에서의 자유 말이다. 힘은 희생자를 노예화하지만, 그만큼 힘센 자들도 노예화한다. 인간이 '만물의 척도'라는 그리고 모든 생물 종들은 여기 이 지구 위에 인간의 이익에 복무하기 위해 존재한다는 프로타고라스의 격언에서 해방된다면, 우리는 만물을 있는 그대로 인정하는 '무위'無爲의 영적 규율을 실천할 수 있을 것이다.

물론 우리는 다른 피조물을 적극적으로 섬겨야 한다. 그러기 위해서는 우리의 탐욕을 줄이고 학대행위를 제한해야 한다. 사실 이것은 동물들에게 상해를 가하는 것으로부터의 진보적 이탈과 같은 말이다. 하지만, 우리는 먼저 살아 있는 다른 것들을 '같은 하나님의 동료 피조물'creatures of the same God로 깊이 사유하는 시간을 가져야 한다. 우리에게 주어진 과제는 하나님의 관점에서 동료 피조물들의 가치를 발견하는, 그리고 그들의 생명을 경축하는 길을 발견하는 것이다. 우리의 너무나도 지나친 착취와 변덕스러움은 동물이 가지고 있는, 하나님이 주신 가치를 보지 못하는 일종의 영적 문맹에서 비롯된다.

이것이 내가 왜 비웃음을 무릅쓰고 『동물의례: 동물 돌봄의 예배』*Animal Rites: Liturgies of Animal Care*라는 제목의 예배자료집을 출간했는지의 이유다. 이 책의 목적은 그리스도인들이 "지구 전체에 울려 퍼지는 신적 환희를 듣도록" 돕는 것이다.

> 경탄하도록 도우소서, 주님
> 두려움 속에 일어서고
> 일어서서 응시하도록
> 그래서 세계의 풍부함에 대해
> 우리 앞에 놓으신 그 풍성함에 대해
> 당신을 찬양하게 도우소서.
> 만물 안에 계신 그리스도여
> 우리의 감각을 회복시키시고,
> 모든 창조된 것들 안에 있는
> 그 환희의 경험을
> 우리가 다시 느낄 수 있게 해 주소서.[37]

물론 이성적 논쟁은 중요하고 나름의 쓸모가 있다. 하지만, 이성은 어딘가 다른 곳에서부터 시작해야 한다. 좀 더 정확히 말하자면, 그것은 무언가 주어진 것으로부터 시작해야 한다. 찰스 페기 Charles Péguy의 말대로, "모든 것은 신비주의로 시작하고 정치로 끝난다."[38]

지금 점차 세계로 확산되고 있는 동물에 대한 새로운 감수성은 하나의

---

[37] Andrew Linzey, *Animal Rites: Liturgies of Animal Care* (London: SCM Press, and Cleveland, Ohio: The Pilgrim Press, 1999), "Celebrating the Creatures: A Liturgy," pp. 28–29.

[38] Charles Péguy, 다음에서 인용됨. Alan Ecclestone, *Yes to God* (London: Darton, Lonman and Todd, 1975), p. 121. 본래의 출처는 밝혀지지 않았다.

근본적인 인식의 변화다. 이 변화는 다음과 같이 아주 간략히 서술될 수 있다. 즉 동물이 여기 우리의 용도를 위한, 혹은 인간의 목적을 위한 수단으로서의 물건, 기계, 도구, 혹은 상품이라는 생각으로부터 벗어나 동물은 하나님이 주신 지각이 있는 존재로서 자신의 고유한 가치와 존엄성과 권리를 가지고 있다는 생각으로 이전하는 것이다. 이것은 기본적으로 하나의 영적인 통찰이다. 이것은 하나님을 창조주로 고백하는 것과 상응하는 또 하나의 깨달음에 불과하다.

만일 동물 문제가 우리에게 열정과 논쟁을 불러일으킨다면, 그 이유는 하나님의 세계 안에서 우리와 함께 사는 '동료 피조물'로서의 동물의 본래 지위가 위태로워졌기 때문이다. 동물신학은 자신의 가장 기본적인 통찰, 즉 동물은 하나님에 의해 소중히 여겨지기 때문에 자신 안에 어떤 본유적 가치를 가지고 있다는 통찰과 생사를 함께 한다. 이것은 도덕적이고 영적인 깨달음이다. 이것은 항성 혹은 행성이든, 원자의 존재든, 혹은 인간 정신의 다른 어떤 양상이든, 인류 역사의 다른 어떤 중요한 발견들만큼이나 객관적이고 중요한 깨달음이다. 앞으로 우리는 이 너무도 작은 것을 배우기 위해 너무도 오랜 시간이 걸렸다는 사실에 놀라게 될 지도 모른다.[39]

---

39) 나는 다음의 나의 책에서 이 마지막 세 단락을 각색하였다. *Animal Gospel: Christian Faith As If Animals Mattered* (London: Hodder and Stoughton, and Louisville, Kentucky: Westminster John Knox Press, 1999), pp. 5–6.

제3장
동물권과 동물신학

> 이 글은 먼저 동물의 권리를 둘러싼 현대적 논쟁을 다루고 동물권 운동에 대한 미디어의 풍자에 응답한다. 동물권을 둘러싼 대부분의 대중적 논쟁에서 결여되어 있는 것은 동물에 대한 철학적 사고의 역사에 대한 이해이며, '동물권'이라는 개념이 이전의 '인도주의적' 전통 위에 세워졌다는 사실에 대한 인식이다. 비록 이 운동은 그 자체로 '종교적'이라 분류될 수는 없으나, 나는 이 글에서 어떻게 동물의 권리에 대한 이론이 기독교 신학의 통찰과 공명하는지 살펴볼 것이다. 이 글은 내가 폴 배리 클라크Paul Barry Clarke와 함께 출간한 『동물권: 역사적 선집』 *Animal Rights: A Historical Anthology*의 서문을 개정한 것이다.

'동물권'이라는 개념은, 그리고 그 개념을 둘러싸고 자라나온 운동은 때론 열광적이거나 혹은 활발한 비평의 주제가 되었다. 최근 한 비평가는 "동물권 운동은 이교도 신앙이다"라고 주장한 바 있다. 우리는 또 다음과 같은 견해도 접한다. "녹색 영성이 인간을, 그러니까 마리아의 아들 예수 그리스도 안에 하나님이 본성을 불어넣어주신 인간을 동물이나 앨런 그린스펀이 쓰는 완곡하고 신중한 용어로 '인간이 아닌 동물'의 수준 밑으로 내려놓는다." 다음과 같이 확신에 찬 주장도 들린다. "녹색 영성의 특징은 그것을 실천하는 사람들이 인간을 모독하거나 심지어 증오한다는 것인데 이는 우연한 일이 아니다." "그들이 말하는 세계는 인간이 뿌리 뽑히고 자연이 신격화된 세계이다."40)

이런 종류의 비판은 대중 미디어에서 점차 공통적인 것이 되었다. 하지만, 이런 비판은 한 옥스퍼드 대학의 교수, 즉 전 플레이터 칼리지Plater College의 학장과 한 교황 문서 번역가에게 나온 것이다. 동물권이라는 개념이 논쟁의 대상이 되었다는 사실은 놀랄 일이 아니다. 동물권 운동 역시 비판을 피해갈 수는 없기 때문이다. 하지만, 어떤 학자가 위와 같이 무절제한 언어를 사용해서 자기의 주장을 펼쳐야 했다면, 그것은 현재 벌어지는 논쟁의 성격이 무엇인지 가리키거나 혹은 그것의 결여를 가리키고 있다고 말할 수 있을 것이다.

우리에게 주어진 문제를 바로 이해하기 위해서는 우리는 한 걸음 조금 때로는 많이 물러서 전체를 바라보는 능력을 키울 필요가 있다. 그 능력은 역사에 대한 이해로부터 가장 쉽게 제공될 수 있고, 우리의 경우 그것은 동물에 대한 윤리에 관하여 우리가 오랫동안 전개한 토론이 될 것이다. 그런데 역사에 대해 매우 잘못된 이해의 하나는 동물권을 1970년대 이후에 일어난 현상 정도로 묘사하는 것이다. 즉, 진지하게 민권운동으로부터 시작해서 익살맞게 "모피를 걸친 피조물들로 끝난 60년대" 해방운동의 꼬리로 그리는 것이다. 그래서 동물권은 단지 해방사상의 한계가

---

40) Joseph Kirwan, "Greens and Animals" in Robert Whelan, Joseph Kirwan, and Paul Haffner, *The Cross and the Rain Forest: A Critique of Radical Green Spirituality* (Grand Rapids, Michigan: W.B. Eerdman, 1996), pp. 112–13, 122.

무엇인지, 심지어 그것의 궁극적인 비논리성이 무엇인지만 예증하는, 모든 해방운동의 최후의 그리고 가장 받아들이기 어려운 모습이라고 주장하는 것이다. 그래서 많은 '60년대' 사고들이 수정되거나 폐기될 때 동물권도 이에 따라 "너무 멀리 나간 해방" 정도로 보통 진술되었다. 현자들 사이에서조차 동물권은 지적인 경멸 분위기 속에서 다루어졌다.

동물 옹호자들 스스로도 종종 동물권이 영어에서 가장 매력적인 의미로 '새롭다'는 견해가 생기도록 일조했다는 것을 인정하지 않을 수 없다. 그들 모두 너무 쉽게 '새로운 사고', '새로운 개념', '새로운 패러다임', 그리고 '새로운 윤리'라는 말을 사용했기 때문이다. 물론 이 중 어떤 것들은 정당화될 수도 있다. 예를 들어 새로운 캠페인이나 정책 개발의 밑그림이 그려질 때는 그렇다. 하지만, 이 말들의 대부분은 동물에 대한 도덕적 사고가 무언가 현대적 유행에 불과하다는 인상을 널리 퍼지게 하는데 이바지하고 말았다. 때로 어떤 이는 '동물 옹호자들'—이 용어는 그 자체로 전혀 계몽적이지 않고 애정도 가지 않는 용어인데—이 자신에 대한 미디어의 잘못된 풍자와 은밀히 공모한 것은 아닌가하고 염려하기도 했다.

이것은 풍자를 위한 것이다. 하지만, 인간과 동물의 윤리적 관계에 대한 성찰은 상당한 전통을 가지고 있다. 그것은 그리스나 그 이전까지 거슬러 올라간다. 이 세계의 가장 출중한 사상가들의 일부인 플라톤, 아리스토텔레스, 아우구스티누스, 아퀴나스, 데카르트, 홉스, 록, 쇼펜하우어, 니체, 그리고 마르크스도 동물에 대한 사유에 자신의 시간을 할애했다. 그들이 남긴 말의 많은 부분은 현재 만족스럽지 못한 것으로 간주되지만, 그렇다고 해서 우리가 한 가지 방식으로가 아니라 여러 방식으로 상속 받은 풍요로운 사상의 전통이 있다는 사실이 바뀌지는 않는다. 우리 '포스트모더니스트들'이 마치 모든 진리를 다 아는 것처럼 우리 이전의 지성의 역사를 방기하거나 무시하는 것은 정말로 잘못된 일이다. 그런데 우리가 이전의 사상들에 새로운 마음을 가지고 관여해야 하는 이유가 있다. 그것은 정확히 그 사상들의 한계 때문이다. 우리는 우리의 성취에서 배우는 만큼 우리의 실수에서도 배운다. 아니 그래야 한다. 물론 한 사람의 한계는 다른 사람에게 창조적 기회가 되기도 한다.

현대적 서술만이 아니라 학생들로 하여금 복잡한 도덕적 사고가 어떻게 진화되어 왔는가를 이해하도록 돕는 것이 교육자의 과제다. 언제나 변함없이 역사는 피상성을 교정하는 수단이다. 만약 동물권이라는 개념이 내가 믿는 것처럼 진지한 관심을 받을만한 자격이 있는 문제라면, 교육자들은 학생들로 하여금 지금 논쟁이 되는 문제의 역사적 기원을 파악하게 하고, 왜 고대인들과 중세인들은 우리와 달리 생각했는지를 이해하게 하며, 보다 정직하게는 어떻게 우리가 종종 알지도 못하면서 그리고 아주 적은 지식을 가지고 이미 그들이 언급한 것을 단지 반추하고만 있는지 깨닫도록 도울 의무가 있다. 동물 옹호자들 역시 과거에는 소수자였음에도 불구하고 끊임없이 동물에 대한 도덕적 문제를 제기하는 노고를 아끼지 않은 사람들이 있었다는 사실을 보다 분명히 깨달아야 할 것이다.

이것이 이해되고 나면, 우리는 한 두 권의 책이나 몇몇 현대 철학자들이 동물권이라는 개념을 새로 만들어냈다거나 혹은 그들이 이 운동의 창설자라는 잘못된 생각과, 즉 종종 동물 옹호자들에 의해서도 승인되는 잘못된 생각과도 맞설 수 있어야 한다. 일관된 전략을 가진 조직적 개념의 덩어리로 이해되는 운동이라는 모든 개념인 '운동'이라는 일체의 개념은 다양한 목적과 관점을 가진 활동가들의 문헌을 읽을 때마다 모순이 드러난다. 만약 사상운동이 있다면 그것은 도합 오랜 기간의 잉태 기간을 거쳤을 것이며 여러 시인과 성인과 자선가들과 사상가들에 의해 발전되었을 것이다.

　동물에 대한 도덕적 관심이 단지 한 두 명의 현대 철학가들의 펜에서 나온 것이 아님을 올바로 이해한다면, 우리는 그 철학가들을 더 정당하게 도덕적 전통의 지속에 명예롭게 공헌한 사람들로서 다룰 수 있을 것이며, 또한 동물을 위한 대의도 보다 더 정당하게 다룰 수 있을 것이다. 우리가 사상의 발전에 관해 기본적으로 근시안적이지 않다면, 동물권을 대변하는 단 하나의 유일한 목소리는 없다는 것을 깨닫게 된다. 이는 동물을 위해서도 그러한데, 모든 사상은 시대를 거치면서 명백한 한계를 드러내기 때문이다. 모든 동물권 사상가들은, 특히 현대 동물권 사상가들은, 그들의 확고한 성공이 오직 다른 사람들의 명백한 실패 때문이라는 것을 인정하는 보다 큰 겸손이 필요하다. 동물에 대한 우리의 도덕적 의무를 충분히 그리고 포괄적으로 개념화하기 위해서 우리가 갈 길은 아직도 멀다. '현자의 돌' philosopher's stone 41) 이 자기 것이라고 너무 서둘러 주장하는 것은 아직 이 길에 대한 탐색을 시작도 하지 않은 사람들은 물론이거니와 함께 이 길을 걷는 사람들을 낙심케 하는 일이다.

　그럼에도 불구하고 동물에 대한 감수성이 사회적으로 예민하게 느껴지는 결정적인 지점에 다다랐던 때도 있었다. 가장 현저한 예는 19세기의 동물보호운동이었는데, 그것은 1824년 영국 동물학대방지협회 Society for the Prevention of Cruelty to Animals, SPCA 42) 와 1866년 미국 SPCA의 출현으로 절정을 맞았다. 지금 '동물권 운동' animal rights movement이라고 이름 붙여진 것은 무엇보다 바로 이들에게 빚지고 있다. 지금 많은 사람은 이 단체들이 애써서 사회적으로 획득한 것들을 당연한 것처럼 누린다. 하지만, 그것들은 당시 대담무쌍한 도덕적 위업이었다. 그러나 그것들 역시

---

41) 역자 주-보통의 금속을 금으로 만드는 힘이 있다고 믿어 옛날 연금술사가 애써 찾던 것
42) 역자 주-지금은 RSPCA, 즉 왕립동물학대방지협회가 되었다

이번에는 그들 이전의 도덕적 사상가들의 노력에 의존하고 있었다. 이와 같이 21세기의 동물 옹호조직은 1970년대 이후의 철학보다 훨씬 더 오래되고 깊은 관심에 의존하는 것이다. 아마도 모든 철학자 가운데 가장 회의적인 철학자라 할 수 있는 니체는 1874년에 다음과 같이 썼다. "모든 시대의 심오한 사상가들은 동물에 대해 동정심을 가졌는데, 그 이유는 그들의 생명이 고통을 받고 있으며 그 상처를 자신에게 돌리거나 혹은 자신의 존재를 형이상학적으로 이해할 수 있는 힘을 지니고 있지 않기 때문이다." 그는 계속 이렇게 적는다. "맹목적인 고통에 대한 목격은 가장 깊은 감정의 샘이다."[43]

이러한 깨달음은 우리가 동물권에 대해 가지는 세 번째의 잘못된 인식과 맞서도록 돕는다. 그것은 동물권이 반反인간적 정서나 인간에 대한 불신에 의해 보복적으로 지지되고 있다는 인식이다. "동물을 사랑하는 사람들이 그렇게 하는 이유는 그들이 인간을 사랑할 능력이 없기 때문이다"라는 주장이 일반적인데, 사실 이보다 더 사악한 주장은 없을 것이다. 인간을 사랑하는 사람들은 동물을 사랑할 능력이 없다는 식의 생각은 한 번도 명료하게 표현된 적이 없는데, 그것은 이해될 수 있는 일이지만 그만큼 이 주장의 불완전함을 가리킨다. 비록 모든 종種 중에서 가장 사랑할 수 없는 존재가 바로 인간이라고 말해지긴 하지만,—이 말에 대한 정당성 증명이 없는 것은 아니다—역사를 통틀어 동물을 위해 제기된 목소리들을 자세히 검토해보면 그것이 인간에 대한 불신에서 나왔다는 비난은 전혀 근거가 없는 것이다. 동물에 대해 관심을 표명한 여러 세대의 다양한 사상가들의 긴 명단을 한번 꼼꼼히 살펴보라. 그러면 인간을 혐

---

43) Friedrich Wilhelm Nietzsche, "Schopenhauer as Educator" [1874] in *Thoughts Out of Season*, tr. by Adrian Collins (Edinburgh: T.N. Foulis, 1909), Part II, pp. 149–155. 다음에서 발췌됨. Andrew Linzey and P.A.B. Clarke (eds), *Animal Rights: A Historical Anthology* (New York: Columbia University Press, 2005), p. 148.

오하는 사람을 하나 내지 둘 이상 찾는 일이 헛된 일임을 곧바로 알게 된다. 심지어 16세기에 저술활동을 했던 그 완고한 몽테뉴Montaigne도 우리가 동물에게 행사하는 불의한 힘은 우리가 다른 인간에게 행사하는 것과 똑같은 힘이라는 인식 위에서 다음과 같이 동물에 대한 정당한 대우를 설파했다.

> 이 점에 관해서 우리는 우리의 노예들을 가지고 있다. 시리아에서는 지체 높은 숙녀들이 마차로 오르는 것을 돕기 위해 사지를 쭈그려 발판 혹은 발판 사다리 역할을 했던, 클리마싸이드Climacide라 불리는 여성들이 존재하지 않았던가? 잠깐만 생각해보아도, 자유인의 대다수는 자신의 삶과 존재를 다른 이의 힘 아래 굴복시킨다…우리는 우리에게 이상하게 보이는 그리고 우리가 이해하지 못하는 모든 것들을 비난한다. 우리가 동물을 판단할 때도 그렇다.44)

더구나 이 비판은 역사적으로도 유지될 수 없다. 현대 동물에 대한 관심은 19세기 '인도주의 운동'humanitarian movement의 출현으로 직접 거슬러 올라갈 수 있다. 이 운동은 자신이 이해하는 범위 안에서 특별히 노예, 어린이, 가난한 자, 그리고 동물을 포용했다. 영국 동물보호운동의 주요 인물들은─그들 중 세 명만 거명한다면 섀프츠베리Shaftesbury 경, 윌리엄 윌버포스William Wilberforce, 파월 벅스턴Fowell Buxton인데─동물과 인간을 위한 큰 대의명분에 관심을 표명한 것이 특징이다. 실로 섀프츠베리는 자신의 철학을 다음과 같이 신중하고도 포용적인 용어로 명확히 밝혔다. "나는 하나님께서 나에게 어떤 이익을 내려주셨더라도, 나를 약하고, 힘

---

44) Michel Eyquem Montaigne, "Apology for Raymond Sebound" [ca. 1592] in *Essays of Montaigne*, tr. by E.J. Trechman (London: Oxford University press, 1927), p. 452. 다음에서 인용됨. *Animal Rights*, p. 65.

없고, 그리고 인간과 짐승 둘 다를 포함하여 아무도 도울 자가 없는 자들의 대의를 위해 헌신하라고 부르셨음을 확신한다."[45] 동물 옹호 운동의 뿌리는 인간에 대한 불신이 아니라 오히려 박애정신에 이었던 것이다.

그럼에도 어떤 동물 옹호자들은 비록 변화의 속도에 실망한 아주 작은 소수이긴 하지만, 반(反)인간 논쟁에 빠져들었고 심지어—이것이 가장 통탄할 일인데—그들의 감정을 폭력적 행위를 통해 분출한다는 것을 나는 부인할 수 없다. 이러한 행위들은 잘못된 것이고, 무엇보다 앞서 언급한 것들, 즉 모든 세대를 통틀어 동물을 존중한 사상가들의 철학과 완전히 상치되는 것이다. 폭력적인 동물운동가들은 축구경기장에서 난동을 피우는 훌리건들이 축구라는 스포츠에 이바지하는 것보다 덜 동물의 대의를 대변한다는 것을 깨닫는 것이 매우 중요하다. 우리는 이것을 3백 년 이상 걸쳐 나타난, 분명한 공통점은 없으나 그럼에도 일관성이 있는 동물 옹호의 숱한 목소리들을 충분히 검토함으로써 알 수 있다. 모든 지각이 있는 존재들을 윤리적으로 대하자는 운동의 한 부분이라고 정당하게 주장할 수 있는 사람은 동물이나 인간에게 폭력을 행사하는 사람이 아니라 평화로운 삶을 추구하는 사람이다. 언어학적으로 '동물권 폭력' animal rights violence은 모순어법이다. 도덕적으로 그것은 자가당착이다. 그리고 역사적으로 그것은 노예를 때림으로써 노예의 삶을 개선할 수 있다고 생각한 노예폐지론자의 생각과 동일하게 미친 것이다.

동물권에 대해 또 하나의 잘못된 인식이 있다. 그것은 동물권이 '이교도 사상'을 대변하며 그것의 신봉자들은 성서의 통찰을 버리고 인간에 대한 불신뿐만이 아니라 나아가 동물을 숭배하기까지 한다는 것이다. 그러나 동물에 대한 돌봄의 종교적, 특히 기독교적 근거를 가장 잘 표현한

---

45) Lord Shaftesbury, Letter, 30 April, 1881. 다음에서 인용되고 논의됨. Andrew Linzey, *Animal Theology* (London: SCM Press, and Chicago: University of Illinois Press, 1994), p. 36f.

사람은 교황 알렉산더Alexander Pope인데, 그는 인간이 "같은 인간이라는 종種종에게 행사한 폭정보다 존재의 서열에서 낮은 지위에 있는 피조물에게 행사한 잘못된 지배에 비율적으로 더 큰 책임이 있다"고 말했다.46) 비록 종교인들은 하나님이 인간에게 동물을 다스리는 힘을 주셨다는 생각을 다양한 말로 표현했지만, 동시에 그들은 힘이 스스로를 정당화할 수 있는 것이라는 생각에 강력히 저항했다. 사실 오늘날의 동물권 사상가들은 종교 사상가들과 반反종교 사상가들로 이루어진 매우 다양한 그룹의 사람들을 가리킨다. 어떤 이들은 인간에게 동물을 다스릴 '하나님이 주신 힘'이 있다는 일체의 생각을 퇴보적인 것으로 간주한다. 다른 이들은 나처럼 그 생각에는 모든 종種 가운데 약하고 깨지기 쉬운 존재들에 대한 특별한 돌봄을 수반한다고 생각하기도 한다. 하지만, 동물 옹호운동 전체가 반종교적이라든가 혹은 '세속적 종교'의 특징을 가지고 있다고 가정하는 것은 어리석은 짓이다.

우리가 이것을 아는 이유가 있다. 그것은 종종 동물보호운동의 창설자들이 바로 종교인들이었고, 그들은 이 운동을 종교적 이상의 실현으로 이해했다는 점이다. 1824년에 설립된 영국 동물학대방지협회SPCA의 창립자 아더 브룸Arthur Broome은 성공회 사제였고 그는 특히 이 단체를 기독교적 원칙에 입각한 기독교적 사업으로 인식하고 있었다. 이 예만 있는 것이 결코 아니다. 미국과 영국에서 출현한 현대 채식주의 운동은 채식에 대한 하나님의 명령창세기 1:29~30을 진지하게 받아들이고 채식주의를 교인이 되기 위한 의무사항으로 만들었던 '성서기독교회' Bible-Christian Church 47)의 지지에 빚지고 있다. 다시 말하지만, 생체해부 철폐운동은 두 명의 존경받는 그리스도인, 즉 섀프츠베리 경과 매닝Manning 추기경의 적

---

46) Alexander Pope, "Of Cruelty to Animals" [1713] in Rosalind Wallace (ed.), *A Hundred English Essays* (London: Thomas Nelson, 1950), pp. 159-65. 다음에서 인용됨. *Animal Rights*, p. 72.
47) 역자 주-영국 북서부에 세워진 기독교 채식주의 소종파

극적인 후원에 힘입었는데, 어떤 역사가는 이 운동이 처음에 성공을 거둘 수 있었던 이유를 "영국이라는 국가의 종교적 성향"과 "성직자들의 따뜻한 호의" 덕분으로 돌리기조차 했다.[48]

물론 제도권 종교가 항상 동물 친화적 목표에 호의적이었던 것은 아니다. 주로 아우구스티누스와 아퀴나스로 대표되는 부정적 종교 전통이 있었는데 이는 다소 직접적이고 도덕적인 염려에서 동물을 배제했었다. 하지만, 이 전통은 상당한 변화를 거쳤고 지금도 변화의 과정 속에 있다. 동물권이라는 개념은 심지어 보수적인 로마 가톨릭 안에서도 오늘날 그 옹호자들을 발견할 수 있는데, 그것은 다음과 같은 전 웨스트민스터 대주교 히난Heenan 추기경의 글속에 잘 나타난다.

> 내가 젊었을 때 나는 종종 기독교 철학의 일부를 자명하고 진실한 것으로 받아들였었다. 그것은 동물이 아무런 권리도 가지고 있지 않다는 명제였다. 물론 이것은 오직 한 가지 의미에서만 맞는 말이다. 동물은 인간이 아니며, 따라서 말하자면 자기 권리로서는 권리가 없다. 그러나 그들은 매우 확실한 권리를 가지고 있다. 왜냐하면, 그들은 하나님의 피조물이기 때문이다. 만일 우리가 정말로 정확하게 말해야 한다면, 우리는 하나님에게 권리가 있다고, 즉 당신이 지은 모든 피조물이 존중받으며 살게 할 권리가 있다고 말해야 할 것이다.[49]

아마도 동물권 이론과 신학 사이에는 매우 깊은 연결이 있는 것 같다. 동물권 이론가들은 공통적으로 '내재적 가치'와 '지각이 있는 생명에 대

---

48) Richard French, *Anti-Vivisection and Medical Science in Victorian England* (Princeton, New Jersey: Princeton University Press, 1975), p. 35.
49) Cardinal Heenan, Foreword to Ambrose Agius, *God's Animals* (London: Catholic Study Circle for Animal Welfare, 1970), p. 2.

한 존중'이라는 개념에 호소하며 종종 종교적, 특히 신학적 체계에 가장 자연스럽게 어울리는 도덕적 의무론을 내세운다. 많은 동물권 사상가들은, 은연중 혹은 명백하게, 도덕적 방탕이나 상대성을 향한 운동이 아니라 도덕적 의무에 대한 객관적 이론들을 지지한다. 나는 신학적 관점에서 히난 추기경을 따라 피조물이 존중받으며 살게 하는, 하나님이 창조주로서 우선적으로 가지는 권리에 기초한 동물의 '신적 권리' theos-rights를 주장해왔다. 그리고 나는 "우리가 동물권을 이야기할 때 우리는 그들의 창조주가 가진 권리 덕택에 정의의 문제로서 동물들이 객관적으로 가지고 있는 것을 개념화하는 것이다"라고 제안한 바 있다.[50]

하지만, 이런 질문이 제기될 수 있다. '동물권'이라는 개념은 동물에 대한 돌봄과 자비심이라는, 과거에 발달된 개념들을 계승한 것인가? 나아가 동물권은 특히 '인간의' 본성과 존엄성에 호소한 이전의 권리 개념을 확실하게 거부한다는 비판가들의 말은 사실인가? 조지프 키르완Joseph Kirwan의 다음과 같은 말은 맞지 않는가? "오늘날 '권리'를 말하는 사람들은 지난 2천 년 동안 철학자들이 '이우스' ius, 권리라는 말로 이해한 것과 일반적으로 무언가 아주 다른 것을 의미한다…" 그러므로 "인간이 되는 것이 무엇을 의미하는가에 대한 개념에 변동이 있었다고 해야 할 것이다."[51]

동물권이라는 개념이 동물에 대한 돌봄과 자비심이라는 개념들로부터 계승된 개념인가라는 첫 번째 질문에 답한다면, 동물에게 우리의 배려를 확장하는 운동은 여러 단계를 거쳤으며, 그 운동은 다양한 개념들, 즉 내가 도덕적 의무로서 '인도주의적' humanitarian, '복지', 그리고 '정의'라고 부르는 개념들에 의해 형성되었다는 점이다. 처음의 시작은 동물

---

50) Andrew Linzey, *Christianity and the Rights of Animals* (London: SPCK, and New York: Crossroad, 1987), p. 97.
51) Kirwan, "Greens and Animals," p. 105.

에 대한 학대를 막고 친절을 실천하자는 단순한 '인도주의적' 호소였다. 이 개념화가 바로 영국 왕립동물학대방지협회RSPCA와 미국의 여러 인도주의적 단체들을 낳았다. 두 번째 단계는 단순히 동물학대에 대한 문제 제기를 넘어서 가장 넓은 의미에서 동물의 고통과 안녕의 문제에 관심을 갖는, 보다 확장된 개념으로서의 동물의 '복지'welfare였다. 세 번째 단계로 동물을 '정의'justice의 영역으로 포함시키기 시작했다. 이를 통해 직접적 의무와 권리라는 언어가 정의의 표현으로 명쾌하게 인식되기 시작했다. 비록 이러한 개념들은 아직 서로 겹치고 부딪치고 한 개념이 다른 개념을 완전히 제거해야 하는지도 결코 분명하지 않지만, 하나의 개념에서 다른 개념으로의 분명한 사상의 진전이 있었다는 것을 우리는 확실히 알 수 있다. 아주 소수의 신학자들만이 인간의 '지배권'이 무한하다고 주장했고, 이 생각으로부터 우리가 부정적으로 동물에게 아무 권리도 없다는 의식이 사라졌으며 이것은 긍정적으로 동물이 그 자체로 권리를 가지고 있다는 심화된 의식이 일어나게 했다. 역사적으로 후자의 의식이 전자의 의식을 갈아치웠다. 달리 말하면, 우리는 지금 '권리'라는 개념으로-정의의 문제로서 동물이 객관적으로 소유한 것에 대한 가장 현대적인 표현으로서-절정에 이른 한 도덕적 사고 전통의 발전을 목도하는 것이다. 그러나 이 권리라는 개념은 동물과의 관계에서 인간이 가진 도덕적 '한계'라는 이전의 개념 위에 세워졌던 것이다.

두 번째의 질문, 즉 이러한 발전이 과연 다양하고 보다 넓은 정의의 개념을 대변하느냐의 질문에 대한 답변은 간단히 말해서 '그렇다'이다. 동물권 사상가들은 그들의 선조들 대부분과 달리 권리라는 개념을 사용하고 있으며, 그들은 도덕적 의무의 범위 안에 대체로 모든 지각 있는 존재들을 포함시키고 있다. 하지만, 왠지 이러한 생각이 특별히 '인간'의 권리 혹은 존엄성을 떨어뜨릴 것이라고 주장한 키르완Kirwan에게 내가 줄 수 있는 답변은 우리가 어떤 도덕적 사고의 발전을 거부할 때에는 그가 제시한 이유보다 더 나은 이유가 제시되어야 한다는 점이다. 여기서 이해하기 쉬운 유사점이 바로 아동의 권리children's rights다. 키르완이 만족스런 기간처럼 이야기하는 바로 그 지난 2천 년 동안 아동의 권리 역시 철저히 부인되었고, 그 이유의 대부분은 특히 아이들이-최소한 유아들이-우리에 대한 의무를 인지할 수 있는 능력이 없다는 것이었다. 똑같은 이유가 동물의 권리를 인정할 수 없다는 주장에도 동일하게 사용되었다. 사실 나와 같은 동물권 이론가들에 의하면, 우리에게 특별한 도덕적 배려를 요구하는 존재는 유아나 동물과 같이 상처 받기 쉽고 무구한 자리에 있는 지각 있는 존재들이라는 점이다.52) 그리고 인간에 대해 말한다면-실질적으로 어른인 인간에 대해 말한다면-인간의 '존엄성'은 이것을 적극적으로 인정한다고 해서 작아지는 것이 아니라 오히려 더 커진다는 사실이다.

  이 과정에서 "인간이 되는 것은 무엇을 의미하는가"에 대한 우리의 생각이 변화했다는 키르완의 말은 맞다. 하지만, 도덕적 의무를 실행할 수 있는 한 우리의 도덕적 의무의 범위를 확대하자는 주장을 생물 종種의 '존엄성'에 대한 위협이라고 보는 것은 참으로 기이한 발상이다. 최고의 도덕적 행위자moral agent로 행동하도록 인간에게 너무 많은 것을 기대하는 한 사고 체계 안에서 나는 어떻게 "사람은 뿌리가 뽑히고 자연은 신격화" 되는지 이해하기가 어렵다. 인간의 '뿌리가 뽑히기'는커녕, 우리는 다른 지각 있는 존재들의 도덕적 요청을 성찰하는 데 공평한 능력을 보여주면서 우리 자신의 본성에 있는 가장 깊은 뿌리의 하나, 즉 정의에의 욕구, 모두를 위한 정의justice for all에의 욕구와 연결될 수 있지는 않겠는가.

---

52) 이 논쟁의 요지는 다음에 실려 있다. "The Moral Priority of the Weak," Chapter Two of *Animal Theology*, pp. 28-44.

제4장
생태신학과 동물신학의 갈등

이 글은 생태신학과 동물신학의 기본적 차이를 다루는 글로서 로저 고트리브Roger Gottlieb 교수가 『옥스퍼드 종교 생태 핸드북』*Oxford Handbook of Religion and Ecology* Oxford and New York: Oxford University Press, 2006에 원고를 청탁한 것이 계기가 되어 쓰게 되었다. 생태주의자들은 일정불변하게 자연계의 포식捕食, predation 체계를 하나님이 주신 것으로 간주하며 개개의 동물들보다는 자연 '전체'에 더 큰 관심을 쏟는다. 이와 달리 동물신학자들은 지금 우리가 아는 '자연'은 하나님이 본래 지으신 선한 창조세계와 똑같은 것으로 보지 않는다. 자연은 타락했고 비극적인 특성을 지니고 있다고 본다. 그리고 단지 전체 시스템이 아니라 개개의 지각 있는 존재들이 중요하다고 본다. 실제로 이것이 스포츠 사냥, 채식주의, 그리고 자연보호와 관련해 무엇을 의미하는지 이 장에서 살펴보도록 하자.

자연을 볼 때 우리는 무엇을 보는가? 막스 베버Max Weber의 유명한 말처럼, "모든 지식은 관점에서 나온다." 그렇다면 동물신학animal theology과 생태신학ecological theology을 아주 분명하게 '불편한 친구'로 만드는 관점의 차이는 무엇인가? 물론 모든 개혁운동들은 자신들은 '보지만' 그들이 본 것을 아직 '제대로 보지 못하는' 사람들에게는 냉담하다는 평이 있다. 그것은 동물신학과 생태신학에도 마찬가지다. 이론상 둘의 합의점은 아주 많아 대부분의 사람들은 둘 사이에 실제로 차이점이 있다는 사실을 제대로 보지 못한다. 예를 들어 다음과 같은 '환경 윤리에서의 종교적 합의점들'을 살펴보라.

자연 세계는 그 자체로 가치가 있고 인간의 필요만을 위해 존재하지 않는다.

비록 인간에게 어떤 독특한 역할이 있기는 하지만, 인간과 인간 아닌 생명 사이에는 어떤 중대한 존재의 연속성이 있다. 이 연속성은 느껴질 수 있고 경험될 수 있다.

인간 아닌 생명은 하나님의 눈으로 볼 때 그리고/혹은 우주의 질서에서 볼 때 도덕적으로 중요하다. 그들은 하나님과의 독특한 관계를 가지고 있으며 우주의 질서 안에서 자신의 고유한 위치를 가지고 있다.

정의, 연민, 그리고 상호성과 같은 도덕적 규범들은 인간과 또한 인간 아닌 존재에 적합한 방식으로 적용된다. 인간의 안녕과 인간 아닌 존재의 안녕은 분리될 수 없게 하나로 연결되어 있다.[53]

---

53) 다음을 보라. "Points of Religious Agreement in Environmental Ethics," 〈www.wildbirds.org/info/religion.htm〉. 이 요약은 다음의 결과이다. Kusumita P. Pedersen, "Environmental Ethics in Interreligious Perspective," in Sumner B. Twiss and Bruce Grelle (eds), *Explorations in Global*

어떤 동물신학자라도 이러한 핵심적 명제들에 이의를 제기하지는 않을 것이며, 따라서 모두가 만장일치에 이를 것처럼 보인다. 하지만, 세계는, 특히 자연 세계는, 정말로 그렇게 간단하지 않다. 동물신학자들과 생태신학자들은 '자연'을 응시할 때 여전히 같은 것들을 보고 있지 않으며, 설령 같은 것들을 본다 하더라도 서로 다르게 '생각한다.'

아마도 둘의 차이를 비교하는 가장 좋은 방법은 애니 딜라드Annie Dillard의 눈으로 보는 것일 것이다. 그녀의 책 『팅커 크릭에서의 순례』*Pilgrim at Tinker Creek*는 생태적 지혜를 담은 책으로 유명하고, 저자는 "우리로 하여금 새롭게 '한 알의 모래 안에서 세상을 보도록' 가르친, 진정으로 독창적인 작가"로 칭송되었다.[54] 딜라드는 '팅커 크릭' Tinker Creek이라 불리는, 버지니아 블루 리지Blue Ridge 산맥의 로아녹 계곡Roanoke Valley에서 일 년을 머물렀는데, 한 해의 계절들을 거기서 보내면서 그녀는 자연을 주시하고 기다린다. 거기서 그녀는 최소한 진정으로 어지럽혀지지 않은 생태계의 마지막 자취라고 할 수 있는 것들과 만난다. 그녀는 그것들을 관찰하고 기록하며 그녀가 마주친 수많은 신기한 생명들에 관해, 그리고 그것들이 어떻게 설명하기 힘들고 불가사의한 방식으로 서로 관계를 맺고 있는지에 관해 철학적으로 사색한다. 하지만, 딜라드는 단지 색다르거나 신기한 것들을 가리키길 원하는 사람으로 보통 이해되는 그런 '자연 작가'가 아니다. 그렇다고 새로운 세상을 우리에게 소개해주려는 '여행 작가'도 아니다. 그녀의 기본적인 관심은 우리 주위에 놓여있는 세계 혹은 세계들을 이해하는 것이다. 그녀의 종교적 배경은 한 번도 명확하

Ethics: Comparative Religious Ethics and Interreligious Dialogue (Oxford: Westview Press, 1998). 그리고 이 요약은 다음의 허락을 받고 웹 사이트에 올려졌다. Libby Bassett, John T. Brinkman, Kusumita P. Pedersen (eds), *Earth and Faith* (New York: United Nations Environment Programme, 2000), p. 78.

54) Annie Dillard, *Pilgrim at Tinker Creek* [1975], Introduction by Richard Adams (London: Pan Books, 1976), 출처가 밝혀지지 않은 표지 추천문에서.

게 밝혀진 적은 없지만 항상 표면 가까이에 드러났고, 그것의 일종의 영적 자서전을 제공해준다.

다시 이야기가 전개되어감에 따라 자연의 어두움과 기쁨이 그녀를 내리누른다. 한 생명은 정말로 다른 생명을 희생하며 산다. 자연에는 고통, 명백한 낭비, 쓸데없음, 그리고 너무 이른 파괴가 있다. 낙원을 예시豫示하는 세계는 자세히 보면 지옥과 같은 세계다. 그녀는 그녀가 발견하는 자연의 흉한 모습을 우리의 눈에서 숨기지 않는다. 그런데 그녀는 여기서 어떤 사색을 이끌어내는가?

그녀의 글 속에 그 실마리들이 있다. "거기는 위험한 곳"이라고 그녀는 말한다. "옆주름고둥은 바위 조개삿갓을 먹고, 벌레들이 조개삿갓의 껍질 속을 파고들며, 해안의 얼음들은 바위 위에서 그것들을 완전히 가루로 으스러뜨려 파괴한다. 당신은 과연 박새들이 채갈 수 있는 것보다 더 빠르게 진딧물 알을 놓을 수 있는가? 당신은 과연 애벌레를 찾을 수 있으며 치명적인 서리를 이길 수 있는가?"55) "진화는 당신이나 나보다 죽음을 더 사랑한다"고 그녀는 암시한다.56) 또한 "우리는 개체에게 최고의 가치를 부여하지만, 자연은 그것들에게 조금의 가치도 부여하지 않는다"고 말한다. 아마도 그녀가 인간으로 살아남기 위해서는, 그리고 "완전히 야만화" 되는 것을 막기 위해서는 재빨리 그곳에서 제 발로 뛰쳐나와야 할지도 모르겠다. 하지만, 다음의 글속에 그녀의 '이해하기' 위한 종교적 욕구가 숨김없이 드러난다.

내 어머니인 이 세계가 괴물이거나 아니면 나 자신이 기형의 인간이다. 전자라고 생각해보라. 세 살짜리 아이도 이 세계가 괴물이라는 것을, 수

---

55) Dillard, p. 154.
56) Dillard, p. 157.

백 만이 생식하고 죽는 이 모든 일이 얼마나 만족할 수 없고 끔사나운 것인가를 알 수 있다. 하지만, 뒤집혀진 딱정벌레를 가볍게 쳐서 털어버리는 사람만큼 자애로운 신을 만나보진 못했다. 사마귀만큼 나쁘게 행동하는 사람들은 이 세계에 없다. 하지만, 잠깐만, 당신은 자연에는 옳은 것도 그른 것도 없다고 말한다. 옳고 그른 것은 인간의 관념이라고 말한다. 맞다. 그렇다면 우리는 무도덕의 세계 안에 사는 도덕적 피조물이다. 우리에게 젖을 먹이는 우주는 우리가 살든 죽든 개의치 않는 괴물이다. 우주는 자신이 끽소리를 내며 멈춰 서는지 개의치 않는 것이다. 그것은 결정되어 있고 맹목적인 것이다. 그것은 죽이도록 프로그램화된 로봇이다. 우리는 자유롭고 또 알고 있다. 우리의 목숨을 부지하기 위해 우리가 할 수 있는 것은 오로지 우주를 속이기 위해 항상 노력하는 것뿐이라는 것을.[57]

비록 그녀의 철학이 정확히 무엇인지 분별하기는 힘들지만, 기생寄生, parasitism에 대한 그녀의 다양한 인식은 그녀로 하여금 우주가 자기희생적인 시스템으로 설계되었다는 결론으로 나아가게 한다. 그래서 성직자들과 희생에 대한 언급이 증가한다. 하지만, 정말로 그런가? 창조주는 인간의 이익을 위해 그렇게 의도하셨나? "하나님은 당신이 이 피조물-희생양-에게 한 일을 보신다, 슬픔을, 잔인함을, 오랫동안 저주받은 폐허를 보신다!"고 그녀는 말한다. "이 의식 없는 행성 위에서 천진난만하게 봄 내내 내 팔을 단련하기 위해 소프트볼 경기를 한다는 것이 과연 바보같이 이것을 위함인가?"[58] 비록 요약하기 어렵지만 결론은-최소한-체념, 심지어는 역설적으로 '감사'로 귀결된다. 에머슨Emerson의 꿈속에서처럼 그녀는 "세계를 먹었다."

---

57) Dillard, p. 158.
58) Dillard, p. 231.

모두가 그렇다. 모두가 얽히고설키고, 얼룩덜룩하며, 부식되었고, 들쭉날쭉하며, 또한 자유롭다. 이스라엘의 사제들은 흔들어 바친 가슴 고기와 들어 올려 바친 넓적다리를 함께, 자유롭게, 완전한 지식 안에서, 감사로 드렸다⋯ 그리고 빌리 브래이Billy Bray, 19세기 감리교 설교자처럼 나는 내 길을 간다. 내 왼쪽 발은 "영광"이라고 소리친다. 내 오른쪽 발은 "아멘"이라고 말한다. 쉐도우 크릭Shadow Creek의 안과 밖에서, 상류와 하류에서, 의기양양하게, 눈이 부셔서, 춤을 추며, 찬양의 두 나팔을 불며.59)

작가 딜라드와 보내는 시간은 언제나 우리에게 유익하다. 왜냐하면, 그녀가 출중한 작가이기도 하지만, 그녀는 지금 생태신학자들 사이에 공통적인, 즉 세계에 대한 어떤 숙명적인 견해를 번민 속에서 우리가 시적으로 볼 수 있게 도와주기 때문이다. 그녀는 고통과 낭비와 쓸데없음을 본다. 『워터쉽 다운』*Watership Down*의 저자 리처드 애덤스Richard Adams에 따르면, 그녀는 심지어 "어느 영국 작가도 내가 아는 한 그런 적이 없을 정도로 자연의 명백한 쓸데없음과 낭비와 고통에 대한 무관심에 사로잡혀 있다."60) 그러나 여기서 그녀의 요점은 우리가 얻으려 애써야 할 다른 세계는 없으며, 그 다른 세계가 도덕적으로 혹은 신학적으로 손에 넣을 수 있는 것이 아니라고 말한다는 점이다. 우리는 오직 버텨야 한다. 세계는 생존을 위한 자기 살해 시스템이다. 이스라엘의 사제들처럼 우리는 단지 그것을 받아들고 감사해야 하는 것이다.

생태신학자들은 대개 이보다 더 나아가지만, 정확히 딜라드의 대사를 보강한다. 존재하는 세계는 먹히기 위해 존재할 뿐만 아니라 세계가 그렇게 되어야만 하는 것은 하나님의 분명한 의지라는 것이다. 세 가지 예

---

59) Dillard, p. 237. 민수기 10:1-10에서 하나님은 은 나팔 두 개를 만들어 그것으로 회중을 소집하여 이스라엘 백성을 출발하게 하라고 모세에게 명한다-역자 주.
60) Richard Adams, Introduction, Dillard, p. 9.

를 들어보도록 하겠다.

첫 번째는 포식의 '아름다움'을 칭송하는, 자기 이름으로 4권 이상의 저서를 낸 다작多作의 생태신학자 리처드 오스틴Richard Cartwright Austin의 예이다. 독수리가 물고기를 먹이로 채가는 것을 명상하는 상황에서 그는 이렇게 적는다.

> 이제 나는 죽음이 하나님 창조세계의 선함의 일부라고 생각한다. 죽음과 생명이 서로 균형 안에 있는 한 말이다. 먹는 것, 그리고 결국 먹히는 것은 하나님의 축복의 일부이다.[61]

두 번째의 예는 창조신학creation theology의 대표자로 알려진 매튜 폭스 Matthew Fox이다. 그의 책 『원복』 Original Blessing은 창조세계에 대한 대안적 신학을 고무시키는데 크게 이바지했다.[62] 조나돈 포리트Jonathon Porritt와의 대화에서, 그는 창조세계의 모든 부분에 동등한 가치를 돌리지만, 포식을 하나님의 뜻으로 명확히 승인한다.

> 우주의 법의 하나는 우리가 먹을 것이고 또한 먹힐 것이라는 점이다. 사실 나는 이것을 우주의 성만찬 법이라 부른다. 심지어 신성Divinity도 이 세계 안에서 먹힌다. 그래서 중요한 것은 우리가 여기에 존재하는 과정 속에서 어떤 죽음을 하게 될 것인가가 아니라 과연 우리가 경건하게 죽일 것인가이다. 물론 그것은 감사함을 가지고 그렇게 해야 한다는 것을

---

[61] Richard Cartwright Austin, *Beauty of the Lord: Awakening the Senses* (Atlanta: John Knox Press, 1988), pp. 196-97. 이 두 구절과 이어지는 매튜 폭스의 것, 그리고 나의 서두 코멘트는 다음에서 발췌되고 논의되었다. Andrew Linzey, *Animal Theology* (London: SCM Press and Chicago: University of Illinois Press, 1994), p. 119.

[62] Matthew Fox, *Original Blessing* (Santa Fe: Bear and Company, 1983). 폭스의 결론은 창조세계의 타락에 대한 그의 거부에서 논리적으로 따라온다. 『원복』 (분도출판사. 황종렬 역, 2001)

의미한다. 알다시피, 기독교 전통에서 신성의 희생이 성찬eucharist, 즉 감사라고 불리는 것은 흥미로운 일이다. 내 생각에 감사란 한편으로는 존재의 평등이라는 춤을 경건하게 추고 있는지에 대한 시험이며, 다른 한편으로는 또한 희생하고 희생당하는 필요이다.[63]

위의 두 사람의 글에서 죽임killing은, 심지어 지각이 있는 피조물에 대한 죽임은 명료하게 하나님의 뜻이라고 말해지고 있다. 심지어 자연이 곧 하나님의 뜻이라고도 이야기되고 있다.[64] 이것은 세계가 어떠한가가 아니라 어떠해야 하는가에 대한 견해다. 그래서 우리의 과제는 그러한 세계를 거부하거나 의문시하거나 혹은 두려움에 떠는 것이 아니라, 경건하고 감사하게 사는 것이어야 한다는 것이다.

세 번째로, 이와 비슷한 그러나 보다 더 미묘한 차이가 있는 견해는 또 한 사람의 다작 생태신학자 제이 맥다니엘Jay B. McDaniel에 의해 피력되었다. 맥다니엘은 창의적으로 과정신학과 생태적 각성을 결합하여 자신의 논의를 이끌어 나간다. 그는 영향력 있는 자연 작가 개리 스나이더Gary Snyder의 저술로부터 논의를 끌어와 자신의 독자들에게 어려운 질문을 던진다. 이야기는 서부 알래스카의 맨 북쪽 처키해Chukcki Sea에서 펼쳐진다. 여기서 범고래들이 조직적으로 쇠고래를 사냥하며 죽이는 모습을 그의 한 친구는 "매혹적인 전율"을 가지고 지켜본다. 맥다니엘은 이 비참한 광경 속에서 우리에게 하나님을 한번 상상해보라 요청한다. 그는 우리가 쇠고래에 감정이입을 하고 왜 전능하신 하나님이 그런 일이 일어나도록

---

63) Matthew Fox in Matthew Fox and Jonathon Porritt, "Green Spirituality" [interview], *Creation Spirituality*, 8/3 (May-June, 1991), 14-15, 그리고 *Animal Theology*, pp. 119-22.
64) 이 질문에 대한 중요한 논의는 다음을 보라. Stephen R.L. Clark, "Is Nature God's Will?" in Andrew Linzey and Dorothy Yamamoto (eds), *Animals in the Agenda: Questions about Animals for Theology and Ethics* (London: SCM Press, and Chicago: University of Illinois Press, 1998), pp. 123-36.

허락하셨는가를 의아하게 여기는 것은 비록 이해할 수는 있는 일이지만 이와 다른 질문을 던져보라고 제안한다. "범고래가 처키해에서 쇠고래의 뒤를 쫓을 때 하나님은 어느 편에 계셨는가?" 맥다니엘은 "그 답은 반드시 하나님이 어느 쪽도 배제하지 않은 채 두 피조물 편에 계셨다"여야 한다고 말한다.[65] 하나님께서는 둘 다의 생존을 원하시기 때문에 우리는 그렇게 두 피조물 안에 내재한 하나님을 상상할 수 있어야 한다는 것이다. 과정신학의 관점에서는 "우주 안에서 하나님이 의도하지 않는 일이 일어나지만 그럼에도 불구하고 그것은 신적인 삶의 일부다." 맥다니엘은 과정 사상가들이 약탈자와 먹이 사이의 관계 안에서 어떤 '타락한' 측면이 있음을 분별해 내겠지만, "또한 그들은 하나님이 무엇보다 그들의 존재에 일부 책임이 있는 분이라고 본다." 한 마디로 육식하는 존재로의 '타락'은 하나님에 의해, 그리고 피조물의 협력 속에서, 유인lured되었다는 것이다. 이것은 일종의 "위쪽으로의 타락"fall upward을 의미한다.[66]

우리가 지금까지 고찰한 세 명의 필자들의 개인적 생각이 무엇이든 간에.-그 중 한 사람을 든다면, 맥다니엘은 기독교가 동물 문제에 관심을 갖도록 앞장서 노력해 왔다-그들의 관점은 인간이 다른 지각이 있는 피조물들을 죽이는 것에 대항하는 강력한 신학적 논거를 제공하기 어렵다고 우리는 분명하게 말해야 할 것이다. 결국, 단지 죽음death만이 아니라 죽임killing도 전적으로 혹은 부분적으로 하나님의 뜻이 된다. 다시 말하자면, 이것은 단지 세계가 '어떠한가' 가 아니라 '어떠해야 하는가' 이다. 우리는 자기의 운명을 감수하며 그것에 따라야 한다는 것이다. 중요한 것은 '시스템' 이고 '전체로서의 자연' 이며 또한 '하나님이 만드신 것으로서의 창조세계' 이다. 개개의 피조물은 단지 게임의 볼모 혹은 또 다른

---

[65] Jay B. McDaniel, "Can Animal Suffering be Reconciled with Belief in an All-Loving God?" in Linzey and Yamamoto, *Animals on the Agenda*, p. 163.
[66] McDaniel, in Linzey and Yamamoto, *Animals on the Agenda*, p. 168.

목적을 위한 수단일 뿐이라는 것이다. 여기에 남은 것이라곤 우리 자신의 오도된 도덕적 감각에 의해 제공된 '딜레마' 밖에 없다.

나는 이 작가들이 다양하게 표현한, 자연에 대한 '현실주의적' 인식이라 이름 붙여질 수 있는 생각들의 중요성을 폄하하고 싶지는 않다. 사실 역설적으로 이러한 '생태적 각성' 덕분에 자연에 대한 인식이 널리 퍼졌다. TV에 나오는 자연 영화들은 정기적으로 자연을 어떤 무제한의 생존투쟁의 장인 것처럼 부각시킴으로써 이러한 인식을 크게 강화시켰다. 모든 남학생들과 여학생들은 이제 저 밖의 자연은 '정글'이며, 그 곳은 인간의 옳고 그름에 대한 관념이 최소한 개인들에게는 정말로 적용되지 않는 곳이라고 생각한다. 그리고 나와 같은 동물보호가들은 세계를 전혀 있는 그대로 직시하지 않는다고 비난 받는다.[67]

하지만, 나는 이러한 생각이 자연에 대한 연구에서 우리가 얻을 수 있는 유일한 성찰은 아니며, 이러한 생각은 자연에 대해 더욱 근본적인 다른 통찰들을 흐리게 하지 않고서는 홀로 지탱될 수 없는 것이라고 강력히 비판하고 싶다. 그래서 나는 내가 처음 던졌던 질문으로 다시 돌아가고자 한다. 자연을 볼 때 우리는 무엇을 보는가? 역사상 중요한 신학에 의해서 후세에 전해진 대항적인 관점은 자연을 '전체'로서가 아니라 '전체가 아닌 것'으로 보려하고, 나아가 비극적이고, 불완전하며, 스스로 분열되고, 심지어 '타락'한 것으로 보려한다. 이러한 관점은 자연 안에 고통과 괴로움과 명백한 낭비와 쓸데없음이 있음을 부정하지 않는다. 오히려 이 관점은 그것들로 시작해서 그것들을 창조와 구속이라는 보다 큰 기독교적 주제들과 연결시키려 노력한다. 성 바울이 창조세계가 썩어짐

---

[67] "생물학자들과 다른 사람들에 의해 드러난 자연 세계의 실재를 직시하는데 또한 실패했었다." 나의 *Animal Theology* by C.S. Rodd, *The Expository Times*, 106/1 (October, 1994), 4의 인터뷰에서. 물론 이것은 내가 죄상을 기쁘게 인정하는 비판이다. 모든 기독교 신학은, 칼 바르트가 항상 언급한 것처럼, 실재 앞에서 혹은 실재의 일부 앞에서 어느 정도 논리적으로 앞뒤가 맞지 않아야 한다.

의 종노릇을 하고 있으며, 함께 탄식하며 고통을 겪으며, 하나님의 자녀가 나타나 구속될 것을 기다린다고 했을 때 바로 이것을 고전적으로 잘 표현했다. 로마서 8:14~24

바울의 생각은 서구 문화 안에서 큰 반향을 불러일으켰다. 우리가 앞서 보았듯이, 가장 현실적인 사상가의 한 사람이자 어떤 종류의 신학화도 결단코 반대했던 니체조차도 어떻게 "맹목적 고통의 목격이 가장 깊은 감정의 샘"이며, 어떻게 동물은 "그들의 존재를 형이상학적으로 이해" 할 수 없는지를 잘 적었다.[68] 이것이 왜 니체가 나아가 자연은 인간이라는 해석자, 특히 '예술가', '철학자' 그리고 또한 가장 좋은 의미에서 '성인'을 필요로 한다고 생각했는지의 이유다.

> 그 성인의 안에서 자아는 녹아 없어지고, 그의 삶의 고통은 실제적으로 더 이상 개별적으로 느껴지지 않으며, 오히려 가장 깊은 공감의 샘으로, 그리고 모든 살아있는 피조물들과의 친밀함으로 느껴진다. 그는 '되어감'의 희극이 결코 이르지 못하는, 모든 자연의 수고 끝에 인간이 높은 상태에 도달하는, 그리고 자연이 스스로에게서 구원되는 엄청난 광경을 본다.[69]

니체는 내가 이렇게 말하기를 원치 않겠지만, 여기서 창조세계의 구속이라는 기독교의 한 중요한 희망을 명확하게 표현하고 있다. 이 기독교적 관점에서 중요한 것은 창조세계의 현재의 모습이 아니라 신의 은총으 때문에 앞으로 창조세계가 무엇이 될 수 있는가 하는 것이다. 여기서 가

---

68) Friedrich Wilhelm Nietzsche, "Schopenhauer as Educator" [1874] tr. by Adrian Collins, *Thoughts Out of Season* (Edinburgh: T.N. Foulis, 1909), Part II, P. 149. 다음에서 발췌함. Andrew Linzey and P.A.B. Clarke (eds), *Animal Rights: An Historical Anthology* (New York: Columbia University Press, 2005), p. 148.
69) Nietzsche, *Thoughts Out of Season*, p. 54와 *Animal Rights*, pp. 151-52.

장 인상적인 것은 우리에게 똑똑히 말을 하지 못하는 동료 피조물들의 한숨과 탄식을 들을 수 있다는 것이다. 종교개혁자 마르틴 루터는 로마서 8장에 대한 그의 주석에서 이렇게 말했다. "피조물들의 한숨과 진지한 기대가 아니라 피조물들의 본질과 기능을 파헤치는 사람은 누구든 확실히 어리석고 눈먼 사람인데," 왜냐하면, "그는 피조물 역시 어떤 목적을 위해 창조되었다는 것을 모르기 때문이다"고 말한다.70)

비록 현대 신학에서는 충분히 대변되지 않았지만 신학자 폴 틸리히Paul Tillich는 다음과 같은 쉘링Schelling의 날카로운 싯구에 영감을 받아 자신의 설교 "자연 역시 잃어버린 선善을 슬퍼한다"에서 문제의 요점을 잘 지적했다. "슬픔의 장막이 모든 자연 위에 펼쳐졌고, 달랠 수 없는 깊은 우울함이 모든 생명 위에 퍼졌다."71) 틸리히는 자연이 "영광에 넘칠 뿐만 아니라 또한 비극적이다. 자연은 우리와 함께 고통 받고 탄식하고 있다. 연민을 가지고 자연의 소리를 한번이라도 경청해 본 사람이라면 누구도 그 비극적인 멜로디를 잊지 못할 것이다"라고 결론 내린다.72) 그러나 자연의 비극은 인간의 비극과 하나로 이어져 있기 때문에 인간이 은총으로 구속받는 것처럼 자연에게도 희망이 있기를 우리는 바랄 수 있다. 여기서 중요한 것은, 틸리히에게는 성찬이 폭스가 가정한 것처럼 포식을 합법적으로 인정하는 것이 아니라 언젠가 마스칼E.L. Mascall이 자연 그 자체의 '그리스도화' Christification라고 불렀던 것의 상징이 된다는 점이다.73) "빵과 포도주, 물과 빛, 그리고 자연의 모든 위대한 요소들이 영적 의미

---

70) Martin Luther, *Lectures on Romans*, edited by William Pauck (London: SCM Press, 1961), Library of Christian Classics,, 15: 237.
71) 다음에서 인용된 Schelling임. Paul Tillich, "Nature, Also, Mourns for a Lost Good" in *The Shaking of the Foundations* (New York: Scribners, 1962), p. 83.
72) Tillich, *The Shaking of the Foundations*, p. 81.
73) E.L. Mascall, *The Christian Universe* (London: Darton, Longman and Todd, 1966), p, 163f. 자연 질서의 점진적 '그리스도화' 라는 마스칼의 논제는 신학자들의 주목을 받지 못했다.

와 구원하시는 힘의 사자使者가 된다"고 그는 적었다.[74]

만약 우리가 이 다른 관점에 깊이 주목한다면 그 결과는 피조된 존재의 모호함을 긍정하는 것이 될 것이다. 창조세계는 좋다, 나아가 '아주 좋다.' 하지만, 그것은 또한 불완전하고 미완성이다. 우리는 자연 안에 대칭이 있음을 인지한다. 하지만, 이 대칭은 자신을 넘어선 어떤 것을 가리키는 대칭이다. 우리는 자연을 '긍정'한다. 왜냐하면, 하나님이 그것을 사랑하시고 소중히 여기시며 자신과의 영원한 관계를 위해 그것을 창조하셨기 때문이다. 그러나 '부정'도 있다. 왜냐하면, 자연은 신이 아니기 때문이다. 모든 지상의 요소들과 마찬가지로 자연은 하나님의 은총이 없이는 그 자체로 비극적이며 불완전하다.[75] 앨버트 슈바이처는 이보다 더욱 적나라하게 창조세계를 이야기한다. 자연은 "스스로 분열된, 살고자 하는 의지의 소름 끼치는 드라마이다."[76]

하지만, 생태신학자들은 공통적으로 이러한 결론에 저항한다. 그래서 자연을 '그래야 하는 것'보다 못한 것으로 보는 것은 하나님의 선물인 창조세계를 평가절하 하는 것이라는 입장을 고수한다. 그들은 모든 자연이 지금 있는 그대로 모호하지 않게 선하다는, 심지어 '성스럽다'는 것을 우리가 분명히 받아들여야 한다고 말한다. 그렇다면 인간 본성에 대해서도 똑같은 말을 해야 하겠지만 그들은 그렇게 논리를 펼치지는 않는다. 앤 프리마베시Anne Primavesi는 이렇게 퉁명스럽게 말한다. "만약 자연을 '하나님이 아닌 것'으로 본다면 이것은 자연에 대한 인간의 지배에 면허를

---

74) Tillich, *The Shaking of the Foundations*, p. 86.
75) 바르트에 대한 내 연구는 다음을 보라. Linzey, "The Neglected Creature: The Doctrine of the Humand and Its Relationship to the Non-Human in the Thought of Karl Barth," Ph.D. Dissertation, University of London, 1986. 바르트의 주제들은 다음에서도 나타난다. Andrew Linzey, *Christianity and the Rights of Animals* (London: SPCK, and New York: Crossroad, 1987).
76) Albert Schweitzer, *Civilization and Ethics* [1923], tr. by C.T. Campion (London: Allen and Unwin 1967), p. 216. 슈바이처의 전체적인 사상에 대해서는 다음을 보라. Ara Barsam, *Reverence for Life: Albert Schweitzer's Great Contribution to Ethics* (New York: Oxford University Press, 2008).

내주는 짓이다."[77] 그러나 이것은 불합리한 추론이다. 모든 자연을 신성시한다고 해서 그 자체로 자연을 착취로부터 구원하지는 못한다. 반대로 과정신학에 기초한 맥다니엘의 접근법의 약점 중 하나는 하나님이 하시는 모든 일 중 가장 중요한 일, 즉 구속redemption에서 가려진다는 점이다. 논리적으로 하나님이 어떻게 자기 자신을 구속한단 말인가? 자연을 '신성화'하려는 노력은 인간의 무자비한 착취에 대한 저항으로서 이해할 만하다. 그러나 하나의 신학적 입장이 되면 그것은 오직 생태적 프로그램을 위한 인간의 온전한 책임을 약화시킬 뿐이다. 가장 중요한 것은 이 세상으로부터의 구속에 대한 희망을 성립시키는 것이 다름 아닌 하나님의 초월성이라는 것이다. 내재성과 너무 타협해서 영원한 지상의 순환에서 벗어날 수 없는 하나님은 인간에게 '책임 있는 청지기'가 되라고 명령할 수도, 어떤 피조물도 구속할 수도 없다.

그렇다면 이제 앞서 언급한 서로 다른 관점으로부터 파생되는 서로 다른 실천적인 함의들이 무엇인지 고찰해보는 것이 필요하다. 우선 약간의 주의가 필요하다. 모든 생태주의자들은 반反동물적이지 않으며 그 반대도 마찬가지라는 점이다. 딜라드의 연구에서 주목할 만한 것 중 하나는 비록 그녀가 겉으로는 포기를 통해 딜레마를 해결하는 것처럼 보이지만 그녀 역시 동물들이 겪어야 하는 고통을 예민하게 의식하고 있다는 점이다. 문제는 최소한 몇몇 생태주의자들과 관계된 것이고, 우리가 주목해야 할 것은 상당수 동물 옹호자들이 종종 생태운동의 전면에 나선다는 사실이다. 그럼에도 불구하고 실질적인 문제에 이르러 둘은 전형적으로 분열되어 있고, 이 분열은 이 분야에서 일하는 사람들에 의해 종종 예민하게 느껴진다. 세 가지 이유만 선택해 이야기해보자.

---

77) Anne Primavesi, *From Apocalypse to Genesis: Ecology, Feminism and Christianity* (Minneapolis: Fortress Press, 1991), p. 146. 비평적인 논평에 대해서는 다음을 보라. Andrew Linzey, *Scottish Journal of Theology*, 45/2 (1992), 265-266.

첫 번째의 것은 죽임killing에 대한 윤리로서, 이것은 구체적으로 채식주의와 관련이 있다. 많은 생태신학자들이 가정하는 것처럼, 만약 하나님이 자기희생적인 생존 시스템을 의도하셨다면 단지 식물뿐 아니라 지각 있는 동물들을-만약 엄격한 논리를 적용한다면 인간들도-죽이는 것을 중지시킬 수 있는 어떤 신학적 근거도 사라진다. 이것이 왜 그렇게 많은 생태신학자들이 채식주의자들이 아닌 이유이다. 설사 있다 하더라도 그들은 죽임에 대한 윤리에 단도직입적으로 호소하는 것이 아니라 환경적인 요인들, 그러니까 집약적인 동물사육의 해로운 영향이나 개발도상국에서의 축산에 공통적으로 수반되는 숲의 파괴와 같은 문제에 호소하고 만다. 비록 어떤 생태신학자들은 이러한 이유들로 혹은 공장식 축산의 '비자연적 방식'을 이유로 채식주의를 채택하겠지만, 죽임killing이라는 보편적 문제에 대해서는 이것을 전혀 '도덕적' 문제로 보지 않는 사람들의 편에 선다.78)

이와 달리 동물신학자들은 채식주의를 폭력 없는 세상을 만들기 위한 첫 걸음으로 본다. 그리고 비록 절대적인 언행일치가 어렵다 하더라도, 그들은 상징적이고 실천적인 육식 포기의 행위로 채식주의를 권고한다. 스티븐 클라크Stephen R.L. Clark는 이렇게 신랄하게 말한 적이 있다. "명예로운 사람들은 명예롭게 인간의 비인간에 대한 대우의 몇 가지 세부사항에 관해 동의하지 않을 수도 있다. 그러나 채식주의는 과거 초대 교회에서 황제숭배를 거절할 때처럼 이제 도덕적 헌신에 있어서 필수적인 서약이 되었다… 다른 길이 있는데도 여전히 고기를 먹는 사람들은 결코 성실한 도덕가라 주장할 수 없을 것이다."79)

---

78) 나와 허프 위팅스톨의 논쟁에 대해서는 예를 들어 다음을 보라 Hugh Fearnley-Whittingstall, "Should We All Be Vegetarians?" *The Ecologist*, 34/8 (October 2004), 23-27. 이 책의 저자는 신학자가 아니지만 그는 죽임을 '도덕적' 문제를 보지 않음으로 상당히 생태적 사상을 반영한다.
79) Stephen R.L. Clark, *The Moral Status of Animals* (Oxford: The Clarendon Press, 1977), p. 183.

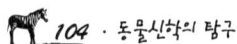

이러한 일종의 일탈을 뒷받침하는 명확한 신학적 근거를 만드는 것이 중요하다. 필수불가결한 경우를 제외하고 동물을 죽이지 않아야 한다는 것은 동물신학자들에게 단순한 윤리적 문제가 아니다. 그것은 창조세계 안에서 인간이 어떻게 살아야 하는지에 대해 현저히 다른 사상의 문제이다. 동물신학자들은 인간이 공의롭고 거룩하며 사랑이신 하나님의 형상대로 만들어졌다는 생각을 진심으로 수용한다. 때문에 인간이 동물에 대한 자신의 의무를 인식하기를 기대한다. 비록 이에 대한 답례로 동물이 인간에 대한 의무를 인식할 수는 없다 하더라도 말이다. 창조세계 안에서 인간의 살상행위는 자유의지와 도덕적 선택에 의해 수행된다. 작가이자 신학자인 C.S. 루이스 C.S. Lewis가 올바로 관찰했듯이, "우리가 해야 일은 자연의 법으로가 아니라 우리 자신의 법으로 사는 것이다."[80] 더욱이, 신학적 채식주의는 미래를 내다보는 성격도 가지고 있다. "살상과 육식을 거부함으로써 우리는 로고스 안에 내재해 있었고, 지금 우리 안에서 태어나기 위해 분투하고 있는, 보다 높은 존재의 질서를 증언하는 것이다. 우리는 이른바 우리의 '자연적 본성' 혹은 '정신적 본성'의 길로 가기를 거부함으로써, 그리고 구속되지 않은 자연의 질서에 맞섬으로써, 모든 피조물들이 동경하는 새로운 존재 질서의 표지가 된다."[81]

동물신학과 생태신학을 구분하는 두 번째의 이슈는 고통의 문제와 관련이 있다. 어떤 사람은 동물신학자들과 생태신학자들이 비록 죽임에 대해서는 의견을 달리해도 최소한 동물에게 고통을 가하는 것에는 만장일치로 반대하지 않겠느냐고 가정한다. 하지만, 아니다. 그린피스나 다른

---

80) C.S. Lewis, *Present Concerns*, edited by Walter Hooper (New York: Harcourt Brace Jovanovich, 1986), p. 79. 다음에서 발췌되고 논의 됨. Wesley A. Kort, *C.S. Lewis: Then and Now* (New York: Oxford University Press, 2001), p. 156. 루이스의 사상의 가치에 대한 나의 여러 연구에 대해서는 또한 다음을 보라. Andrew Linzey, "C.S. Lewis's Theology of Animals," *Anglican Theological Review*, 80/1 (Winter, 1998), 60–81.
81) *Animal Theology*, pp. 90–91.

환경단체들은 스포츠 사냥, 심지어 모피동물 사냥을 위한 덫 놓기에 반대운동을 펼치지 않는다. 이러한 이슈들에 대한 대규모 캠페인은 생태주의자들의 무언의 지원 속에서가 아니라 오히려 그들의 반대를 거슬러 진행되었다. 영국에서는 휴 몬테피오레Hugh Montefiore, 존 올리버John Oliver, 그리고 짐 톰슨Jim Thompson과 같은 이른바 '녹색' 주교들조차 여우 사냥과 사슴 사냥을 지속하는데 찬성한다. 그들은 개개의 지각 있는 존재에 대한 정의에도 호소하지 않고, 동물을 추적하여 살해하는 것에서 즐거움을 얻는 것이 바람직하지 못하다는 사실에도 호소하지 않는다. 그들은 언제나 일반적인 환경적 고려사항들, 가장 특별하게는 자연 안에 있는 포식에 호소한다. 여우들은 "그것대로 친절하지 않고" 또한 "자연도 친절한 곳이 아니다"라고 그들은 말한다. 톰슨 주교는 마치 자연이 도덕교과서나 도덕적 행위자나 되는 것처럼 그래서 우리의 의무를 면제해줄 수 있는 것처럼 하나님을 믿는 사람은 "반드시 서로 사냥하며 먹고 먹히는 것으로 이루어진 창조세계와 타협해야 할 것"이라는 견해를 피력한 바 있다.[82] 이보다 더욱 가관인 것은 전 요크York 대주교의 견해였는데, 그는 개를 이용한 사냥은 사람들이 "야생 동물과의 일종의 경쟁적인 만남"에서 가지게 되는 '매혹' 때문에 정당화될 수 있다고 말했다.[83]

다시 말하지만, 지금 문제는 단지 도덕성에 관한 것이 아니라는 것을 파악하는 것이 중요하다. 만약 어떤 사람이 자연의 비극적 특징, 심지어 스스로에 반대해서 속박 안에 갇힌 자연의 비극적 특징에 대한 인식으로부터 시작한다면, 한 피조물이 다른 피조물에 대해 가지는 자연적인 혐오감을 이용해서 그 속박을 강화하는 것은 기독교적이지 않다. 웨스트

---

82) Bishop of Bath and Wells (Jim Thompson), *Hasard*, 623/45 (12 March 2001), col. 537. 이에 대한 나의 응답은 다음을 보라. Andrew Linzey, "An Open Letter to the Bishops on Hunting," *Church Times*, 20/27 (December, 2002), 10. 이 편지는 이 책의 부록에 실려 있다.

83) Archbishop John Habgood, *Hansard*, 623/45 (12 March 2001), col. 611.

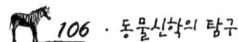

민스터의 전前학장 에드워드 카펜터Edward Carpenter가 주장하듯이, 사냥은 "가장 엄격한 언어로 통탄할 만한 일이고… 그것은 그 속박으로, 자연의 포식 시스템을 돌아가자는 것인데, 기독교의 희망은 항상 인간뿐만 아니라 모든 자연 질서 그 자체가 그것으로부터 벗어나고 구속되는 것이다"고 말한다. 사냥은 "기독교 신앙에 위반되며, 그리스도께서 우리를 인도하시는 구속된 창조세계보다 열등한 질서를 입증한다."[84]

동물신학과 생태신학 사이의 세 번째 쟁점은 인간의 환경, 특히 동물의 '경영'management과 관련이 있다. 창조세계를 하나님의 뜻으로 보는 고귀한 교리를 가정할 때 생태주의자들은 그 교리가 이해하는 하나님 주신 법에 따라 '그대로 둠' let it be에 기꺼이 만족할 것이라고 사람들은 생각할지도 모른다. 하지만, 이와 달리 생태주의자들은 전형적으로 자연에 대한 적극적인 경영을 신봉하는데, 이것은 인간이 자연에 개입할 권리와 의무가 있다는 '지배권' 사고에 의해 뒷받침되고 있다. 만약 이러한 경영이 병약한 종이나 개개의 존재들을 돕는 것으로 제한된다면 우리 동물신학자들은 충분히 박수갈채를 보낼 것이다. 하지만, '자연보존주의자들'은 이보다 훨씬 더 나아간다. '전체'에 대한 관심 속에서—왜냐하면 그들은 종종 전체의 이익이 무엇인지를 안다고 주장하기 때문에—, 그들은 단지 다른 종을 위해 한 종을 희생하는 것에 너무도 열성적이다. 그것이 무자비하고 무차별적인 살상과 커다란 고통을 의미한다 하더라도 말이다. 영국에서 두 가지 예를 들어보겠다.

첫째 예는 홍오리ruddy duck의 경우다. 홍오리는 1940년대에 처음 관상조로 들여왔으나 일부가 탈출했고 야생에서 번식했다. 그들의 숫자가 증

---

84) Edward Carpenter, "Christian Faith and the Moral Aspect of Hunting," in Patrick Moore (ed.), *Against Hunting* (London: Gollancz, 1965), p. 137. 나의 토론은 다음을 보라. Andrew Linzey, *Christian Theology and the Ethics of Hunting with Dogs* (London: Christian Socialist Movement, 2003), pp. 1–24.

가해 현재 영국에는 약 5천 마리가 살고 있는데, 영국 정부는 지금 조직적인 제거 작업을 준비 중이다. 소문에 들리는 살상의 정당성은 −보존주의자들은 이를 '선별'이라 부르는데− 홍오리가 흰목오리white-headed duck라 불리는 다른 외래종과 짝을 지어 교잡이 일어난다는 것이다. '생물다양성회의' Convention on Biological Diversity, CBD의 체맹국으로서 영국 정부는 "생태계와 번식지 혹은 생물종을 위협하는" 이른바 '왜래' 종을 통제 혹은 제거할 의무가 있다.[85] 그 결과 약 1천 마리의 홍오리가 주로 총렵에 의해서 이미 죽임을 당했고, 또 다른 4천 마리에 대한 살상이 계획되고 있다. 영국 정부의 환경식량농촌부는 이렇게 보고한다. "홍오리 통제계획 최종보고서2002는 4년에서 6년 사이에 홍오리 개체수가 175마리 이하로 줄어들 수 있는 확률을 80%로 잡고 있는데 여기에는 3백 60만 파운드에서 5백 40만 파운드의 돈한화 약 6억~9억원. 역자주이 들어갈 것이라고 결론을 짓고 있다."[86]

이 정책에는 여러 반대가 있다. 우선 서로 다른 종이 짝짓기를 하는 '교잡'이 그 자체로 바람직하지 않다는 것은 명백한 사실이 아니다. "교잡은 흰목오리의 장기 생존에 가장 중대한 위협으로 인식된다"[87] 는 발표는 일종의 말도 안 되는 억측이다. 왜냐하면, 인간의 경우를 두고 볼 때 우리는 인종간의 결혼을 한 인종 혹은 두 인종의 '생존'에 대한 '위협'으로 간주하지는 않을 것이기 때문이다. 하지만, 토론을 위해, 교잡이 바람직하지 않고 따라서 '통제'가 불가피하다고 인정한다고 치자. 그

---

85) 2004년 10월 18일 영국 정부의 환경식량농촌부가 저자에게 보낸 서신에서. 생물다양성이라는 개념과 그것이 살상을 정당화하게 사용되는 방법에 대한 나의 비평은 다음을 보라. Andrew Linzey, "Against Biodiversity," *The Animals' Agenda*, 21/2 (March/April 2001), 21.
86) 영국 정부의 환경식량농촌부의 서신 (2004년 10월 18일).
87) 저자에게 보낸 영국 정부 환경식량농촌부의 서신 (2004년 8월 10일). 다른 것들보다도 정부 주장의 기초를 형성하는 과학적 연구에 대해서는 다음을 보라. J.M. Rhymer and D.D. Simberloff, "Extinction by Hybridisation and Introgression,' Ann. Rev. Ecol. Syst. (1996) 17:83-109. 그러나 대부분의 과학 연구와 같이 이것은 보전적 순수성, 멸종 그리고 복지의 상대적 가치에 대한 근본적 전제들에 질문을 던지는 데 실패한다.

렇다고 하더라도 살상을 통한 통제가 정당화될 수 있는 것은 아니다. 더욱이 '생물다양성회의'가 영국 정부에게 행동할 것을 요구할 수 있다 하더라도 살상이 아닌 다양한 다른 통제방법이 사용되지 말아야 할 이유는 없다.[88)]

다음을 고려해보라. 인간이 들여왔으므로 자신의 잘못이 아닌데도 홍오리는 새로운 환경에 성공적으로 적응했음에도 불구하고 지금 6년의 기간 안에 무자비하게 근절되어야 한다. 더욱이 영국 납세자들의 수 백만 파운드의 경비로 이들에게 헤아릴 수 없는 고통이 가해지려 한다. 그리고 이 모든 것은 한 종의 순수성을 보존하기 위한 것이라는 점이다. 하지만, 이 모든 것보다 더 놀랄 일이 있다. 우리는 보통 환경문제에 이르러서는 정부들이 도덕적으로 후퇴한다고 예상하지만, 이 경우 홍오리에 대한 살상을 만장일치로 지지한 것은 다름 아닌 환경보존주의자들과 생태주의자들이었고 이에 대한 반대는 주로 동물보호 단체들에서 나왔다는 사실이다.[89)]

두 번째 예는 이와 비슷한 예인데, 회색 다람쥐 개체수 '통제' 시도와 관련이 있다. 무엇보다도 이것은 붉은 다람쥐를 보호하기 위해 제안되었다. 영국환경식량농촌부는 "과학자들과 환경단체들에 의해 보편적이지는 않더라도 널리 받아들여지는 것은 회색 다람쥐의 존재가 붉은 다람쥐에게 유해하며, 만약 회색 다람쥐의 숫자가 계속해서 통제되지 않는다면 붉은 다람쥐는 소멸할 것이라는 것이다"라고 말한다.[90)] 죽여서 통제하

[88)] 환경식량농촌부의 답변은 "여러 통제 방법이 시험되었고 총사냥이 가장 효과적인 방법으로 판명되었다"(2004년 10월 18일자, 서신). 그러나 이렇게 총으로 해결책을 찾으러 서둘러 달려가는 것은 문제시되어야 한다. 왜 납세자들의 돈이 도덕적으로 더 나은 선택에 쓰여져서는 안 된단 말인가? 특별히 완전한 제거가 거의 불가능한 상황에서, 비록 이것이 더 늦은 결과를 낳더라도 말이다.
[89)] 특히 Animal Aid 라는 단체는 도살에 반대하는 영웅적인 싸움을 선도해왔다. 다음을 보라. 〈www.animalaid.org.uk/campaign/wildlife/ruddycull.htm〉.
[90)] 환경식량농촌부의 서신 (2004년 10월 18일).

는 것이 효과적이라는 것에 증거가 있느냐는 질문에 대해 이 부서는, "만약 성공적이라면 살상을 통한 제거는 효과적이게 되어 있다"고 답변했다.[91] 물론, '살상을 통한 제거'는 효과적이게 되어 있다. 하지만, 한 종이 살상에 의해 완전히 제거되지 않는 한 살상은 항상, 설사 제거되는 일이 있다 하더라도, 한 종을 완전히 제거하지 못한다. 우리는 모든 동물이 가용한 먹이와 환경과 관련해서 번식한다는 것을 안다. 살상은 개체수를 감소시키는 일시적 효과가 있지만, 전체 개체수가 일정한 구역에서 사라지지 않는다면, 그 동물은 오히려 손실을 보상하기 위해 더욱 왕성하게 번식할 뿐이다. 따라서 살상이 언제나 효과적인 것은 아니며, 오랜 시간 동안 오히려 개체수의 증가를 낳을 수도 있다. 다람쥐에게 해당되는 것은 흥오리에게도 해당된다. 심지어 오랜 기간에 걸친 규칙적인 살상을 포함한 살상이 항상 실질적인 개체수의 감소를 낳는다는 말은, 제거는 말할 것도 없고, 결코 명백한 사실이 아니다.

다음을 고려해보라. 영국 정부가 공적 기금을 가지고 "특정 지역에 한정되는 박멸"로 이끄는 '표적 통제' 프로그램으로 붉은 다람쥐들을 부분적으로 '보호'하기 위해 회색 다람쥐를 죽이는 프로그램을 계속 실시한다고 하자. 하지만, 얼마나 많은 회색 다람쥐들을 누가 그리고 얼마 동안 죽여야 하느냐는 질문에 대해 환경식량농촌부는 "산림위원회가 약 10년 전에 삼림지대에서 죽은 다람쥐 숫자에 대한 조사를 중지했기 때문에 우리는 실제로 죽은 다람쥐 숫자의 현재 데이터를 가지고 있지 않다"고 알려왔다.[92] 이러한 인정은 놀랄 만한 일이고, 죽여서 다람쥐 숫자를 통제하겠다는 모든 주장의 토대를 허물어뜨린다. 다람쥐의 개체수를 세는 것 그 자체가 미심쩍지만, 심지어 죽은 다람쥐 숫자를 세어보지도 않았다는

---

91) 환경식량농촌부의 서신 (2004년 10월 18일).
92) 환경식량농촌부의 서신 (2004년 10월 18일).

사실은 과학적 근거를 가지고 통제를 정당화할 수는 없다고 생각할 수밖에 없게 만든다.

환경식량농촌부가 다음과 같이 말하는 것은 놀랄 일도 아니다. "회색 다람쥐 개체수가 예를 들어 질병과 같은 어떤 다른 요인에 의해 영구히 그리고 자연적으로 감소하거나, 아니면 우리의 연구가 개체수를 줄이는 또 다른 방법을 밝혀내지 않는다면, 우리는 땅주인이나 경영자가 살상을 통해 통제하는 것을 실행할 만하다고 말하는 곳에서는 그 방법이 무기한의 방침이라고 믿는다."[93] 여기 '무기한의' 라는 말에 주목해보라. 마치 끝도 없이 죽이고 증거도 없이 죽이는 것을 효과적이라 말하는 것 같다. 다시 말하지만, 이 모든 것 중에서 가장 놀랄만한 사실은, 심지어 이 경우처럼 합리적 판단을 내릴 경험적 증거가 충분하지 않음에도 불구하고, 그러한 살상행위를 가장 먼저 옹호한 사람들이 다름 아닌 환경보존론자들과 생태주의자들이었다는 사실이다.

이 두 사례만으로도 우리는 얼마나 생태주의자들이 은연 중에 야생 동물을 살상하는 것과 또한 자신들의 상상 속에만 존재하는, 실체가 없는 정당성을 주장할 준비가 되어있는 사람들인지를 알 수 있다. 그러나 다음과 같은 반문이 제기될 수는 있다. 그렇다면 동물 쪽 사람들은 자연 전체를 무시하거나 간과하는 것은 아닌가? 지나치게 개체의 복지에만 관심을 가진 나머지 공동의 생태적 선善을 보지 못하는 것은 아닌가? 개체들에 대한 지나친 관심이 생태적 책임을 약화시키지는 않는가? 글쎄, 내가 언급한 두 사례와 언급할 수 있는 다른 많은 사례들에서, 진실로 강조하고자 했던 요지는 단 한가지로 요약된다. 나는 핵심적인 문제이지만, 동물에게 해를 입히는 것이 아니라면 생태적 계획을 반대할 동물 옹호자는 한 사람도 없다는 것을 안다. 각각의 지각 있는 존재들에 대한 살상은

---

[93] 환경식량농촌부의 서신 (2004년 10월 18일).

피해져야 하고 또 대부분 피해질 수 있다. 심지어 공리주의功利主義적인 용어를 빌어 말해도, 한 오리 종의 '순수성'이 5천 마리의 다른 오리들의 파괴를 정당화할 수 있는지, 혹은 붉은 다람쥐의 '보호'를 위해 수 천 마리 회색 다람쥐를 '무기한' 죽이는 것이 정당한 일인지는 의심스럽다. 개별적 부분들을 파괴함으로써 전체의 선을 유지할 수 있다는 말은 자명한 것이 아니다.

그러나 여기서 죽임과 '경영'에 대한 명백한 의견 불일치가 단지 개개의 지각 있는 존재들의 가치에 관한 것만은 아니라는 점을 이해하는 것이 중요하다. 물론 그것은 중요하지만, 그것은 인간이 창조의 세계 안에서 어떻게 자신을 이해할 것인가라는, 훨씬 더 깊은 문제와 연관되어 있기 때문이다. 동물신학자들은 위협받는 개개의 지각 있는 존재들의 보호를 위해 인간이 앞서서 대처하는데 열심이지만, 그들의 가장 중요한 관심은 창조세계가 창조세계답게 되게 하는 일이다. 동물신학자들은 구원이 마치 인간의 창조세계에 대한 경영으로 이루어지는 것처럼 더욱 자연을 통제하고 조작하고 또한 지배하려는 시도를 의심의 눈초리로 바라본다. 오히려 그렇게 '경영'해야 한다고 생각하는 인간의 오만 자체가 구원받아야 할 대상이라고 본다. 동물신학자들은 인간이 '하나님의 형상대로 지어졌다'는 의미가 붉은 오리의 경우처럼 대개는 인간이 저지른 잘못을 교정하기 위해 때때로 인간이 자연에 개입해야 한다는 것과 혹은 때때로 개개의 지각이 있는 존재들을 죽이는 데 있어서 어려운 결정을 내려야 한다는 것을 부인하지 않는다. 미디어에서 보도된 것과 달리 인권이나 동물권이 절대적이라고 믿는 동물 옹호자는 거의 없다. 하지만, 이와 같은 개입에는 명백한 정당성과 더 큰 겸손을 필요로 한다. 하나님의 형상은 인간에게 무오성을 부여하지 않는다.

위에서 언급한 사례들에서 인간의 개입을 특징지을 수 있는 것은 인간이 항상 더 잘 안다 라든가, 인간만이 창조세계의 이익이 무엇인가를 올바로 판단할 수 있다 라든가, 혹은 인간만이 어떻게 자연이 '정말로' 작동해야 하는지 안다라는 하는 생각은 한낱 검토되지 않은 가정에 불과하다는 점이다. 오랫동안의 재난과 똑같은 잘못에도 불구하고 지금은 생태적 책임이라는 구실 아래 더욱 더 인간은 여전히 계속해서 자연 세계가 어떻게 되어야 한다는 우리식의 설계에 자연 세계를 더욱 복종시키려 하고 있다. 과거의 실수에 대한 깨달음이 모든 인간의 간섭에 대한 경고로 작동하기보다 거꾸로 더욱 경영하려는 충동으로 작동하는 것이다. 적어도 자연에 대해 새로 발견된 감수성에서 나온 철학이 점 점 더 자연을 통제하려는 전제군주적인 시도로 결말이 난다는 것은 참으로 역설적인 일이다. 결론으로 −물론 나도 편견에서 말하겠지만− 나는 현재 동물신학자들과 생태신학자들 사이에 존재하는 긴장의 밑바닥에 어떤 관점의 차이가 있는지, 그리고 이 긴장의 실제적인 문제에 직면해 어떤 날카로운 차이로 귀결되었는지를 설명하려 노력했다. 내가 보기에 이 관점들을 조화시키는 쉬운 방법은 없다. 그러나 그들이 반드시 갈등 속에 있어야 하는 것은 아니다. 이론적으로 '전체' 뿐만 아니라−혹은 최소한 전체를 손상시킴 없이−전체의 '개별 부분들' 을 돌보는 것은 가능하고 분명히 가능해야만 한다. 하지만, 조화를 위한 어떤 진실한 시도도 먼저 이 두 견해를 나누는 깊은 신학적 균열의 틈을 인정하는 것으로부터 시작되어야 할 것이다. 아마도 어떤 이는 약간 한숨을 내쉬면서 진실로 자연을 바라보고 감사를 표할 것이다. 반면 다른 이들은 오직 어떤 제대로 된 창조주 하나님이 그것을 구속하길 갈망하면서 그 안에 있는 고통만 보려고 할 것이다.

 그래도 한 가지 우리 마음을 달래주는 것이 있다. 동물과 생태에 대한 사유에 있어서 신학이 어떤 지속적인 가치를 가지고 있는데 그것은 하나님이 인간의 모든 견해를 상대화시킨다는 깨달음이다. 만일 우리가 이것을 '보지' 못했다면 우리의 모든 통찰은 가망 없고 편파적인 것일 것이다. 신학은 인간중심적인 세계관이 아니라 하나님 중심적인 세계관을 약속한다. 우리는 우리의 관점이 곧 하나님의 관점이라고 순진하게 가정할 수는 없다. 그 깨달음만으로도 우리는 깊은 안도의 숨을 내쉴 수 있으며, 우리 앞에는 아직도 더 깨달을 것이 있다는 희망을 갖게 한다.

제5장
동물신학에 대한 논쟁에 답하다

> 2003년 11월 미국 조지아의 애틀랜타에서 열린 미국종교학회 연차총회에서 미국침례교 종교학교수 협의회는 나의 책 『동물신학』을 특별연구 주제로 선정했다. 신약, 구약, 그리고 조직신학 분야에서 세 명의 학자들이 이 책에 대한 상세한 비평을 했는데, 그들은 미주리 캔자스시 중앙침례교신학교Central Baptist Theological Seminary의 신약학 교수 데이비드 메이David M. May와, 테네시 내슈빌 벨몬트대학Belmont University의 종교학 부교수 마크 매킨타이어Mark McEntire, 미주리 리버티시 윌리엄 저웰 칼리지William Jewell College의 종교학 조교수 샐리 스미스 홀트Sally Smith Holt 였다. 이들의 비평은 여기에 실린 나의 긴 응답과 함께 '동물과 창조'를 특집으로 다룬 미국침례교의 신학잡지 『논평과 해설』Review & Expositor 102/1 2005년 겨울호에 "평화로운 왕국"이라는 제목으로 실렸다. 나의 연구에 깊은 관심을 표명하여 내게 영예를 안겨준 세 대담자들에게 깊이 감사한다.

학자란 별난 사람들이다. 우리들 대부분은 자신감이 없고, 성을 잘 내며, 다른 사람들보다 좀 더 까다롭고, 인정받길 좋아하며, 학문적 경쟁을 사랑하고, 세상이 다 자신에 동의해주길 바란다. 이 중에서도 우리가 가장 원하지만, 그럼에도 좀처럼 받지 못하는 것은 동료학자들의 비판적 관심이다. 따라서 나는 메이, 매킨타이어, 그리고 홀트 교수가 이 특별한 행복을 나에게 선사한 것에 깊이 감사한다. 특별히 이 주제를 처음으로 공개적으로 논의하게 해준 미국침례교 교수협의회 부회장이자 「논평과 해설」지의 편집발행인 낸시 데끌라스–워포드Nancy deClaiss–Walford 교수의 식견에 감사한다.

하지만, 모든 행복이 그렇듯이 나의 행복도 순전히 행복만 있는 것은 아니다. 왜냐하면, 나에게 주어진 논평들에는 예리한 분석과 통찰력도 있지만 어떤 것들은 내가 얼마나 나 자신을 서투르게 표현했는지, 혹은 내 방법론이 얼마나 불투명했는지를 말해주고 있기 때문이다. 물론 '넌 날 이해 못했어'라는 식의 말은 소수 학자들이 주장이 아니라 모든 불량배들의 주장이다. 하지만, 어떤 경우 그것은 학자들의 주장일 수도 있는데 나는 그것을 여기에서 보여주려 한다.

1.

먼저 데이비드 메이David May 교수의 논평부터 시작해보겠다.

그는 동물신학이 "성서학자들에게 인정받고, 주일 예배보다 예배 후 닭튀김을 더 좋아하는 그리스도인들에게 영향을 끼치려면, 보다 더 성서 주석에 철저하고 보다 더 공적이며 통합적인 성서적 목소리를 찾을 필요가 있다"고 논평한다. 이 말은 성서학자들에게 옳은 말일지 모른다. 과연 훌륭한 성서적 지식이-닭튀김을 좋아하는 그리스도인들은 제쳐놓고서라도-얼마나 성서학자들의 관점에-그들의 도덕적 행동은 제쳐놓고서라도-영향을 끼쳤는지는 의문이지만 말이다. 로버트 무레이(Robert Muray)의 책 『우주적 계약』*The Cosmic Covenant*은 오늘날까지 이루어진 가장 세밀한 성서연구서로서,[94] 성서 안에 있는 강력한 동물 우호적 목소리들을 드러내주었지만 많이 알려지지는 않았다. 하지만, 이것만 그런 것이 아니다. 메이 교수는 '철저하고' 또한 '통합적인' 연구가 어느 누구보다 성서학자들에게 가장 큰 영향을 끼친다고 분명히 말한다. 아, 그에게 학문의 세계는 그렇게 간단하거나 당연한 것인가 보다! 메이 교수는 "신약성서에 나오는 동물에 관한 이야기들을 철저하게 해석학적으로 분석하면 그것은 우리에게 성서를 정확하게 읽는 기초를 제공할 것이며, 바라건대 이것이 우리의 사상과 행동에 회개를 불러일으킬 수 있기를 기대한다"고 했다. 그의 말에서 '바라건대'라는 단어에 많은 시사점이 있다.

그는 만약 우리가 성서에 대한 '정확한 읽기', 즉 "성서주석에서 보다 철저하고 통합적이라면" 동물 해방이 가까이 왔거나 아니면 최소한 사람들의 사려 깊은 참여라도 이끌어낼 수 있을 것처럼 이야기한다. 나는 그런 책이 쓰일 수 있다고 생각한다. 그런 책이 나오면 메리 교수는 자신이 말한 것을 실행하는데 필요한 연구의 성과와 전문가적 의견을-슬프지만 이것이 내가 결여하는 것인데-얻게 될 것이다. 나는 진심으로 그가 잘 되길 바라며, 사람들에게 큰 용기를 북돋워주기를 기대한다.

하지만, 그의 말과 달리 이제부터는 나 자신의 입장을 고백하겠는데 나는 일종의 '동물권 성서'를 확실하게 제공할 수 있는 어떤 '철저하고'도 '통합적인' 성서 분석은 없다고 생각한다. 그것이 '인권 성서'라 해도

---

[94] Robert Myrray, *The Cosmic Covenant: Biblical Themes of Justice, Peace and the Integrity of Creation* (London: Sheed and Ward, 1992).

마찬가지다. 성서 안에는 동물권과 인권에 대해 긍정적인 통찰만이 아니라 부정적인 통찰도 함께 있다. 모든 성서의 자료가 다 그렇다고 생각하지만, 성서처럼 문화적으로 지대한 영향을 받은 문헌이 동물의 문제에 관하여 한 가지 입장을 명확하게 지지할 것이라고 가정하는 것은 우리의 직관에 어긋난다. 성서는 어떻게 영감을 받았든 간에 인간에 의해, 인간을 위해 쓰였으며, 따라서 무엇보다도 동물에 대한 인간중심주의적 견해를 반영하기 때문이다. 물론 성서는 인간의 통찰 그 이상을 제시하지만, 동물에 대해 압도적으로 도구주의적 관점을 가졌던 사회 속에서 유래하였다. 성서가 문화적 유산이라는 자신의 장애물을 완전히 뛰어넘을 수 있다고 상정하는 것은 성서적 계시를 폭 좁게 이해하는 것이다.

하지만, 정작 우리를 놀라게 하는 것은 이러한 명백한 제약에도 불구하고 성서의 기자들이 종종 동물에 대한 비非도구주의적 관점을 명확히 취하고 있다는 점이다. 그래서 나는 나의 책『동물신학』에서 이 점을 올바르게 평가하기 위해 노력했던 것이다. 하지만, 나는 아직 이 문제를 완벽히 규명했다고 주장하지 않는다. 내 책이 '성서의 유일한 견해'를 명확하고 분명하게 대변했다고 생각하지도 않는다.

하지만, 나의 성서주석 방법의 특징이 '증빙전證憑典, proof-text방법'[95] 혹은 심지어 '마음에 드는 구절 선택적 분석법'이라고 말하는 것은 공정하지 않다고 생각한다. 내 연구는 잘 다져졌고 그러한 고소는 이미 취하되었다.[96] 나는 성서를 "증언이 아니라 의제를 설정하기 위한 근거"로 사용한다는 말리나Malina의 구별을 절대로 받아들이지 않는다. 증언은, 올바로 들으면, 의제를 만들어낸다. 칼 바르트Karl Barth의 지도와 영감 아

---

[95] 자신의 생각을 입증하기 위해 특정 절을 인용하는 방법-역자 주
[96] 예를 들어 다음을 보라. Cassandra Williams, "Andrew Linzey's Animal Theology and the Educational Ministry of the Christian Church," Ph.D. Dissertation, Presbyterian School of Christian Education (Virginia, Michigan: UMI Dissertation Service, 1998). 이 논문은 나의 성서 사용을 분석하고 비평한다.

래서 나는 성서적 '증언'에 아주 깊은 영향을 받았는데,[97] 이 '증언'은 현실에서 많이 있는 증언들이고 심지어 서로 모순적인 증언들이기도 하다. 육식보다 이것이 더 분명한 예는 아마 없을 것이다. 나는 가설적으로 성서에서 유일하게 조화를 시도하는 창세기 1장과 9장의 조화를 시도하지만, 다른 성서 본문들에서는 그렇게 하지 않는다. 메이 교수와 달리 나는 '통합'integration에 대해 일반적으로 신뢰를 갖고 있지 않다. 아마도 공정하지 못하겠지만, 나는 그가 통합이라는 말에서 혹시 조화harmonization를 의미하는 것이 아닌지 걱정된다. 다양성은, 심지어 그리고 특히 성서 안에서, 우리가 인정하는 것보다 더 삼위일체의 다양성을 반영하고 있는지도 모른다.

어떤 것이 성서를 보는-해석하는-좋은 위치인가의 문제로부터 우리는 도망칠 수 없다. 특별히 우리가 좋아하는 구절들이라 하더라도 모든 성서의 본문들은 어떤 도덕적 대의명분의 필요성을 명확히 만족시켜주지 않는다. 그렇다면 성서의 어떤 통찰들에게 '우선권'이 주어져야 하는 것이다. 내 책 『동물신학』의 성패는 논쟁의 핵심이 되어야 할 중요한 성서적 통찰을 내가 제대로 이해했느냐에 달려 있다. 그런데 성서적 통찰에서 내가 가장 중요하다고 생각하는 것은 예수 그리스도의 삶 안에 계시된 하나님의 관대하심generosity이다. 나는 가장 타당한 본문을 선택하지 않았는지도, 혹 선택했다 하더라도 그 본문을 가장 사려 깊게 주석하지 못 했는지도 모르겠다. 하지만, 예수 그리스도는 우리들에게 섬김을 통해 드러나는 주권이라는 모델을 보여주셨다. 이 모델은 도덕적 관심의 경계 밖에 있는 자들을 포용하는 도덕적 관대함의 패러다임인데, 바로 이것이 나는 순수 복음이며, 바로 이 복음이 인간의 동물에 대한 '지

---

[97] 다음을 보라. Andrew Linzey, "The Neglected Creature: The Doctrine of the Non-Human and its Relationship to the Human Creation in the Work of Karl Barth," Ph.D. Dissertation, University of London, 1986.

배권'과 관련해 기독교의 신학을 새롭게 구상하는데 지대한 암시를 주고 있다고 생각한다.

2.

마크 매킨타이어Mark McEntire 교수도 성서의 도덕적 모호성의 문제를 인정하는 것 같다.

> 불행히도 『동물신학』은 구약성서에 전혀 낯선 신학인 것 같다. 이 말은 린지가 주창하는 강령에 대한 거절은 아니다. 우리는 노예제도의 철폐와 같은 사상 역시 구약성서에 낯선 것임을 인정해야 한다. 비록 노예제도와 같이 공고화된 제도를 극복하는데 수 천 년이 걸렸다 하더라도, 우리가 말할 수 있는 최선의 방법은 궁극적으로 네 이웃을 네 몸처럼 사랑하라는 레위기 19장 18절의 명령이 노예제 극복을 위한 거스를 수 없는 계기를 만들었다고 말하는 것일 수 있다.

오늘날 우리는 노예제도가 기독교 복음과 양립할 수 없다는 것을 당연하게 여긴다. 그런데 그 둘이 양립할 수 없는 이유는 레위기보다도 예수 그리스도 안에서 언뜻 비추어진 포용적인 도덕적 관대함의 모델을 우리가 암묵적으로 수용했기 때문에 가능했다고 보는 것이 맞을 것이다. 실제로 상당수의 노예제 철폐운동가들이 확실히 그렇게 이야기했다.[98] 그

---

98) 예를 들어 노예제도에 대해 언급했던 초기 존 울만(John Woolman, 1720-1772)의 논의를 보라. "인류의 부모는 관대하다. 그는 가장 작은 피조물들을 돌본다. 사람의 다수는 그의 주목에서 벗어나지 않는다. 비록 그들 중 많은 이들이 짓밟히고 경멸당하지만, 그는 그들을 기억한다. 그는 그들의 고뇌를 보며 그들의 억압자들이 늘어나고 퍼지는 것을 우려한다." *Some Considerations on the Keeping of Negroes*, 1754 and 1762, in Mason Lowance

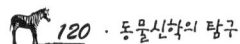

러나 이것이 전통과 상황을 상관시켜 기독교 전통의 현대적 의미를 해석학적으로 성찰하는 원칙이 된다면, 그것은 노예제도를 넘어서는, 혹은 정말이지 여성차별을 넘어서는 함의를 가지고 있다.

하지만, 나의 책 『동물신학』에 나타난 생각들이 "구약성서에 대단히 낯선 것"으로 치부되는 것은 대단히 믿기 힘든 일이다. 다음을 생각해보라. 동물은 하나님의 피조물이다. 그러므로 그들은 인간의 욕구나 필요와 독립된 가치를 가진다. 하지만, 이것은 동물이 '내재적 가치'를 가졌다고 말하는 현대 동물권 철학과는 어떻게 다른가? 다음을 더 생각해보라. 동물은 노아의 계약에 명백히 포함되었다. 최소한 이것은 인간과 동물 그리고 그들의 창조주 사이에 있는 공동의 유대를 함축적으로 표현한다. 하지만, 이것은 지각이 있는 피조물들이 서로 '친족' 관계에 있으며 따라서 지각이 있는 다른 종들의 생명도 존중되어야 한다는, 현대문학에서 발견되는 동물윤리와는 어떻게 다른가? 다시 말하지만, 인간은 하나님의 형상대로 지음 받았고 하나님의 대리인으로서 동물을 돌볼 힘을 부여받았다. 이것은 최소한 다른 종種에 대한 심오한 책임을 함축적으로 의미한다. 하지만, 이것은 인간만이 동물에 대한 의무를 인지해야 하는 도덕적 행위자이며, 동물은 인간에 대한 의무를 인지할 수 없다는 견해를 지속적으로 표명하는 현대 동물철학과는 어떻게 다른가?

지속적으로 표명하는 "우리의 동물 사용은 인간의 문화 속에 단단히 자리 잡고 있고" 성서 시대에도 그랬다고 말한다. 확실히 그렇다. 그렇기 때문에 우리는 평화주의자도, 채식주의자도, 혹은 사형 폐지론자도 아닌 사람들이 폭력과 거룩하고 사랑이신 창조주에 대한 믿음 이 둘 사이에서 너무도 예리한 부조화를 느끼는 것에 놀라지 않을 수 없는 것이다.

(ed.), *Against Slavery: An Abolitionist Reader* (Harmondsworth: Penguin Books, 2000), p. 23. 달리 말하면, 억압을 용납할 수 없게 만드는 것은 예수 안에 드러난 하나님의 호의 또는 관대함이다.

그들은 너무도 심각히 그런 부조화를 느낀 나머지 분명히 하나님은 폭력이 없는 세상을 창조하셨다고 생각한다. 그런데 그것이 바로 창세기 1장 29~30절이 말하는 성서의 통찰이다. "하나님이 이르시되 내가 온 지면의 씨 맺는 모든 채소와 씨 가진 열매 맺는 모든 나무를 너희에게 주노니 너희의 먹을 거리가 되리라." 하나님이 보시기에 "아주 좋았다"very good고 선언하신 것은 바로 이 창조세계, 즉 완전 채식주의와 비폭력의 세계였던 것이다.

내가 다른 책에도 적었듯이,

> 그렇다면 피조물 사이의 폭력은 하나님께서 본래 의도하신 것이 아니라는 생각은 동물권을 주장하는 사람들이 만든 최신 버전의 홍보가 아니다. 반대로 그것은 최초의 성서적 통찰의 하나이다. 하나님이 우리를 지으시고 또 모든 창조세계가 채식을 하도록 하는 어떤 세계는 동물 옹호론자들이 새로 발명한 것이 아니다. 사자가 어린 양과 함께 풀밭에 눕는 세계도 새로 발명된 것이 아니다. 이러한 세계는 유대-기독교 전통 안에서 이미 주어진 것이고 새로운 세대가 여기에 새로운 불을 붙인 것이다. 현대의 동물권 옹호는 성서의 통찰을 약화시키기는커녕, 성서적 통찰에 결정적으로 의지하고 있다.[99]

매킨타이어 교수는 "죽임killing이 더 이상 필요하지 않는 미래, 하나님이 창조세계에 대해 품었던 본래의 뜻이 회복되는 미래를 성서기자들이 바라보았다"고 주장하기 위해서 내가 창세기 1장과 이사야 11장의 본문을 사용했다고 말한다. 그러면서 "물론, 우리 중 누가 이것이 옳지 않기

---

[99] Andrew Linzey, Introduction to "Understanding Scriptural Perspectives" in Andrew Linzey and Dorothy Yamamoto (eds), *Animals on the Agenda: Questions about Animals for Theology and Ethics* (London: SCM Press, and Chicago: University of Illinois Press, 1998), p. 3..

를 바라겠는가?"라고 되묻는다. 하지만, 문제는 린지가 '옳은가'의 여부가 아니라 구약성서와 신약성서의 종말론적 희망을 우리가 귀 기울여 들을 수 있는가의 여부이다. 이것은 메이 교수가 주장하듯이 '마음에 드는 단편 구절'에 대한 질문이라기보다 우리가 창조주이자 구속자이신, 그리고 살아계신 하나님을 성서 안에서 만날 수 있는가의 문제이다. 성서기자들의 특징은 종말론적인 것, 즉 하나님께서 은총으로 창조의 사역을 통해 완성하시는 미래를 바라보는 것이다.

아니다. 인간은 오직 공로로 그의 나라를 이룰 수 없다. 하지만, 하나님의 뜻이 변혁된 창조세계transformed creation라는 것을 우리는 확신할 수 있다. 최소한 윤리적 채식주의는-즉 불필요한 살상을 단념하는 것은-우리가 구하는 그 평화로운 나라를 기대하는 행위이고 이것은 우리가 기울일 수 있는 어떤 윤리적 노력 가운데서 단연 최고의 것일 것이다. 그렇다. 우리는 누가 혹은 무엇이 여기에 포함되어야 하며 구체적으로 어떤 방법으로 그래야 하는지에 관해 세부적인 논쟁을 펼칠 수는 있다. 하지만, 예수 그리스도 안에 드러난 하나님은 전 창조세계를 변혁하기 위해 힘쓰신다는 것이 성서본위의 사고에 있어서 너무도 중심적인 것이다. 때문에 다른 사람도 아닌 성서학자들이 그것을 즉각 또한 제대로 파악하지 못한다는 것은 참으로 실망스러운 일이다.

매킨타이어는 이렇게 주장한다. "린지가 말하는 관대함의 윤리는 우리가 이미 시행하는 동물 사용 방식을 극복하는 추진력을 내는데 도움을 줄 수 있겠지만, 그가 그것을 시작하는데 필요한 힘을 구약의 본문에서 찾으려는 노력은 헛된 것으로 끝날 것이다." 정말 그럴까? 한 가지 예를 들어보자. 히브리 성서는 결코 우리가 동물에 대해 무제한적인 지배권을 가지고 있다고 말하지 않는다. 히브리법에 있는 다양한 인도주의적 조항들은-예를 들어 레위기 22:28;신명기 22:1,22:10,41:21;출애굽기

23:5[100] —설사 동물권을 적극적으로 옹호하는 헌장은 아닐지라도, 최소한 소극적으로 우리가 동물에 대해 절대적인 권리를 가지고 있지 않다고 말하고 있다. 히브리인들의 문화는 동물 사용에 깊이 의존하는 문화였지만 그들 가운데도 어떤 도덕적 한계선이 있다는 깨달음이 일어나고 있었던 것이다. 이러한 여러 가지 명령들로부터, 유대교는 성서에 기반하여 동물에게 불필요한 고통을 주지 않는 특유의 원칙들을 발전시켰다. 비록 이 원칙은 무시되어왔고, 강하게가 아니라 자주 약하게 진술되어 왔지만, 지난 20세기까지 동물에 대한 학대행위를 반대하는 운동들에 생명력을 불어넣었다.[101]

매킨타이어는 내가 이사야 11:6~9절을 1~5절에서 분리시켜 논의했는데, 이것은 "이 본문을 사용하는 많은 사람이 저지르는 실수"라고 주장한다. 내가 1~5절을 언급하지 않은 것은 사실이다. 하지만, 본문의 맥락 안에서 그 구절들은 전적으로 내 논제를 뒷받침한다. 매킨타이어는 4절 후반부에 나오는 '이상적 임금' ideal king에 대한 생생한 묘사는 "하나님의 입의 막대기로 세상을 치며 그의 입술의 기운으로 악인을 죽일 것이며" '파괴적' 이라고 말한다. 하지만, 내 논제는 그 묘사가 '파괴적' 이 아니라는 것이었다. 악인에게 내려진 하나님의 공의의 막대기는 이유 없는 형벌이 아니다. 그것은 폭력적이고 사악한 길 때문에 인간에 대한 궁극적 심판을 믿는 사람들에게는 반드시 필요한 것이다. 우주의 도덕적 부패는 인간이 만들어 낸다. 그러므로 중개에 의하든 아니든 신적 개입만이 그것을 끝장낼 수 있다. 오직 그런 다음에야 마침내 양들이 늑대들과 함께 풀밭에 누울 것이다.

---

100) 이 본문들과 다른 본문들은 다음에서 논의 됨. Andrew Linzey and Dan Cohn-Sherbok, *After Noah: Animals and the Liberation of Theology* (London: Mowbray, now Continuum, 1997), pp. 17-34.
101) 동물에 대해서는 기독교와 유대교 안에 긍정적이고 부정적인 전통 둘 다 있다. 그러나 유대교는 불필요한 고통을 동물에게 주어서는 안 된다는 원칙으로 나아간 것이 주목할 만하다. 이 원칙은 후에 기독교인들에 의해, 특히 처음으로 동물학대방지협회를 창립한 사람들에 의해 받아들여졌다. *After Noah*, p. 9f.를 보라.

매킨타이어는 이사야 11장 1~5절에 대해 주석을 달면서, "인간은 폭력을 통해 평화를 이루려고 아주 오랫동안 아무 성과 없이 노력했다. 그것을 위한 어떤 계획도 애당초 실패하게 되어 있다는 것을 깨닫지 못하고서 말이다"라고 말한다. 하지만, 그는 이사야가 이 본문에서 인간의 행위가 아니라 하나님의 행위를 언급하고 있다는 것을 보지 못했다. 이사야의 본문들이 시적으로 그리고 은유적으로 가리키는 하나님의 정의God's justice는 죄 많은 인간의 보복이나 정복에 대한 욕망과는 완전히 다른 것이다.

3.

샐리 스미스 홀트Sally Smith Holt 교수는 성육신이 모든 창조세계를 '위한' 것이라는 말에 설득되지 않은 것 같다. 나는 바르트를 따라 성육신은 모든 창조세계에 대한 하나님의 '예스'yes라는 의미에서 '위한' for이라는 말을 사용했다. 그러나 나의 책 『동물신학』은 교부들의 교리가 말하고자 하는 요점을 약하게 표현한 것에 불과하다. 우리가 터무니없는 자유주의자가 되지 않으려면, 또한 성육신이 역사에서 여성이나 다른 피조물이 아니라 오로지 한 특정한 인간에 대한 하나님의 '예스'라고 말하지 않으려면, 성육신은 논리적으로 당연히 모든 육체에 대한 하나님의 연애 사건love affair이 되어야 한다. 이것은 나 혼자만의 과격한 해석이 아니다. 교황 요한 바오로 2세도 분명히 말했듯이, 이것은 모든 창조세계가 상호 연관되어 있다는 것을 인식하는 것에서 비롯되는 생각이다.

성육신은 인간의 본성만이 아니라 인간의 본성 안에서, 어떤 점에서는 육체인 모든 것, 인간 전체, 눈에 보이는 세계 전체를 하나님과의 일치로 들

어 올리는 것을 의미한다. 성육신은… 우주적 일면도 가지고 있는 것이다.[102]

홀트 교수는 이러한 가정이 "동물이 구속을 필요로 하고 있다는 것을 우리가 믿을 것을 요구한다"고 주장하면서, 과연 동물이 "인간이 구속을 필요로 하는 것과 똑같은 방식으로 구속을 필요로 하는지에 대해 린지는 명확히 답하지 않는다"고 주장한다. 그러나 나는 내 책을 통해 동물은 자유의지를 가진 도덕적 행위자가 아니며, 따라서 죄를 지을 수 없다는 견해를 누차 피력했다. 따라서 동물의 구속은 인간의 구속과 다를 것이다. 사실, 신학적 관점에서 볼 때, 대체적으로 더욱 큰 문제는 인간의 구속이다. 왜냐하면, 동물들은 인간처럼 죄를 짓거나, 믿음이 없거나, 사악하지 않기 때문이다.

하지만, 구속redemption이라는 개념은 여전히 동물들에게도 해당된다. 왜냐하면, 그들은 인간의 잔인함으로부터, 또한 창조세계의 기생적 속성 안에 있는 자연의 '잔인함'으로부터 구원받아야 하기 때문이다. 인간과 동물의 구속이 서로 긴밀히 연결되어 있다는 것은 참으로 매력적인 성서적 통찰이다. 기독교는 종종 창조세계 안에서 인간중심성을 강조하기도 했지만, 성 바울을 따라로마서 8:18~24 "우리가 거의 이해하지 못하는 방식으로, 인간이 자신들의 속박으로부터 해방됨으로 인해 창조세계가 속박으로부터 자유로워지는 것이 가능할 수 있다"고 홀트 교수는 말한다. 아니다. 인간은 동물을 구속할 수 없다. 오직 하나님만이 그렇게 하실 수 있다. 하지만, 인간은 최소한 그의 나라를 예고하는 표지가 될 수는 있다. 아마도 "세계의 구속에 있어서 하나님과의 공동 참여자나 공동 사역

---

102) Pope John Paul II, *Div. et Red.* 50. 최근에 이것은 다음에서 논의되었다. Edward P. Echlin, "Christian Ecology for Today," *Social Justice Newsletter*, 64 (October, 2003), 11f.

자"가 될 수 있다.[103]

속박되어 있는 창조세계가 하나님에 의한 구속의 "첫 번째 인간 열매"를 기다린다는 바울의 이해는 대담하고 가슴 벅찬 비전이다. 하지만, 이 비전은 기생적인 자연이 그리스도를 닮은 것이 아니라는 깨달음이 선행될 때 더욱 강력해진다. 상당한 그리스도인들은 포식predation과 기생parasitism이 없는 창조세계는 말할 것도 없고 구속된 인간을 상상하는 것조차 힘들어 한다. 하지만, 최후에 만물을 새롭게 하시는 거룩하고 사랑 많으신 하나님, 창조주이자 구속자이신 하나님을 우리가 믿으려면 우리에게 요구되는 것은 정확히 바로 그 비전, 즉 큰 물고기가 작은 물고기에게 인사하고 잡아먹지 않는 평화로운 창조세계에 대한 비전인 것이다. 이것은 현대신학에 대한 강력한 도전이다. 이 도전은 악의 본질에 대해 오로지 인간중심적인 방법으로만 기술하는 사람들은 도저히 이해하지 못하는 것이다. 기생적인 자연은 악이거나 아니면 악이 아니어야 한다. 하나님은 자기 살해적인 생존시스템을 의도하셨거나 그러지 않으셨어야 한다. 정말이지 이 둘 사이의 제3의 길이란 존재하지 않는다.

내가 로즈마리 류터Rosemary Radford Ruether나 제이 맥다니엘Jay B. McDaniel 그리고 샐리 맥페이그Sallie McFague와 같은 과정신학 혹은 생태신학자들의 길로 가지 않는 것에 홀트 교수가 놀랄 필요는 없다. 왜냐하면, 그들 모두는 포식을 하나님의 뜻으로 받아들이는데 있어서는 동일하기 때문이다. 홀트 교수에 의하면 "맥페이그는 세계를 하나님의 몸으로 상상하고 하나님이 세계 안으로 성육신 하셨다고 주장하면서…동물을 위한 구속은 필요하지 않다"고 말한다. 정말 그렇다면, 바로 그것이 문제다. 하나님이 세계와 너무나 동일시되어서, 혹은 세계와 완전히 겹쳐서, 우리

---

103) Andrew Linzey, *Animal Theology* (London: SCM Press, and Chicago: University of Illinois Press, 1994), pp. 57 and 123.

는 그가 어떻게 동물의 혹은 인간의 구속자가 되시는지 알 수 없기 때문이다.

홀트 교수는 나의 생각이 맥페이그의 '성스런 세계라는 생각'을 손상시켰다고 말한다. 확실히 그렇다. 동물과 창조세계를 '신성시'함으로써 그 가치를 고양시킬 수 있다고 생각하는 생태신학자들은 창조주와 구속자로서의 하나님이라는 개념을 저해한다. 그리고 신학을 현혹시킨다. 창조세계는 하나님에게 내재적 가치를 가진다. 하지만, 창조세계는 '거룩하지' 않으며 신이 아니다. 홀트 교수는 생태신학자들과 나의 "목표가 유사하다"고 생각한다. 하지만, 아니다. 오직 내재하면서도 초월하시는 완전한 심위일체의 하나님-아버지와 아들과 성령 혹은 창조자와 구속자와 성화시키는 주-만이 기독교 종말론의 목표인 세계 변혁적 구속 world-transforming redemption을 가져올 수 있다. 진정한 타락의 상태가 없으면 참된 구속도 없다. 아무도 이 논리에서 달아날 수 없다. 동물을 구속하시는 하나님이 될 수 없는 하나님은 참 하나님이 아니다.[104]

자유의지가 없는 동물들이 어떻게 포식이라는 악의 지배를 받는 타락의 상태에 살게 되었는지를 설명하는 것은 쉬운 일이 아니다. 다른 책에서 나는 이 문제를 거론했고, C.S. 루이스 C.S. Lewis의 도움을 받아 몇 가지 가능한 답변을 탐색해보았다.[105] 어떤 그리스도인들은 우주적 악의 출처는 말할 것도 없고 공룡과 인간이 도착하기 전에 이 세계 안에 있었던 우주적 무질서를 믿는 데 어려움을 느낀다. 그런 견해는 분명히 문제가 있다. 그러나 포식이 창조주에 의해 의도된 것이 아니라고 믿으려면 그 견해는 신학적으로 필수적인 것이다. 그 반대의 대안은 형언할 수

---

[104] 나는 다음에서 이 논리를 보다 분명히 하였다. Andrew Linzey, "Unfinished Creation: The Moral and Theological Significance of the Fall," *Ecotheology*, 4 (January, 1998), 20-26. 내 생각에는 많은 생태신학은 구속하지 않는 하나님, 따라서 적어도 전통적으로 이해된 하나님이 아닌 하나님으로 귀결된다.

[105] *Animal Theology*, p. 120.

없이 끔직한 것인데, 왜냐하면, 그렇게 되면 추론상 지금의 '자연 세계'는 하나님이 처음 의도하신 실제의 창조세계이며, 죽음과 질병과 부패와 포식은 모든 생명 있는 존재들에게 내린 하나님의 실제의 뜻이라는 것을 우리가 받아들여야만 하기 때문이다. 하지만, 과연 이런 하나님이 예수 그리스도 안에서 계시된 그 하나님인가? 나는 익살스럽게-그래서 너무도 진지하게-"우리의 포식자predator가 되시는 예수의 반反복음"이 실제 어떻게 구성될 수 있는지 다음에서 보여주도록 노력해보겠다.

포식자 복음에 의하면 예수는 최고의 도살업자다. 그는 동물의 희생을 중지시키기는커녕, 그의 제자들에게 탁월한 도살업자가 되라고 실제로 격려하는 분일 것이다. 포식자 복음서에 따른 예수는 성전에서 희생제물이 되는 동물을 쫓아내기보다 그 동물들을 성전 안으로 몰고 들어오는 분이다. 그의 사역의 특징을 가장 잘 보여주는 구절은 "양을 위해 자신의 목숨을 내어주는 선한 목자"가 아니라 "가능한 최대의 많은 양을-감사기도를 드리며-도살하는 선한 목자"일 것이다. 포식자 예수의 사역의 시작은 마가복음1:13의 증언처럼 "야생 짐승들과 함께" 함으로 자연과의 화해를 상징하는 것이 아니라 활과 화살을 들고 "야생 짐승들과 함께" 하는 모습일 것이다. 포식자 예수는 구덩이에 빠진 동물을 구하라고 권하지 않고, 죽음과 질병과 부패와 같은 것들이 하나님의 원대한 계획에서 불가피하다고 말할 것이다.

[생태신학자들에 의하면] 포식은 하나님의 축복이기 때문에, 포식자 예수는 인간의 영역에서도 비범한 예를 보여줄 것이다. 포식자 예수는 죄인과 교제하거나 창녀들을 용서하시기는커녕, 가장 먼저 그들에게 돌을 던지실 것이다. 포식자 예수는 병자들을 치유하기는커녕, 하나님이 제정하

신 생태계의 효력만을 승인하실 것이다. 죽은 나사로를 일으키시기는커녕, 죽음이 하나님의 축복이라고는 의견만 말씀하실 것이다. 하나님 나라의 도래라는 기쁜 소식이기는커녕, 포식자 예수의 선포는 [매튜 폭스의 말대로] "먹고 먹히는" 나라가 될 것이다.[106]

존 로빈슨John A.T. Robinson 주교 이야기를 해본다면, 그는 자신이 암에 걸린 것을 알고 신문 기자에게 "하나님이 모든 것 안에 계신 것처럼 암 속에도 계신다"고 말한 적이 있다. 나는 수 천 번이나 '아니다'라고 되뇌었다. 어떻게 예수의 복음서 이야기와 그토록 오래 함께 해 온 신약학자가 그 악마와 같은 존재의 실재를 단박에 파악하는데 실패할 수 있단 말인가? 만약 성서학자들이 자신은 물론 그 숙주宿主까지도 죽음에 이르게 하는 유기체인 암을 악으로 볼 수 없다면, 우리는 그들이 또한 무고한 동물의 고통에 대해서도, 심지어 그리스도를 닮은 동물의 고통에 대해서도 아무 응답을 하지 않는 것에 놀라서는 안 된다.

예상했던 일이지만, 홀트 교수는 동물에게 권리가 있다는 나의 견해에 의문을 던졌다. 예상했던 대로, 내 생각은 다른 어느 곳보다 이 부분에서 논평가들에게 잘못 전해졌다.[107] 홀트는 내 연구를 피터 싱어Peter Singer나 톰 리건Tom Regan과 같은 세속 이론가들의 연구 작업들을 통해서 바라보았으며, 따라서 내가 단순히 그들의 아이디어를 취하고 있거나 그들의 생각을 반영하고 있다고 생각했다. 그러나 내가 여기서 언급하지 않을 수 없는 것은—비록 오만하게 들릴지는 모르겠지만—내 첫 저서 『동물권:

---

106) 다음을 보라. Andrew Linzey "C.S. Lewis' Theology of Animals," *Anglican Theological Review*, 80/1 (Winter, 1998), 60–81.
107) 예를 들어 다음을 보라. Andrew Linzey, "Animal Rights: A Reply to Barclay," *Science and Christian Belief*, 5/1, 47–51, 그리고 Andrew Linzey, "For Animal Rights" and "Linzey's Reply," in Michael Leahy and Dan Cohn-Sherbok (eds), *The Liberation Debate: Rights at Issue* (London and New York: Routledge, 1996), pp. 171–87 and 205–207.

기독교의 시각』*Animal Rights: A Christian Perspective* (1976)은 영국에서 피터 싱어의 『동물해방』*Animal Liberation* (1977)이 출간되기 이전에, 그리고 톰 리건의 『동물권의 논거』*The Case for Animal Rights* (1984)가 출간되기 8년 전에 나왔다는 사실이다. 나의 많은 저작들을 알지도 못한 채 여러 논평가들은 내가 단순히 세속적 사고 위에 한두 가지 기독교적 옷을 입혀 이 문제에 이바지하고 있다고 추측한다. 글로 적었듯이 나는 이 사상가들에게 어떤 면에서 빚을 지고 있음을 기쁘게 인정한다. 하지만, 실제로 나는 그들과 매우 다른 길을 걷고 있으며 그들이 가지고 철학적 신념 중 많은 것에 동의하지 않는다.

따라서 "린지가 신적 권리라는 사상으로 나아가는 기반은 세속적인 권리 이론"이라고 홀트 교수가 주장할 때 그것은 맞는 말이지만 오로지 한 가지 면에서만 그렇다. 나의 책 『동물권』은 어떤 것에 권리를 부여하는 전통적 범주-개성, 이성, 영혼의 소유 여부-에 대한 비판을 담고 있으며, 지각의 유무를 대안적 범주로 제안하는 매우 철학적인 책이다. 하지만, 그것에 이어지는 책 『기독교와 동물의 권리』*Christianity and the Rights of Animals* (1987)에서 나는 많은 지면을 할애하여 내가 이전 연구에서 암묵적으로만 말하고 있었던 것, 즉 피조물의 권리는 자신의 피조물이 존중 속에 대우받을 것을 요구하시는 창조주의 권리, 즉 내가 '신적 권리' *theos-righs*라 부르는 것에 기초해야 한다는 생각을 발전시켰다. 그렇다면 나는 공식적으로 다른 세속적 '권리 이론가들'과 단지 한 묶음으로 다루어지지 않는 것을 고마워해야 할 것인데, 왜냐하면 그들 중 일부가 현재 주창하고 입장들은 바로 내가 1976년부터 예상하거나 주장한 것들이기 때문이다. 그 때부터 나는 지속적으로 동물과 권리와 창조에 대해 명확한 신학적 관점을 발전시켜왔다.[108]

---

108) *Animal Rights: A Christian Assessment* (1976) 이후의 중요한 책들은 다음과 같다. *Christian-*

논평가들은 내 저서를 읽고 자주 내 생각에서 어떤 결함을 발견했다고 상정한다. 내가 이러저러한 문제들을 다루지 못했다거나 혹은 이러저러한 문제들에 구체적으로 응답하지 못했기 때문이라는 것이다. 하지만, 진실은 내가 상당히 많은 글을 써왔고-20권의 책과 180개의 논문-이 저술 가운데 한 권 혹은 두 권 정도만 읽은 사람은-각주들에서 다 언급하고 있음에도-이전 연구의 내용을 짐작하는 데 성공하지 못할 것이라는 점이다. 그 결과 나는 이런 불평들을 듣는다. "린지가 말하는 지각의 유무라는 범주는 모호하다고 할 수밖에 없는데, 왜냐하면, 동물과 관련해서 그는 지각의 경계가 무엇인지 정하지 않고 있기 때문이다." 혹은 "린지는 어떤 생명체가 이러한 지각의 능력을 가지고 있는지 분명하게 밝히지 못했다." 하지만, 이러한 불평들은 이전의 나의 논의를 보지 못했기 때문에 제기된 것들이다.[109]

내 견해는 동물이 하나님께서 부여하신 권리를 가지고 있다는 것이다. 이 입장을 지탱하는 신학적 논리를 파악하는 것이 매우 중요하다. 동물은 하나님의 피조물이다. 그들은 단지 집단으로서가 아니라 개별적으로도 고유한 가치를 지닌다. 성령은 동물의 생명의 원천이시다. 어떤 피조물들은 하나님으로부터 지적 능력과 지각 능력을 부여받았다. 인간은 하나님의 형상대로 지어졌고 동물을 다스릴 힘을 부여받았다. 이 힘을 기독론적으로 해석하면 그것은 하나님께서 피조물을 돌보시듯 그와 같은 방식으로 동물을 돌보라고 주신 힘이다. 이미 이야기했지만, 동물의 '권리'를 이야기할 때 우리는 동물이 하나님의 피조물이기 때문에 정의의

---

ity and the Rights of Animals (1987), Compassion for Animals (1988), Animals and Christianity: A Book of Readings (1989), Political Theory and Animal Rights (1990), Animal Theology (1994), After Noah (1997), Animals on the Agenda (1998), Animal Gospel (1999), 그리고 Animal Rites: Liturgies of Animal Care (1999).

109) 지각에 대해서는 예를 들어 다음을 보라. Andrew Linzey, Christianity and the Rights of Animals (London: SPCK, and New York: Crossroad, 1987), pp. 77-86.

문제로서 우리가 그들에게 객관적으로 지는 것을 개념화하는 것이다.

권리라는 언어는, 내가 『동물신학』에서 설명했듯이, 신학적으로 수정될 필요가 있다. 어떤 절대적인 의미에서 창조주를 향한 피조물의 권리는 없다. 그러나 주권자이신 창조주 하나님은 자신의 피조물들이 존중 속에서 다루어질 것을 요구할 근본적 권리가 있다. 권리라는 언어의 사용에는, 특별히 그것이 도덕적 선善을 위한 협상을 확장하기 위한 것 정도로 보일 수 있는 세속적 맥락에서, 불리한 면이 있다. 그래서 신학적 관점에서는 권리라는 언어가 결코 충분한 것이 아님을 이해하는 것이 매우 중요하다. 권리는 단지 우리가 인간이 아닌 존재들을 대우할 때 보통은 양도해서는 안 되는 도덕적 한계가 어디까지인지의 윤곽만 그려줄 뿐이다. 그래서 우리는 권리 위에 더해서 관대함, 돌봄, 친절함, 사랑, 복지, 그리고 보호와 같은 다른 어휘들도 사용해야 하는 것이다. 왜냐하면, 어떤 한 개념도 동물에 대한 우리의 도덕적 의무에 관해 이야기할 수 있는 혹은 이야기해야 하는 모든 것을 다 말해주지 않기 때문이다.

그럼에도 불구하고 권리라는 언어는 정말로 큰 장점을 가지고 있는데, 특히 신학적 관점에서 그렇다. 권리라는 언어는 지각이 있는 다른 피조물들의 생명에 대한 하나님 자신의 관심을 보다 적절히 표현할 수 있도록 도와준다. 올바로 이해하면 동물권은 '신적 권리' theos-rights 즉 하나님의 고유한 권리이지, 한 피조물이 다른 피조물과의 관계에서 소유하거나 획득했거나 부여한 어떤 것이 아니다. 이것이 왜 홀트 교수의 권리에 대한 혹평이 상식을 벗어난 것이며, 왜 특히 그녀가-다른 많은 사람처럼-권리보다 더 선호하는 것으로 보이는 '의무'라는 언어가 너무도 자주 부적합한지의 이유다. 의무라는 언어의 위험은-심지어는 내가 지지하는 관대함generosity이라는 언어 역시도-의무의 출처를 우리 안에서 찾음으로써 우리가 동물을 대하는 방식에 하나님의 고유한 권리가 객관적으로 수

반된다는 것을 보지 못하게 한다는 점이다. 결론적으로 논쟁의 끝은 없으며, 우리의 학술적 입씨름에도 마음이 흔들리지 않는 사람이 없게 하기 위해 나는 심각한 위기에 처한 신학적 문제들을 되풀이해서 말하려고 한다. 해를 거듭할수록 나는 동물이 신학의 중요한 문제라고 생각하기에 설령 부차적인 문제라고 하더라도 동물은 신학 자체의 타당성을 시험하는 구성요소가 된다고 생각한다. 다른 곳에도 적었듯이,

> 참된 신학의 장래성은 항상 우리를 인간중심주의로부터, 즉 세계에 대한 순전히 인간적인 견해로부터 참으로 하나님 중심적인 견해로 해방시키는 것이다. 최상의 신학은 항상 세계에 대한 순전한 인간의 견해 이상을 주장해왔다. 동물 문제는, 일단 이해되기만 하면, 다름 아닌 기독교 신학의 타당성에 대한 핵심적인 평가기준이라는 것을 알게 될 것이다. 즉 그 문제는 인간이 아닌 다른 피조물들의 목적과 의미와 가치에 대해 중요한 이야기를 포함하는, 세계에 대한 하나의 객관적이고 하나님 중심적인 이야기를 제안한다는 신학적 주장들이 과연 참인지 거짓인지를 판가름하는 핵심적 시금석인 것이다. 다른 피조물들의 의미와 가치가 오직 인간과의 관계에서만 결정되어질 수 있다고 지속적으로 주장하는 것은 비신학적untheological이다. 때문에 동물에 대한 편견에 맞서는 것은 결코 세속적 유행을 따라잡기 위한 기독교 신학의 최신의 양보가 아니라 신학의 중심적 사명으로부터 도출된 명령인 것이다. 그것은 하나님께서 지으신 창조세계에 대해 정직하고 편파적이지 않은 설명을 제출하라는 명령이다.110)

---

110) Andrew Lizey, "Is Christianity Irremediably Speciesist?," Introduction to *Animals on the Agenda*, p. xvii.

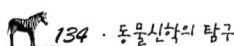

제6장
예수와 동물 - 한 다른 관점

> 앞서 언급했지만 동물신학에 대한 토론에서 예수의 동물에 대한 태도에 우리가 주목하기 시작한 것은 얼마되지 않았다. 우리에게는 정통 복음서들뿐만 아니라 보다 다른 관점을 제공하는 많은 외경들이 있다. 동물과 인간의 친족관계, 동물과 인간의 평화로운 삶, 그리고 동물에 대한 연민 어린 대우와 관련하여 깊은 관심을 드러내는 다섯 개의 본문들이 여기에 분석되어 있다. 중요한 것은 예수의 사역에 동물 세계가 포함된 것으로 나타나는, 예수의 어린 시절에 대한 묘사들이다. 나에게 'Animal Voice'라는 웹사이트 www.godandanimals.com/PAGES/edits/linsey.html에 글을 의뢰한 로라 모렛티 Laura Moretti가 없었다면 나는 이 분야를 연구하지 못했을 것이다. "초기 외경문학에서 예수와 동물"이라는 제목의 개정본은 *Modern Believing* 2007년 1월호에도 실렸다.

사람들은 보통 예수께서 동물에 대해 아무 말도 하지 않았으며, 기독교 사상은 동물 복지에 대해 무관심하거나 적대적일 것이라 생각한다.

하지만, 동물에 관한 한 기독교사상에는 오랜 전통이 있다. 1세기부터 8세기에 이르는 초기 기독교 외경 문학은 종종 예수와 동물의 관계에 대한 정통 복음서의 보도들을 발전시키고 윤색했다. '외경'外經이라는 용어는 몇 가지 설명이 필요하다. 잘 알려졌듯이, 초대 교회는 기독교 공동체에 권위 있는 것으로 여겨지는 문서들-복음서와 서신들-을 선택했다. 이 문서들이 구약성서와 함께 기독교 성서의 경전을 구성하는 신약성서로 알려져 있다. 이 과정에서 어떤 책들은 교리적으로 부적합하거나 확실히 이단적인 것으로 간주되었기에 배제되거나 무시되었다. 하지만, 상당한 양의 책들이 내용은 대체로 정통적이지만 다른 책들에 비해 덜 권위적인 것으로 간주되었다. 그러므로 '외경'이 반드시 비정통적이라거나 신뢰할 수 없는 것을 의미하지는 않는다. 그것은 단지 당시의 시대적 이해 속에서 다른 책들에 비해 덜 받아들여질 만 하다는 것을 의미한다.

초대 교회로부터 선택받지 못한 방대한 양의 기독교 문학이 있지만, 그럼에도 불구하고 그 문서들은 한때 기독교인들이 어떻게 생각하고 어떻게 느꼈는지에 대한 통찰을 제공한다는 점에서 흥미롭다. 이 내용의 상당한 부분들이 직간접적으로 동물과 관련이 있다. 나는 다음과 같이 예수와 동물의 관계를 다루는 다섯 개의 본문을 골라 이에 대한 신학적 해석을 제시해 볼 것이다.

1. 노새를 치유하신 예수 콥트교회 문서조각
2. 예수의 탄생으로 마비상태에 빠진 온 창조세계 야고보 위복음서
3. 예수께서 참새들을 창조하시다 도마의 유년기 복음서
4. 동물과 함께한 예수의 탄생 유사 마태복음서
5. 동물세계에 평화를 가져다주는 선구자 예수 유사 마태복음서

1. 노새를 치유하신 예수 콥트교회 문서조각

그 일은 주님이 도시를 떠나 제자들과 함께 산을 넘어 가실 때에 일어났다. 그들은 산에 당도했고, 올라가는 길은 경사져 있었다. 그곳에서 그들은 짐을 실은 노새와 함께 있는 한 남자를 발견했다. 하지만, 그 동물은 쓰러져 있었는데, 왜냐하면, 그 남자가 너무 무거운 짐을 지웠기 때문이었다. 그는 그 노새를 때렸고, 노새는 피를 흘리고 있었다. 예수께서 그 남자에게 다가가 말씀하셨다. "남자여, 왜 당신은 당신의 동물을 때리는가? 당신은 이 노새가 자신이 진 짐에 비해 너무 약하다는 것을 보지 못하는가? 당신은 이 동물이 고통에 괴로워하는 것을 알지 못하는가?" 그러자 이 남자는 대답하여 말했다. "그것이 당신과 무슨 상관입니까? 나는 내가 만족할 때까지 이놈을 때릴 수 있습니다. 왜냐하면, 이놈은 나의 재산으로, 큰돈을 주고 샀기 때문입니다. 당신과 함께 있는 사람들에게 물어보십시오, 그들이 나를 알고 이 사실에 대해 알 것입니다." 그러자 제자들 중 몇몇이 말했다. "그렇습니다, 주님, 그의 말이 맞습니다. 우리는 그가 노새를 어떻게 샀는지 보았습니다." 그러나 주님이 말씀하셨다. "그러면 너희들은 노새가 어떻게 피를 흘리는지 보지 못하고, 어떻게 신음하며 울부짖는지 듣지 못하느냐?" 그러자 그들이 대답하여 말했다. "아닙니다, 주님, 그놈은 신음하고 울부짖지만 우리는 듣지 않습니다." 그러자 예수께서는 슬퍼하며 외치셨다. "노새가 하늘에 계신 창조주께 하소연하며 자비를 구하며 우는 것에 귀 기울이지 못하는 너희들에게 화가 있으리라. 그러나 이 노새가 고통을 호소하며 울부짖게 만든 자에게는 세 배나 화가 있으리라." 그리고 예수께서는 그 동물에게 다가가서 손을 대셨다. 그러자 노새는 일어났고 상처는 치유되었다. 예수께서는 그 남자에게 말씀하셨다. "가라, 그리고 지금부터 다시는 노새를 때리지 마라, 그러면 너도 자비를 얻을 것이다."

예수께서 노새를 치유하시는 이 이야기가 정확하게 얼마나 오래되었는지, 그리고 정확한 출처가 어딘지 확인하는 것은 쉬운 일이 아니다. 위의 번역은 '콥틱성서' Coptic Bible라는 제목 아래 1903년에 뵈머J. Boehmer라는 학자가 독일어로 번역한 콥틱문서들 중에서 리처드 버캠Richard Bauckham이 영어로 번역한 것이다.111) 이 문서를 1957년에 번역한 적이 있던 로데릭 던컬리Roderick Dunkerley에 따르면, 이 내용은 '복음서의 정신'과 전적으로 일치한다. "왜냐하면 동물에 대한 친절은 대체로 초대 교회가 소홀히 했던 기독교적 박애의 모습이었기 때문에" 이 이야기는 "주목받지 못한 그러한 사건"112) 에 대해 설명할 수 있을지도 모른다.

버캠에 의하면 이 이야기는 자기가 진 짐 때문에 쓰러진 동물을 구하도록 명령하는 것출애굽기 23:4;신명기 22:4과 관계된 유대교의 법적 전통을 전제하고 있다. "그래서 이 이야기는 법을 해석함에 있어 사랑이 최우선적 원칙이라는 예수의 가르침이 정전으로 인정된 복음서들 안에 명백하게 드러나 있지 않음에 따라, 동물들과 또한 사람들에 대한 관심으로 확장되었던 유대-기독교의 근원으로 돌아간다고 볼 수 있다."113) 우리는 이 문서 자체가 진정한 역사적 기억을 담고 있으며, 따라서 예수의 생애에서 실제로 일어났던 사건과 관련되었을 가능성을 배제할 수 없다. 우리는 심지어 후대의 문서들이 훨씬 이전의 자료를 담고 있을 수 있다는 점

---

111) 리처드 버캠(Richard Bauckham)의 콥틱 문서 번역, "Jesus and Animals Ⅰ: What did He Teach?" in Andrew Linzey and Dorothy Yamamoto(eds), *Animals on the Agenda: Questions about Animals for Theology and Ethics* (London: SCM Press, and Chicago: University of Illinois Press, 1998), (Bauckham 이후), pp. 38-39; 또한 다음에서 인용, 논의되었다. Andrew Linzey and Dan Cohn-Sherbok, *After Noah: Animals and the Liberation of Theology* (London: Mowbray, now Continuum, 1987), p. 66f.
112) Roderick Dunkerley, *Beyond the Gospels* (London: Penguin Books, 1957), p. 143.
113) Bauckham, p. 39.

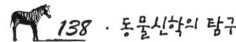

을 기억할 필요가 있다. 그렇다면 4세기 혹은 5세기의 것으로 추정되는 문서들이 우리가 생각하는 것보다 더 신뢰할만한 것일 수도 있는 것이다.

여기서 중요한 것은, 콥트교회에 보존된 이 파편조각이 고통당하는 동물들에 대한 돌봄으로 확장된 예수의 윤리를 초대 기독교인들이 알고 있었다는 것을 예증한다는 점이다. 관련된 동물이 울부짖으며 자신의 창조주에게 자비를 구한다는 것은 그 울음소리를 들으시는 하나님과 동물 사이에 고유한 관계가 있음을 암시한다. 그러나 예수의 소스라침과 꾸짖음을 가장 크게 불러온 것은 다름 아니라 그 피조물의 울부짖음을 듣고도 인간이 연민을 가지고 응답하지 않는다는 점이었다. 고통당하는 동물의 울음소리를 듣는 것에 분명히 실패한 사람들에 대한 예수의 꾸짖음에는 사실 무언가 현대세계와 관련된 예언자적 면이 있다. "아닙니다, 주님, 그놈은 신음하고 울부짖지만 우리는 듣지 않습니다"라는, 상황판단을 못하는 대답은 분명히 들었어야 할 사람들이 듣지 못할 때 '세배의 화'를 불러온다. 버캠이 지적하듯이, 예수의 태도는 "너희가 헤아리는 그 헤아림으로 너희가 헤아림을 받을 것"마태복음 7:2;누가복음 38이라는 보편적인 원칙뿐만이 아니라, "긍휼히 여기는 자는 복이 있나니 그들이 긍휼히 여김을 받을 것"마태복음 5:7이라는 산상수훈의 가르침의 전형적인 예가 된다.[114]

그러므로 이 이야기는 동물을 긍휼히 여기시고 나아가 그들의 고통을 치유하시는 분으로서의 예수를 확실하게 상상하도록 우리를 초대한다. 아마 던컬리의 말이 맞을 것이다. 그러한 생각은 너무 급진적인 것으로 여겨졌을 수도 있기에 왜 이 문서가 초기 단계에 버려졌는지 설명하는데 도움을 준다. 그럼에도 불구하고 이 메시지는 예수의 가르침과 사역의

---

114) Bauckham, p. 29.

다른 측면과 너무도 일치하기에 그 안에 담긴 명백한 진정성을 부인하기 어렵다. 이처럼 더욱 표용적인 예수의 사역을 문서들이-콥틱 및 다른 문서들이-혹 아직 번역도 되지 않은 채 비슷한 처지로 도서관에 파묻혀 있지는 않은지 우리는 궁금해지지 않을 수 없다.

2. 예수의 탄생으로 마비상태에 빠진 온 창조세계^{야고보 위복음서}

온 창조세계가 마비상태에 빠졌다는 이 복음서의 보도에 따르면, 요셉은 마구간이 아니라 마리아가 쉴 수 있는 동굴을 찾은 뒤 출산 직전의 아내를 돕기 위해 산파를 찾으러 가는 중이었다. 요셉은 자신이 걸어가는 도중에 이상한 일이 일어났다고 이렇게 상세히 전한다.

나 요셉은 걷고 있었으나 걷지 않았다. 나는 공중을 올려다보았고 경이로움 가운데 공중을 바라보았다. 그리고 창공이 가만히 있는 것과 새들이 움직임 없이 하늘에 있는 것을 보았다. 또 땅을 내려다보았는데, 거기서 접시가 놓여있었고 일꾼들이 [식사하기 위해 비스듬히] 누워있었다. 그들의 손은 접시 안에 있었다. 하지만, 씹는 사람들은 씹지 않았고, 들어 올린 사람들은 들어 올리지 않았으며, 자신의 입에 집어넣은 사람들은 아무 것도 그들의 입에 집어넣지 않았고, 단지 모두가 위를 쳐다보고 있었다. 그리고 보라. 양떼들을 몰고 가는데 양떼들은 앞으로 나아가지 않고 그 자리에 서 있었다. 그리고 양치기가 양떼들을 치려고 막대기를 들었는데 그 팔은 위로 든 채 고정되어 있었다. 나는 강물의 흐름을 보았는데 아이들이 물을 마시려고 강물에 입을 대었으나 마시지 않았다. 이

읏고 갑자기 모든 것이 본래대로 돌아가기 시작했다.[115]

예수의 탄생이 온 창조질서에 얼마나 큰 영향을 미치는가를 설명하기 위해 저자가 노력하고 있다는 것을 헤아리기 전에는, 이렇게 신기한 경험이 담는 본문의 의미를 첫눈에 분명히 파악하긴 어려울 것이다. 이러한 시적인 표현이 드러내는 진리는 예수의 탄생 사건이 살아있는 모든 것들을 위한 우주적 중요성을 갖고 있다는 것이다. 말하자면 지구는 인간의 모습으로 오시는 자신의 구원자를 맞이하기 위해 조용히 멈춰서 있는 것이다. 물론 자연의 기적들은 신약성서에도 많이 나와 있다. 그 기적들은 예수께서 십자가에 달리셨을 때 땅이 진동하고 해가 빛을 잃은 일과 분명한 유사점을 가지고 있다. 예를 들어 마태복음은 예수의 죽음으로 땅이 진동하고 무덤이 열리는 것을 포함하여 이상한 사건들을 동반되었음을 보도한다. 마태복음 27:51~3

J.K. 엘리엇J. K. Elliott에 의하면, 야고보 위僞복음서는 가장 영향력 있는 외경들 중의 하나다. 이 복음서는 2세기 후반부터 존재했다고 하나, 다시 말하건대, 이 복음서는 추정보다 훨씬 이전에 지어졌거나 혹은 최소한 추정시기 보다 더 이전의 자료층을 담고 있다.[116] 창조에 대한 관심은 많은 외경들이 가지는 전형적인 특징인데, 이러한 특징은 마리아의 어머니인 안나Anna의 노래에 서정적으로 표현되어 있다. 안나는 자신이 아기를 낳지 못함을 피조된 지구의 비옥함에 특히 다른 피조물들과 비교한다.

---

115) The Protoevangelium of James, para 18:1, in J. K. Elliott (ed.), *The Apocryphal New Testament: A Collection of Apocryphal Christian Literature in an English Translation based on M. R. James* (Oxford: The Clarendon Press, 1993), p. 64.

116) Elliott, p. 49.

아 슬프다, 나는 무엇에 비길 수 있는가?

하늘의 새들에 비길 수가 없구나,

하늘의 새들조차도 당신 앞에서 다산입니다. 오, 주님.

아 슬프다, 나는 무엇에 비길 수 있는가?

땅의 짐승들만도 못하구나,

땅의 짐승들조차도 당신 앞에서 다산입니다. 오, 주님.

나는 이 땅에 비길 수 없구나,

땅도 계절마다 열매를 맺고 당신을 찬양합니다. 오, 주님.117)

  이 노래는 다산이 살아있는 모든 피조물에게 주신 하나님의 선물이라고 경축한다. 그러면서 인간이 아닌 피조물들 안에서 하나님의 목적이 완전히 성취되는 것과 그녀 자신의 초라한 위치를 대비시킨다. 다산과 풍작은 정의와 관련되기 때문에(시편 1:1~6을 보라), 이 노래의 함의는 인간이 아닌 피조물이 하나님의 뜻을 반영하고 또한 그녀가 받지 못한 방법으로 하나님의 축복을 받았다는 것이다. 이 노래 자체는 안나의 '참새 둥지'118) 에 대한 관찰에서 시작되고 피조물들이 그들의 창조주를 찬양하는 것을 강조하는 것으로 끝맺는다. 이것은 아름다운 '땅의 노래'이며, 따라서 아기 예수에 대한 이야기를 통해 하나님이 육체가 되신 신비를 말하려는 복음서 안에 들어가기에 전적으로 적합하다.

---

117) Song of Anna, para 3:1, Elliott, p. 58.
118) Elliott, p. 58.

3. 예수께서 참새들을 창조하시다 도마의 유년기 복음서

소년 예수가 다섯 살이 되었을 때, 그는 시냇물이 교차하는 지점에서 놀고 있었다. 그 아이는 흐르는 물을 웅덩이로 모으더니 한 마디 명령으로 그 물을 즉시 깨끗하게 만들었다. 부드러운 진흙을 만든 다음 그 아이는 그것으로 열두 마리 참새를 반죽하여 만들었다. 그 아이가 이 일들을 했을 때는 안식일이었다. 그와 함께 노는 다른 많은 아이들이 있었다. 어떤 유대인이 안식일에 예수가 놀면서 한 일을 보고서, 곧바로 예수의 아버지 요셉을 찾아가 "보라, 당신의 아이가 시냇가에 있다. 그가 진흙을 반죽해 열두 참새들을 만들고 안식일을 모독했다"고 말했다. 요셉이 그 장소에 가서 예수를 보고 소리쳐 말했다. "왜 안식일에 하면 안 되는 일을 하였느냐?" 그러자 예수는 손뼉을 치면서 그 참새들에게 크게 외쳤다. "가라!" 참새들은 짹짹 소리를 내며 날아갔다. 이것을 본 유대인들은 놀랐고 그들의 지도자들에게 자신이 본대로 예수가 한 일을 고했다.[119]

도마의 유년기 복음서는 12살까지의 예수의 어린 시절에 관한 기사의 공백들을 메울 수 있다. 다시 말하면, 이 본문이 쓰인 날짜는 부정확하지만, 종종 15세기경으로 추정된다. J.K. 엘리엇은 "이 이야기에서 신학적 가르침은 극히 적으며, 이 이야기의 주요 취지는 예수의 기적적인 힘들을 노골적이고 자극적인 방식으로 강조하려는 데 있다"고 주장한다.[120] 그러나 여기에 보도된 사건들은 정통 복음서에서 단지 완곡하게만 발견될 수 있었던 예수와 동물 사이의 친밀함, 나아가 동료의식을 우리에게 전해준다.

---

119) The Infancy Gospel of Thomas, para 2:1 (Greek A version) in Elliott, pp. 75-76.
120) Elliott, p. 68.

예를 들어, 위의 본문에서 예수는 참새를 만든 신기한 창조자로 묘사된다. 그는 안식일에 일하는 것을 금지하는 유대법을 위반하고 참새를 흙으로 만드신다. 이 이야기는 정전이 된 복음서에서 발견되는 두 다른 사건들과 공명한다. 첫 번째는 참새들—그리스어 '스트로우티아'strouthia 로서 '작은 새들'—도 하나님께서 잊지 않으신다는 이야기이고누가복음 12:6~7, 두 번째는 예수께서 "안식일에 선을 행하는 것은 정당하다"며 열거하신 원칙에 관한 것으로, 여기에는 구덩이에 빠진 동물까지 긍휼히 여기는 것을 함축한다.마태복음 12:10~12를 보라

도마의 유년기 복음서에 있는 이야기와 연결해 보았을 때 다음과 같은 해석이 가능하다. 하나님은 모든 생명의 창조주이시고 예수께서는 창조 세계 안에 계신 하나님의 대리인이시라는 점이다. 차후에 도마복음서가 예수를 "세상이 창조되기 훨씬 이전에 하나님께로부터 나신begotten"7:1항 분이라고 명확히 밝히는 것처럼 말이다. 창조주가 다른 존재들의 창조를 기뻐하시기 때문에, 예수의 어릴 적 행동은 그의 아버지가 하시는 창조라는 고유한 일을 적극적으로 따라하는 것이다. 창조라는 이러한 신적일 일은 매일—심지어 안식일에도—계속되며, 당대의 어떤 종교적 율법들에 대한 해석에 우선한다. 예수의 참새 창조는 모든 것의 아버지이자 창조주이신 분과의 특별한 관계를 강조할 뿐만 아니라, 구체적인 창조자로서 모든 존재와 똑같이 땅의 먼지 또는 진흙로 만들어진 '작은 새들'과의 친밀함을 보여준다. 실로 창세기 2장 7절과의 유사점을 우리는 여기서 놓칠 수 없다. 성부 하나님이 땅의 흙으로 사람을 창조하시고 그에게 생기를 불어넣으시는 것처럼, 이 이야기에서 예수도 흙으로 참새를 창조하시고 마찬가지로 그들에게 생기를 불어넣으신다는 점이다.

J.K. 엘리엇은 "예수의 어릴 적 이야기들은 발전과정에 있던 구전口傳

전통이 역사의 다양한 지점에서 문서로 요약되는 것을 나타낸다"[121] 고 말한다. 이 이야기가 실제 예수의 삶의 시간으로 돌아가는지의 여부는 논란의 여지가 있으며 아마도 증명할 수는 없을 것이다. 하지만, 중요한 점은 다른 피조물들의 삶에 대한 예수의 관심이 그의 어린 시절에 대한 이야기의 일관된 주제로 나타난다는 점이다. 같은 복음서에서, 다른 사건들이 이러한 관점을 뒷받침하고 있다. 예수는 그의 동생 야고보가 독사에 물린 것을 치유하고, 죽은 물고기가 다시 살아나도록 숨을 불어넣으시며, 장난스런 기분으로 열두 참새들이 그의 선생의 가르침에 끼어들도록 했다고 전해진다.[122]

4. 동물과 함께한 예수의 탄생 유사 마태복음서

그리고 우리 주 예수 그리스도가 탄생하신지 삼 일째 되던 날, 마리아가 동굴에서 나와서 마구간으로 들어가 그 아이를 구유에 눕히자 황소와 당나귀가 그에게 경배했다. 그럼으로써 예언자 이사야가 말한 것이 성취되었다. "황소는 그의 주인을 알고 당나귀는 그 주인의 구유를 안다." 그리하여 그 동물들, 황소와 당나귀가 그들 가운데 계신 예수와 함께 있으면서 그분께 끊임없이 경배했다. 이로써 다음과 같은 예언자 하박국이 말한 것이 성취되었다. "두 동물들 사이에서 당신은 나타나실 것입니다." 요셉은 삼 일 간 마리아와 함께 같은 장소에 머물렀다.[123]

예수께서 동물이 있는 마구간에서 태어나셨다거나 위의 유사 마태복

---

121) Elliott, p. 69.
122) 다음을 보라. Elliott, paras 16:1 (Greek A), 1 (Latin), 2 (Latin), pp. 79-83.
123) The Gospel of Pseudo-Matthew, para 14, in Elliott, p. 94.

음서가 말하는 것처럼 태어나신 다음에 마구간으로 옮겨지셨다는 전승은 매우 잘 알려져 있어서, 대부분의 사람들은 이 전승이 정통 복음서들에 실려 있을 것이라고 추측한다. 하지만, 동물이 특정하게 언급되는 것은 오직 유사 마태복음서 뿐이다. 동물의 존재는 정통 복음서의 이야기들에서 단지 가정되었을 뿐이다. 마구간은 누가복음 2장 7절 이후에 구체적으로 언급되어 있다. 그러나 동물의 존재가 가진 신학적 의미는 유사 마태복음서에 나타난다. 즉 그들은 아기 그리스도를 맞이하고, 히브리 성서를 따라, 구체적으로는 이사야서 1장 3절과 하박국 3장 2절을 따라 경배하도록 되어 있는 것이다.

J.K. 엘리엇에 따르면, 비록 유사 마태복음서는 중세시대 대중적인 복음서였지만, 예수의 탄생에 동물들이 함께 했다는 전승은 그보다 오래되었을 것이다. 빌헬름 슈니멜허Wilhelm Schneemelcher는 황소와 당나귀가 4세기와 5세기의 석관과 5세기와 6세기의 상아 조각품 위에 등장한다는 사실을 보고한다.[124] 유사 마태복음서는 8세기나 9세기에 라틴어로 편집되었던 것이 분명하며, 아마도 전승을 윤색한 것이거나, 상상컨대 더 오래되었지만 후대에 무시되었던 초창기 본래 이야기를 담고 있을 수 있다. 어느 쪽이든 이 이야기는 동물이 예수의 탄생 바로 그 시작에 함께 했다는 생각과, 위경의 자료 다른 곳에서도 발견되지만 동물들이 아기 그리스도의 탄생을 예고하지는 않았더라도 아기 그리스도 예배에 참여하였다는 통찰에 대한 인상적인 증언이라 할 것이다.

실로 이 주제는 더욱 극적인 이야기들을 담는 다음의 본문으로 이어진다. 또 다른 동굴에 다다라서, 마리아와 요셉과 그들의 아이들은 용과 마주치고 다른 아이들은 모두 도망치지만 예수는 두려워하지 않았으며 용

---

124) Wilhelm Schneemelcher (ed.), edited and tr. by R. McL. Wilson, *New Testament Apocrypha, 1: Gospels and Related Writings* (Cambridge: James Clarke, and Louisville, Kentucky: Westminster John Knox Press, 1991), p. 65.

들이 그를 경배했다는 것이다. 예수는 아무도 해치지 않도록 용들을 타이르며 무서워 떠는 그의 부모에게 말한다. "두려워하지 마세요. 그리고 나를 아이로 여기지 마세요, 저는 지금 그리고 언제나 완전합니다. 숲의 모든 짐승들은 제 앞에서 온순할 것입니다."[125] 이 사건은 분명히 시편 148편 7절의 예언을 성취시킨다. 거기에 주님은 "땅과 용들과 너희 모든 깊은 바다로부터" 찬양받으신다고 예언되어 있다.

5. 동물세계에 평화를 가져다주시는 선구자 예수 유사 마태복음서

사자들과 흑표범들과 다른 동물들이 사막으로 들어가는 아기 예수의 가족과 동행한다. 그 동물들은 "그들에게 길을 보여주고 머리 숙여 절하며," "꼬리를 흔들면서 자신들의 순종"을 알리고, 또한 "커다란 경외심으로" 예수를 경배한다.

처음에 마리아가 그들을 둘러싸는 사자들과 흑표범들과 여러 야생 짐승들을 보았을 때 그녀는 큰 두려움을 느꼈다. 그러나 아기 예수는 그녀의 얼굴을 기쁜 표정으로 바라보면서 말했다. "무서워하지 마세요, 어머니. 저들은 어머니를 해치려고 오는 것이 아니라 어머니와 저를 서둘러 섬기려고 오는 겁니다." 이 말과 함께 예수는 그녀의 마음속에 있는 모든 두려움을 몰아냈다. 사자들은 그들과 함께 계속 걸었고, 그들의 짐을 옮기는 짐승들과 황소들, 당나귀들과도 함께 걸었다. 이들과 함께 있었음에도 불구하고 사자들은 이 중 단 하나도 해치지 않았다. 사자들은 그들이 유대로부터 함께 있다가 데려온 양들 사이에서 온순했다. 양들은 늑대

---
125) Elliott, p. 95.

들 사이를 걸었으며 아무것도 무서워하지 않았다. 그리고 그들 중 어느 하나도 다른 동물에 의해 다치지 않았다. 그래서 "이리와 어린 양이 함께 먹을 것이며 사자가 소처럼 짚을 먹을 것이며"라는 예언자의 말이 성취되었다.[126]

마지막 문장, 즉 하나님께서 땅을 회복시키시고 모든 피조물 사이에 평화를 이루실 것이라는 이사야서 65장 25절의 대한 언급은 이사야 11:1~9에도 나타난다. 마가복음 1장 13절에서 예수께서 들짐승들과 함께 광야에서 평화롭게 공존하는 메시아적 주제를 분명히 표현한다. 메시아가 창조세계에 평화를 가져올 것이라는 믿음이 어떻게 기독교의 이야기 역사 속에 지속적으로 전해져 왔는가가 놀라운 일일 따름이다. 이 이야기에 묘사된 사건들이 실제로 일어났는가의 여부는 부차적인 것이다. 핵심은 기독교인들이 예수의 사역과 삶을 숙고할 때 이사야서에 나타난 예언들이 예수의 사역과 삶 안에서 성취되어 모든 피조세계에 평화가 실현될 것을 확신했다는 점이다. 이 이야기에서 두려움과 폭력이 어떻게 극복되고 있는지 주목해보라. 인간이 야생 포식자들로부터 공격당할 것을 두려워하는 상황 속에서 살고 있었다는 것을 감안하면 이 이야기는 더욱 놀랍다. 예수의 영향력으로 야생동물들이 인간에게 해를 가하거나 위협을 주기는커녕 이웃한 사람들과 동료 생물종들과 함께 새로운 차원의 평화로움으로 해방되어 조화롭고 비폭력적인 공존의 삶을 창조한다.

또한 눈여겨 볼 것은, 이전 단락에서 "저는 지금도 완벽하고 또 항상 그래왔어요. 그리고 숲의 모든 짐승들은 제 앞에서 온순할 겁니다"라고 한 예수의 선언이다. 처음 읽으면 이 말 속에 담겨 있는 완전함과 친밀함 사이의 연결고리가 분명히 보이지 않을 수 있다. 이 둘의 연관성은 오직

---

126) Elliott, p. 95.

메시아적 예언의 맥락에서만 의미가 통한다. 하나님께서 땅을 새롭게 하기 위해 보내신 메시아는 '완전' 하시기에 심지어 그리고 특별히 야생짐승들이 알아보는 것이다. 사람들과 달리 야생짐승들은 진정한 자비심을 가지고 땅을 치유하며 모두를 평화로운 왕국으로 인도하실 그 분의 권위를 알아본다. 이러한 생각은 다음에 이어지는 이야기에서 더욱 분명히 뒷받침되는데, 8살의 어린 예수가 사자와 맞닥뜨리는 이 이야기는 끝까지 읽어볼 가치가 있다.

> 요르단 강둑 근처의 길가에, 암사자가 새끼들을 돌보는 동굴이 하나 있었다. 그래서 아무도 그 길을 가는 데 안전하지 못했다. 여리고에서 오신 예수는, 암사자가 동굴에 자기 새끼들을 데리고 있는 것을 알고 모든 사람들이 보는 앞에서 그곳으로 들어가셨다. 사자들이 예수를 보았을 때, 그들은 그를 맞이하기 위해 달려 나왔고, 그를 경배했다. 예수는 동굴 안에 앉아계셨고 아기 사자들은 그의 발 주변을 맴돌며 애교를 부리고 그와 놀았다. 나이든 사자들은 머리를 숙이고 절한 채로 좀 떨어져 서서 그를 경배하며 꼬리를 흔들었다. 멀리 서 있었던 사람들과 예수를 보지 못한 사람들은 말했다. "그 또는 그의 부모가 극심한 죄를 지었지 않고서야, 이렇게 자진해서 자신을 사자들에게 내어놓았을 리가 없지 않은가." 사람들이 이렇게 생각하며 큰 슬픔에 잠겨 있을 때, 보라, 갑자기 그 사람들의 눈에 예수가 동굴에서 나왔고 사자들이 그의 앞으로 다가갔으며 아기 사자들이 그의 발 앞에서 뛰어 놀았다. 예수의 부모는 머리를 숙인 채로 멀리 서서 보았다. 마찬가지로 사람들 또한 사자들 때문에 떨어져 서 있었는데, 그들은 사자들에게 가까이 갈 엄두도 내지 못했다. 그러자 예수께서 사람들에게 말씀하기 시작했다. "짐승들은 당신들보다 얼마나 더 나은가. 그들이 자신들의 주를 알아보고 그를 찬미하는구나. 반면에

너희 사람들, 하나님의 형상으로 지음 받은 너희 사람들은 그를 알지 못하는구나! 짐승들은 나를 알고 온순하다. 사람들은 나를 보지만 알아보지 못한다."

이 일들이 있은 후 예수는 모든 사람들이 보는 앞에서 사자들과 함께 요르단 강을 건너셨다. 그러자 요르단 강물이 오른쪽과 왼쪽으로 갈라졌다. 그 때 그는 모두가 들을 수 있도록 사자들에게 이렇게 말씀하셨다. "평화롭게 가라, 그리고 아무도 해치지 마라. 너희가 왔던 그 장소로 돌아갈 때까지, 사람이 너희를 해하지 못하도록 하겠다." 사자들은 소리뿐만 아니라 몸짓으로 그에게 작별을 고했고 그들의 장소로 돌아갔다. 그리고 예수는 그의 어머니에게 돌아왔다.[127]

사람과 비교하여, 예수를 알아보고 그에게 경배한 동물의 우월성은 이 이야기들이 퍼진 맥락을 감안할 때 이례적인 발상이다. 어쨌거나 인간이 하나님의 형상으로 지음 받았기 때문에 동물보다 우월하다는 것이 기독교사상의 전 역사에 걸쳐 일반적인 관점이 아니었던가. 그럼에도 불구하고 우리는 여기에 수 세기 동안은 아니더라도 수 십 년 동안 기독교 신자들의 공동체 안에 유포된 이야기, 즉 동물들이 인간을 능가하는 영적 능력을 가지고 있다는 생각을 표현하는 예수의 이야기를 갖고 있는 것이다.

이러한 견해가 나오게 된 한 가지 가능한 출처는 아마도 인간은 죄인인 반면 동물은 도덕적 행위자moral agent가 아니기 때문에 죄를 짓지 않는다는 깨달음에서 비롯되었을 것이다. 기독교 신학에 따르면, 오직 인간만이 도덕적으로 책임을 진다. 왜냐하면, 그들은 자유의지를 갖고 있지만, 동물은 그것을 갖고 있지 않기 때문이다. 그런데 이러한 일련의 생각

---

127) Elliott, pp. 97-98.

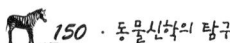

이 이르게 되는 논리적 결론은, 동물은 죄를 짓지 않기 때문에 하나님께서 의도하신 자연적 축복의 상태에 인간보다 더 가까이 있어야 한다는 것이다. 그들의 삶은 죄로 손상되지 않았기 때문에 그들은 사람들과 달리 본래의 무구함을 가지는 것이다.

이러한 견해는 예수라는 분이 동물의 세계에 평화를 가져온다는 생각과 자연스럽게 조화를 이룬다. 예수의 명령은 분명하다. "평화롭게 가라, 그리고 아무도 해치지 마라.…어느 사람도 너희를 해하지 못하도록 하겠다." 이 이야기의 중요성은 단지 예수와 동물 사이가 부모-자식 관계에 있다는 것이 아니라, 명확하게 하나님이 태초에 의도하셨던 평화로운 공존이라는 본래의 비전이 예수의 현존을 통해 마침내 실현된다는 데에 있다. 동물은 죄가 없기 때문에 낙원의 순수함이라는 본래의 상태로 기쁘게 창조세계를 되돌리시는 예수의 현존을 예시할 수 있고 또 응답할 수 있다. 그렇다면 설사 이 이야기가 상상이나 윤색의 결과물이라 하더라도, 이 이야기 배후에 있는 신학은 진실로 성서적이고 정통적이다. 저자는 정통 복음서들에 암시만 되어 있던 동물과의 친족관계와 평화에 대한 주제들을 명확한 언어로 표현하고 있는 것이다. 흥미로운 것은, 동물과의 관계에 우정이 있을 수 있다는 생각 자체가 성 토마스 아퀴나스St. Thomas Aquinas와 같은 스콜라 신학자들에 의해 비웃음을 사던 시기에, 이 유사 마태복음서가 크게 대중적 인기를 누리며 평화와 구원에 대한 보다 포용적이고 동물 친화적인 비전을 존속시켰다는 점이다. 내가 다른 곳에서도 제안했듯이,[128] 성인聖人들 특히 아시시의 성 프란체스코의 삶은 스

---

128) 우리가 어떻게 "비이성적인 피조물들과의 우정을 가질 수 없는지"에 관한 아퀴나스의 입장은 다음을 보라. *The Summa Theologica* of St. Thomas Aquinas, translated by Father of the English Dominican Province (New York: Benzinger Bros, 1918), Part 1, Questions 6.41 and 65.3. 다음에서 발췌하였다. Andrew Linzey and P.A.B. Clarke (eds), *Animal Rights: A Historical Anthology* (New York: Columbia University Press, 2005), pp. 102-105. 아시시의 성 프란체스코를 성 토마스와 비교하는 논의는 다음을 보라. Andrew Linzey and Ara Barsam, "St. Francis of Assisi" in Joy A. Palmer (ed.), *Fifty Key Thinkers on the Environment* (London and New

콜라 신학자들의 삶에 대한 대안적인 전통을 대표한다.

전반적으로 이 문서들이 보여주는 것은 동물에 대한 흥미와 관심이 교회의 역사 처음에 기독교적 사유와 상상의 주제로 남아있었다는 점이다. 많은 주석자들의 주장과 달리, 이 본문들은 상당한 신학적 가치와 통찰력들을 담고 있다. 윌리엄 모리스William Morrice와 같은 학자들이 도마의 유년기 복음서가 "빈약한 역사적 혹은 신학적 가치"[129]를 가지는 것처럼 간단히 결론을 내리고 있지만 이는 정말이지 학자로서 적절치 못한 일이다. 그 복음서들의 역사적 가치가 진정으로 무엇인가는 현재 최소한 정확하게 확정할 수는 없다. 어떤 것들은 완전히 전설적이다. 어떤 것들은 진정한 역사적 기억을 담고 있다. 어떤 것들은 예수의 죽음 이후 복잡하게 전개된 삼 내지 사 세기 동안의 기독교 역사를 이해하는데 결정적인 단서를 제공하는 것들로 언젠가 판명될 수도 있다. 나는 그것들이 가진 역사적 가치에 훨씬 더 긍정적인-그리고 바라건대 더 열린-평가를 내리고 싶다. 그런데 이 문서들이 가진 역사적 가치와는 별개로, 지금처럼 특별히 동물에 대한 인간의 윤리적 태도에 대한 토론이 점점 더 큰 화제가 되는 이 시기에 그것들이 가진 신학적 가치는 결코 과소평가되어서는 안 될 것이다.

종종 기독교 사상은 동물에 대해 무관심하거나 적대적이었을 것으로 가정된다. 그러한 견해를 지지할 증거들은 아주 많다. 하지만, 이 문서들과 다른 많은 문서들도 초대 교회 역사의 중요한 시기를 가로지르며 다양한 시대와 다양한 교파 기독교인들에 의해 지속적으로 표출된 관심에 대한 증언들이라고 해야 할 것이다. 그리고 이런 관심과 성찰의 상당량

York: Routledge, 2001), pp. 22-27.
129) William Morrice, *Hidden Sayings of Jesus: Words Attributed to Jesus Outside the Four Gospels* (London: SPCK, 1997) p. 143. 진위를 결정하는 모리스의 기준은 나를 전적으로 주관적이고 논점을 회피하는 자로 만든다, pp. 17-23.

은 우리 시대를 포함하여 다른 많은 시기와 비교해 볼 때 놀랍도록 긍정적이었으며 윤리적으로 계몽적이었다. 최근 한 평론가는, "동물에 대해 이야기한다는 것의 근본적 메시지는 그 이야기를 듣는 사람들로 하여금 최소한 이 동물들에 의해 표현된 신적인 것the divine에 존엄성과 민감성을 표현하라고 요청하는 것이라고 생각할 수 있으며," 독자들은 "그것이 인간이든 동물이든 하나님을 떠나서는 생명이 없다"130) 는 것을 확언하도록 요청받는 것이라고 썼다. 그와 같은 연결성에 대한 이해, 나아가 영적 교섭과 친교에 대한 이해는 여전히 우리 앞에 신학적 인식과 윤리적 실천을 기다리는 영적 성찰의 요소다.

---

130) Christopher R. Matthews, "Articulate Animals: A Multivalent Motif in the Apocryphal Acts of the Apostles," in Francois Bovon, Ann Graham Brock, and Christopher R. Matthews (eds), *The Apocryphal Acts of the Apostles*, Harvard Divinity School Studies (Cambridge: Harvard University Press, 1999), p. 232. 매튜는 사도행전 외경이 "그들을[동물을] 인간 구원에 사로잡혀 있는 것으로 보는 초기 기독교 낙관주의의 어떤 실마리"를 기술한다고 말하고 있다(p. 205). 하지만, 나 역시 어떤 종류의 도구주의적 관점이 있다 해도 사도행전 외경이 또한 동물과 인간 둘의 구원에 대한 포용적인 비전을 제공하고 있다고 덧붙이고 싶다.

제1장
초기 중국 기독교에서의 동물과 채식주의

2004년에 중국정법대학교China University of Politics and Law 출판부의 맹핑Mang Ping 교수는 나의 책 『동물복음』을 중국어로 출판할 수 있게 허락해달라고 요청해왔다. 물론 나는 그런 기회가 주어진 것에 무척 기뻤고, 중국 독자들을 위해 새로운 서문을 써주겠다고 약속했다. 몇 달 동안 나는 동물권이라는 개념을 상당히 이질적으로 받아들일, 완전히 새로운 독자들에게 동물에 대한 기독교적 관심을 어떻게 설명할까 곰곰이 생각했다. 그런데 걱정할 필요가 없었다. 왜냐하면, 중국인들은 이미 그 문제를 다루고 있었기 때문이다. 그들은 이미 생명에 대한 경외에 관해 남다르고 놀라운 전통을 가지고 있었다. 이것은 하찮게 여겨지고 침묵 당해 온 동물을 위한 연민의 외침과 운동의 한 예일 뿐이다. 서문은 2005년 『동물복음』의 중국어 번역본에 실렸고, 영문판은 한국의 「마당」Madang지 제4호2005년 12월에 실렸다. 「마당」은 동아시아에서 상황신학을 다루는 국제적 학술지로, 한국의 진보적인 신학자 협의회에 의해 출판되고 있다. 아래의 글은 이 학술지에 게재한 글을 여기에 맞게 개정한 것이다.

1.

지난 30년 동안 우리가 동물을 어떻게 다루어야 하는지에 대해 특히 '동물권'에 대한 치열한 철학적 논쟁이 있었다. 첫눈에 동물에 대한 관심은 서구로부터 수입된 것, 아마도 심지어는 종종 동물에 대한 감상주의에 시달리는 것으로 나쁘게 특징지어지는 근대적, 압도적으로 서구적 사고에 대한 양보로 비쳐질 것이다. 이해는 되지만 이러한 반응은 매우 잘못된 것이다.

다음을 고려해보라. 중국 시안Xian, 西安에 있는 옛 유교 사원에는 네스토리우스 교파의 석비라고 편향적으로 혹은 잘못 알려진, 본래 서기 781년에 세워진 돌기둥이 하나 있다. 이것은 당나라 때 중국을 처음 방문한 알루오벤Aluoben이라는 수사에 의해 전해진, '빛의 종교'Religion of Light라 불렸던 한 고대 종교의 이야기를 담고 있다. 이 돌기둥에는 황제가 이 새로운 가르침에 접했을 때 어떻게 이 종교의 '신비롭고 불가사의한' 가치에 매료되었는지, 그리고 왜 다퀸Da Qin, 大秦 지방에 알루오벤이 수도원을 짓는 것을 허락했는지가 기록되어 있다.

이 석비는 이 새로운 종교에 관해서 이렇게 적고 있다. "신비를 통찰하는 것, 선한 양심으로 축복하는 것, 위대해지지만 비우는 것, 고요함으로 돌아가 너그러워지는 것, 연민어린 마음을 갖는 것…사물의 본성을 이해하도록 돕는 것, 순수함을 유지하는 것, 모든 것을 풍요롭게 하는 것, 모든 생명을 존중하는 것, 그리고 마음으로 깊은 곳부터 온 믿음의 요구에 응답하는 것–이것들이 빛의 종교 교회가 제공할 수 있는 것들이다." 첫눈에는 이러한 열망이 불교적이거나 도교적으로 보일 수 있으나 돌기둥은 계속 이렇게 기록한다.

태초의 공허의 참된 주님은 절대적 고요와 변함없는 자연스러움 속에서 모든 것을 만드시고 풍요롭게 하셨다. 그는 땅을 들어 올리시고 하늘을 세우셨다. 그는 사람의 형상을 취하셨으며 그의 긍휼하심은 한이 없었다. 해는 떠오른다. 어둠은 사라진다. 우리는 진정한 경이로움의 증인이다. 131)

"참된 주님은…사람의 형상을 취하셨고"의 언급은 확실히 틀림없이 기독교적이다. 그래서 이 '빛의 종교'가 본래 기독교 신앙이었으며, 수사 알루오벤과 그의 추종자들은 초기 기독교 선교사들이었다는 결론을 우리는 내리지 않을 수 없게 된다.

다음을 더 고려해보라. 수사들이 처음 정착했던 다퀸 지방에는 7세기로 거슬러 올라가는 탑을 하나 발견할 수 있는데, 이 탑에는 놀랍게도 초기 기독교 예배의 흔적을 간직하고 있다. 중국 정부의 지원으로 1999년에 발굴된 이 탑의 두 번째 층에는 동정녀 마리아가 기대고 서 있는, 8세기에서 9세기의 예수탄생 조각의 잔여물이 있는데, 이는 당시 러시아 성상icon에도 종종 묘사되었던 모습이다. 보기 드물게 이 탑의 가운데뜰은 보통 북에서 남으로 뻗어 있는 불교나 도교의 사원들과 달리-모든 기독교 교회가 그런 것처럼-동에서 서로 뻗어있다.

더 나아가 다음을 고려해보라. 지금 유명해진 둔황Dunhuang, 敦煌 동굴에서는, 20세기의 첫 10년 동안 많은 고대 필사본들이 발견되었다. 불행히도 그 필사본들은 서구인들에 의해 상당수가 약탈당하고 개인 수집가들에게 팔려나갔다. 불교와 도교의 필사본 중 일부는 분명히 기독교의 필사본들이 끼어 있었는데, 이들은 나중에 "예수 경전"Jesus Sutra라고 불리게 되었다. 이 중 제2경전, 즉 세계가 경의를 표한 분의 경전Sutra of the World

---

131) Martin Palmer, *The Jesus Sutras: Rediscovering the Lost Religion of Taoist Christianity* (London: Piatkus Publishing, 2001), verses 3:54-55 and 3:70-73, p. 223.

Honored One은 "641년 전에 일어난 물리적 현현 [즉, 그리스도의 탄생] 이후에"[132] 씌어졌다는 것을 말해주는데, 이는 필사본이 쓰인 시기가 7세기 알루오벤 수사의 방문 시기와 밀접한 것으로 추정하게 한다. 이 경전은 하나님이 심지어 참새도 돌보신다는 친숙한 복음의 생각에 공명한다. 그리고 두 번째의 경전, 즉 원인과 결과와 구원에 대한 경전Sutra of Cause and Effect and Salvation은 어떻게 "한 성스러운 영이 모든 생명을 긍휼히 보살피는지"[133]에 관해 말하고 있다.

제4경전, 즉 예수 그리스도 경전Sutra of Jesus Christ의 다섯 번째 '계약' 혹은 명령은 "살아있는 어떤 존재도 살아 있는 다른 존재의 생명을 취해서는 안 될 뿐 아니라 다른 이들도 그렇게 하도록 가르쳐야 한다"고 규정하고 있다. 다시 말하면, 경전의 어딘가 다른 부분에서는 말하듯이, "하나님은 살아있는 모든 것들을 보호하신다. 살아있는 모든 것들이 그렇게 살아있는 것은 이 결과이다. 제사 때문에라도 생명을 취하는 것은 금지된다. 왜냐하면, 이 가르침은 그 어떤 생명도 취하는 것을 금하기 때문이다."[134] 여기서 세례 요한은 채식주의자로 묘사된다. "[그는] 광야에서 살았고, 태어날 때부터 고기를 먹지 않았으며, 포도주도 마시지 않았고, 대신에 광야에서 얻은 채소와 꿀을 먹고 살았다."[135] 예수의 죽음의 의미는 보편적인 용어들로 묘사된다. "메시아는 살아있는 모든 것을 위하여 자신의 몸을 사악한 자들에게 넘기셨다…긍휼히 여기심 때문에 그는 그의 생명을 내어놓으셨다." 그리고 놀랍게도 부활 전날 예수께서 십자가에 달리셨을 때를 "여섯 번째 정화 및 채식의 날"[136]로 묘사하고 있다.

이 이야기와 예수 경전의 번역에 있어서 나는 중국 연구가 마틴 파머

---

132) Palmer, 7:34, p. 67.
133) Palmer, 1:11, p. 139.
134) Palmer, 4:20, p. 164.
135) Palmer, 5:15, p. 166.
136) Palmer, 5:41 and 5:46, pp. 167-68.

Martin Palmer의 선구적 작업에 의존하고 있다.[137] 그의 연구는 놀라운 해석을 가능케 한다. 내가 그의 증거를 의심할 아무 이유가 없지만, 만약 파머가 옳다면 중국에는 초기 기독교 교회가 존재했었고, 이 교회의 "관용, 채식주의, 노예제도 반대, 남자와 여자의 평등, 그리고 자연에 대한 돌봄의 가르침은… 기독교와 다른 고대 영적 전통들 안에서 최상의 것을 이끌어내는 개인적인 행동의 모델을 제공한다"는 것이다.[138]

2.

많은 질문이 제기된다. 알루오벤은 누구였는가? 아마도 시리아나 페르시아 교회로부터 파송된 수사였는가, 아니면 실제로 주교였는가? 왜 우리는 그에 대한 명백한 다른 기록을 가지고 있지 않은가? 대개 비폭력을 신념으로 삼지 않는 중국의 황제로부터 왜 알루오벤과 그의 추종자들은 특별대우를 받았는가? 그 교회의 정확한 교리적 믿음은 무엇이었으며, 도교 및 불교와의 만남은 얼마나 광범위했는가? 초대 중국 기독교 현상을 더 깊이 규명할 수 있는 많은 다른 예수 경전들이 개인 소장품들 속에 숨겨져 있는 것은 아닐까?

이런 질문들에는 완벽한 답이 없다. 그러나 나는 아니라고 믿지만 우리의 연구가 완전히 선전을 위한 것이 아니라면 16세기 후반에 예수회 선교사들이 중국에 도착하기 이전에 거기에 진짜 기독교 교회가 존재했다는 사실은 부인할 수 없어 보인다. 더욱이 이 기독교 공동체는 인간뿐 아니라 동물에 대한 비폭력의 교리를 가르쳤으며, 채식주의의 삶을 살았

---

137) 또한 다음을 보라. Ray Riegert and Thomas Moore, *The Lost Sutras of Jesus*, Jon Babcock이 번역 (London: Souvenir Press, 2004).
138) Palmer, p. 253.

고, 모든 살아있는 것들에 대한 연민의 복음을 전했던 점은 부인할 수 없어 보인다.

어떤 학자들은 '빛의 종교'가 도교와 불교로부터 자유롭게 사상을 빌려온, 명백한 혼합주의적 신앙이었으며, 그래서 동물에 대한 연민어린 대우에 관심을 가졌을 것이라고 주장할지도 모른다. 물론 그들의 경전 안에 불교 및 도교의 영향이 있다는 점을 부인할 수 없다. 단지 몇 개의 예를 드는 것만으로도 충분할 것이다. '카르마' karma에 대한 언급과 제2경전에 있는 '다섯 스칸다스' skhandas는 불교 경전과의 관계에서 설명될 수 있다. 하지만, 여기에서도, 그 형태적 유사성에도 불구하고, '카르마'를 언급하는 배후의 핵심은 '어떤 것으로부터' 구원받는 것이 무슨 의미인지에 대한 설명이었다. 이것은 아마도 '죄'에 대한 개념이 쉽게 이해될 수 없는 상황에서 그렇게 되었을 것으로 보인다. 제4경전에서도 메시아 반열에 있는 반半신적인 존재로서 붓다에 대한 언급이 있고, "붓다와 같이 훌륭한 스승들"이 있음을 인정하기도 한다. 그러나 이 스승들은 "바람하나님의 성령에 의해 움직이는" 것으로 이해되며 분명히 이 바람의 힘에 복속되어 있다는 문맥에서 이렇게 말해지는 것이다.[139]

기독교는 그리스에 전해지든, 로마나 시리아에 전해지든, 서로 다른 상황 안에서 배우고 빌리며 발전했기 때문에 만약 초기 기독교가 중국의 문화적 배경으로부터 아무것도 배우지 않았다고 말한다면 그것은 믿기 힘든 말이다. 기독교 메시지의 모든 가르침은 그것이 처한 환경에 의해 철저한 영향을 받았고 또 그럴 수밖에 없다. 무엇이 명확히 이해될 수 있는가가 무엇이 말해질 수 있는가를 결정한다. 그렇다면 진짜 질문은 이것이다. 막연히 '도교적 기독교'라 불리는 것의 발전을 정통으로 인정할 수 있는가?

---

[139] Palmer, 1:3 and 1:15, pp. 159-60.

사실 이 경전들에서 우리가 주목해야 할 것은 상당히 다른 문화적 배경임에도 불구하고 이 경전들이 기독교의 정통 신학적 성향을 강하게 유지하면서 신학적으로 발전을 꾀하는 방식이다. 동물의 경우가 이 점을 보여준다. 제1경전이 이렇게 말한다.

새들을 보라. 그들은 심거나 거두지 않는다. 그러나 그들에게는 걱정할 집이 없다. 그들은 일하지 않는다, 그러나 무엇을 먹고 마시며 무엇을 입을까 절대 걱정하지 않는다. 왜냐하면, 그들을 돌보는 분이 계시기 때문이다. 당신은 새들보다 더 중요한데, 왜 걱정하는가?[140]

이 말은 분명히 마태복음서 6장 25~26절에 기초한 것이다. 아니면 구전 또는 문서 전통에 기초한 것이다. 그들은 마태가 기록한 예수의 말씀의 정신을 완전히 정확하게 성찰하고 있는데, 그것은 모든 것의 창조주이신 하나님의 섭리적 돌봄에 관한 것이었다. 도교의 영향을 받은 것으로 보이는 제2경전은 어떻게 "하나의 신성한 영이 어마어마하게 많은 존재들을 만들어냈으며, 하늘 아래의 모든 것이 이 신성한 공간과 함께 채워졌는지"[141] 에 관해 말하고 있고, 또한 계속해서 개인 영혼의 다양한 자질을 묘사하고 있다. 제3경전은 이러한 핵심적 내용을 반복해서 말하는데 더욱 정교히 설명하고 있다. "존재하는 모든 것이 존재하는 것은 거룩한 영이신 존재의 현현으로서 존재한다."[142] 그리고 제4경전은 예수를 살아있는 모든 존재들에 대한 연민의 체험으로 묘사한다.

이러한 사유들은 다른 문화의 영향을 받았음에도 불구하고 전적으로 정통적인 기독교적 성찰이다. 그 출발점은 창조주 하나님이 모든 살아있는 존재들을 보살피신다는 것이다. 그의 영은 하나님이 숨을 불어넣으신 모든 것들이 살도록 하는데, 그럼으로써 모든 것들을 같은 하나님의 영

---

140) Palmer, 2:15–17, p. 57.
141) Palmer, 2:6, p. 140.
142) Palmer, 3:16, p. 149.

의 현현으로 만든다. 마지막으로 메시아로서의 예수는 이 세상의 고통으로부터 모든 피조물을 구원하시기 위해 죽으심으로써 창조주의 주권적인 돌보심을 표현하신다. 이 경전들은 이미 정통 성서에서 실제로 암묵적으로 말하는 것들을 명확하게 설명하는 것이다. 예를 들어 이러한 내용은 요한복음서의 서문과 바울의 로마서에서 찾아볼 수 있는데, 바울은 고통당하는 피조세계가 "썩어짐의 종노릇하는 것"으로부터 해방될 것을 고대하고 있다고 말하고 있다.로마서 8:18~24

3.

어떤 이는 비록 그렇다 하더라도 채식주의에 대한 강조는 기독교적이라기보다는 명백히 불교적인 것이라고 주장할 것이다. 이 주장에도 약간의 설명을 필요로 한다. 정통 복음서를 따라 나는 대부분의 신학자들처럼 예수께서가 생선을 드셨고 아마도 확실하지는 않지만, 고기도 드셨을 것이라고 가정한다. 하지만, 이러한 견해는 몇 가지 어려운-아마 대답할 수 없는-질문들을 불러일으키는 다음과 같은 세 개의 고려 사항들에 의해서 균형 잡힐 필요가 있다.

첫 번째는 『에비온 복음서』 *Gospel of the Ebionites*라 불리는 초기 복음서의 존재이다. 우리는 그것이 존재했다는 것을 안다. 왜냐하면, 그것은 4세기에 살라미스Salamis의 주교였던 에피파니우스Epiphanius에 의해서 '이단'으로 공격받았기 때문이다. 그는 자신의 주저서인 『파나리온』*Panarion*에서 다양한 형태의 이단들을 열거하고 그것들을 비난하고 있다. 에비온파는 유대-기독교 소종파였던 것으로 보이며, 그들이 쓴 복음서는 에피파니우스에 의해서 아람어 마태복음서를 왜곡한 것으로 간주되었다. 그는 에비온 복음서의 실제 몇 줄을 언급하면서 공격한다.

요한이 세례를 받았을 때, 바리새인들이 그에게 와서 세례를 받게 되었고, 모든 예루살렘도 세례를 받게 되었다. 그는 낙타 털옷을 입었고, 둔부에 가죽허리띠를 찼다. 그리고 그가 먹는 음식은 오일 케이크 같은 형태의 만나와 똑같은 맛이 나는 석청이었다.

에비온파는 예수가 하나님으로부터 나신begotten 것이 아니라 대천사들 중 하나로 피조된created 분으로, 다른 천사들보다 더 위대한 존재라고 말한다. 그는 천사들과 하나님이 지으신 존재들을 다스리시며, 에비온파에 의해 사용되는 복음서에서 기록하는 대로, 오셔서 이렇게 선포하셨다. "나는 희생제를 철폐하기 위해서 왔다. 만일 너희가 희생제 바치는 것을 멈추지 않는다면, [하나님의] 진노가 너희에게 내리는 것이 멈추지 않을 것이다."143)

고기를 거부하는 이들은 대수롭지 않게 오류에 빠져왔고 다음과 같이 말했다. "나는 당신과 함께 이 부활절 어린 양의 살을 먹고 싶은 마음이 없습니다." 그들은 말의 참된 진리를 떠나 말들의 연결에서 모두에게 분명한 단어를 왜곡하고 제자들이 다음과 같이 말하게 한다. "당신은 우리가 어디서 당신을 위해 유월절 음식을 준비하길 원하십니까?" 이에 예수가 대답하셨다, "나는 너희들과 함께 부활절 어린 양의 고기를 먹고 싶은 마음이 없다."

에피파니우스가 에비온파의 복음서를 공정하게 또는 정확하게 표현하고 있는지 우리는 알 길이 없다. 하지만, 채식주의자로서의 세례 요한에

---

143) The Gospel of the Ebionites, from Epiphanius, adv. Haer., paras 30.13, 30.16 and 30.22, 다음에 인용되고 논의되었다. J. K. Elliott(ed.), *The Apocryphal New Testament: A Collection of Apocryphal Christian Literature in an English Translation based on M. R. James* (Oxford: The Clarendon Press, 1993), pp. 15-16. 〈www.godandanimals.com/PAGES/linsey/apocry.html〉에서 이 글들에 관해 일부 같은 의견을 피력하는 나의 논의와 아홉 개의 다른 외경 문서들을 보라.

대한 묘사와 『에비온파 복음서』와 예수 경전 둘 다에서 나타나는 동물 희생 거부 사이에 분명한 유사성이 있다는 것에 우리는 놀라지 않을 수 없다. 예수께서 부활절 어린 양을 드셨다는 생각에 대한 거부는 경전들에서 이렇게 아니면 달리 설명할 길이 없는 생각들, 즉 예수께서 십자가에 못 박히신 마지막 날이 '채식의 날'이었다는 것과 공명하는 것으로 보인다. 아니면 대안적으로 창세기 1장 29~30절에 묘사된 것처럼 하나님이 채식을 명하시는 창조의 여섯째 날에 대한 숙고에 기인한 것일 수도 있다. 이것은 『에비온 복음서』가 실제로 예수 경전의 한 자료인지, 아니면 둘 다 고대 동양세계에서 폭넓은 기원을 가진 것으로 보이는 어떤 공통의 문서 혹은 구전자료를 사용하고 있는지에 관해 질문을 갖게 한다. 케이스 에이커스Keith Akers와 같은 사람들은 본래 이 유대-기독교 공동체가 가난한 자에 대한 특별한 관심에서 두드러지게 나타나는-그래서 그들의 이름이 '에비온파'인데 이 이름은 '가난한' 그리스도인들을 의미하는 히브리어 '에비오님' EBIONIM에서 비롯되었다-예수의 비폭력적인 삶의 방식에 대한 동물이 포함되는 증언을 담고 있다고 주장해왔다.[144]

두 번째로 고려할 사항은 첫 번째의 것과 연결되어 있다. 『에비온 복음서』의 존재로부터 우리는 채식주의 기독교인들이 예수의 죽음 이후에도 오랜 기간 존재했다는 것을 알게 된다. 『에비온파 복음서』는 아마도 분명하진 않지만 2세기 초반에 씌어졌을 것이다. 4세기 언젠가에 이루어진 에피파니우스의 공격으로부터 우리는 에비온 공동체가 상당 기간 동안 존속했으며, 아마 에피파니우스의 생애 동안에도 계속 활발했을 것이라고 가정할 수 있다. 그렇다면 질문은 왜 기독교 채식주의자들이 조금이라도 존재했느냐는 것이다. 만약 채식주의에 대한 그들의 근거가 정반대

---

144) Keith Akers, *The Lost Religion of Jesus: Simple Living and Non-violence in Early Christianity* (New York: Lantern Books, 2000), p. 26. 서문은 월터 윙크(Walter Wink) 교수가 썼다.

의 증언을 할 수 있는 사람들에 의해-심지어 예수께서 직접 고기를 드신 것을 눈으로 보았을 수도 있는 사람들에 의해-아주 쉽게 반박될 수 있었는데도 말이다.

사실 우리는 기독교인 채식주의자들이 교회의 시작 바로 그 때부터 존재했음을 알고 있다. 왜냐하면, 바울 또한 서기 60년 즈음에 로마교회에 보내는 서신에서 그들을 공격하고 있기 때문이다. 그는 다음과 같이 쓰고 있다. "믿음이 연약한 자를 너희가 받되 그의 의견을 비판하지 말라. 어떤 사람은 모든 것을 먹을 만한 믿음이 있고 믿음이 연약한 자는 채소만 먹느니라."로마서 14:1~2 의견 충돌의 분명한 원인은 우상제사에 바친 고기를 먹는 것의 정당성과 관련된 것이었다. 그런데 이 논란이 정확히 이런 형태를 취했음에도 불구하고, 이 논란은 무엇보다 육식의 정당성에 대한 더 깊은 불일치를 감추었다고 말하는 것이 가능하다. 비록 바울은 이 문제를 그저 '양심'의 문제의 하나로 간주하고 있지만, 그는 어디에서도 사람들이 그가 말해주길 기대했을 말, 즉 우리 주님께서 고기를 드셨기 때문에 그의 제자들도 그렇게 하는 것에 아무 문제가 없어야 한다고 명쾌하게 언급하지 않는 것이다. 하지만, 만약 예수께서 고기를, 아마도 '우상'에게 바쳐진 고기를 드셨다면, 혹은 어느 학자가 주장하는 대로 심지어 자신을 위해 동물을 희생시키셨다면, 도대체 왜 기독교 채식주의자들이 조금이라도 존재했다는 말인가?[145] 바울이 양심의 문제로 맡겨두려는 상당수의 사람들의 존재는 말할 것도 없고 말이다.

---

145) Richard Baukham, "Jesus and Animals Ⅱ: What did He Practise?" in Andrew Linzey and Dorothy Yamamoto (eds), *Animals on the Agenda: Questions about Animals for Theology and Ethics* (London: SCM Press, and Chicago: University of Illinois Press, 1998), pp. 49-60. 버캠의 저서는 상세히 연구할 가치가 있다. 그러나 한 가지가 역설로 남는다. 예수께서는 분명히 동물에 대한 친절을 가르쳤고, "모든 살아있는 피조물의 본래의 채식주의"에 대한 지지를 포함하는, 유대교의 메시아적 희망들을 성취하셨다. 그러나 그 자신은 채식주의자가 아니었고 심지어 회당에서 직접 동물을 제물로 바치기도 하셨다. 만약 그것이 사실이라면, 다른 모든 것들보다 기독교 채식주의 전통과 초대 교회가 효과적으로 동물 제물들을 폐지했다는 사실(나의 비평을 보라, pp. 3-7) 모두를 설명하기가 어려워진다.

세 번째 고려사항은 예수의 형제인 야고보가 분명한 채식주의자였다는 사실에서 기인한다. 이것은 예수의 가족력에 대한 명백한 질문을 제기한다. 기독교 전통에서 야고보의 채식주의에 대한 언급들이 금욕적인 혹은 도덕적인 이유였는지, 아니면 이 두 가지 이유가 결합된 것이었는지는 분명치 않다. 하지만, 최근 로버트 아이젠만 Robert Eisenman이라는 학자는 이 문제를 노아의 계약으로 소급시키며 야고보가 신학적인 이유로 채식주의를 채택했다고 제안하는데 여기에는 어떤 윤리적 측면이 있다.[146] 그들의 채식주의의 권위를 예수 자신에게 명확히 돌린 기독교 채식주의자들이 있었다는 것을 고려할 때, 그들 채식주의의 본질과 그것이 어떻게 이해되었는가에 관해 우리는 알고 싶어진다. 그것은 단지 예식상의 금욕적인 거부였는가, 아니면 먹을거리를 얻기 위해 동물을 죽이는 도덕에 대한 어떤 거부에 기초해 있었는가?

어떤 학자들은 채식주의를 도덕적 관심보다는 금욕주의의 한 표현으로 보려고 열심히 노력한다. 로저 벡위드 Roger T. Beckwith는 치유자들 Therapeutae,[147]의 채식 실천을 '금욕주의자들의 채식주의'라고 기술한 바 있다. 치유자들은 우리가 아는 한 1세기의 수도자들이었고 따라서 그 성격은 일반적으로 금욕적이었다. 필로 Philo가 말하듯이 그들의 식탁을 "동물의 살로부터 순수하게" 지키려는 그들의 열망은 피를 먹는 것을 반대하는 구약성서의 금지에 그 뿌리를 둔 것으로 보인다. 그러므로 벡위드가 인정하듯이, 그것은 신학적으로 고취된 채식주의로, 성전 및 동물희생제도 그 자체의 거부를 이끌어냈다. 하지만, 소위 '희생 제사법의 영성화' spiritualization of the sacrificial law라 불리는 이것이 아무 도덕적 내용을 갖지 않

---

146) Robert Eisenman, *James, the Brother of Jesus: Recovering the True History of Early Christianity, 1: The Cup of the Lord* (London: Faber & Faber, 1997). pp. 258-390을 보라.
147) 1세기 이집트 알렉산드리아 근처에 거주했던 금욕적 유대교의 한 종파-역자 주.

았다고 생각하기는 어려운 일이다.[148] 만약 우리가 이것을 사도행전 15장 20절에 기록된 예루살렘 공의회의 판결, 즉 "목매어 죽인 것"으로부터의 절제에 대한 판결과 결합한다면—동물이 아니라면 과연 어떤 것이 제사를 위해서가 아니라 먹을거리를 위해 '목매어' 죽임을 당했겠는가?—우리가 단지 부분적으로 또는 희미하게 인식하는 문제가 사실은 여기서 심층적 문제로 작동하는 것은 아닌지 놀라지 않을 수 없게 된다. 어쨌든, 신학적으로 고취된 기독교인 채식주의자들이 교회의 삶 아주 이른 시점에 존재했다는 사실은 단순히 그것을 아는 것만으로도 가치 있는 일이다.

물론 이러한 고려들은 예수 자신이 채식주의자였는가의 문제에 종지부를 찍지 않는다. 반대편에 심각한 증거 있는데 가장 유명하게는 예수께서 생선을 드셨다는 보도와 그의 음식 규제에 대한 명백한 철폐마가복음 7:19이다. 논쟁은 여전히 열려 있으며 독단적이 되는 것은 현명하지 못한 일이다. 하지만, 최소한 초기 유대-기독교 그룹들이 동물제사를 반대하고 채식을 실천한 예수의 모범을 충실히 보존했으며, 그것이 에비온파들이 그들의 복음서에서 대변했고, 이어서 그것이 예수 경전에 반영되었다고 생각하는 것은 가능한 일일 것이다. 학자들은 '기독교 채식주의'라는 초대교회의 하위 전통sub-tradition이 있었으며, 이 전통은 명백하게 예수로부터 혹은 정전으로부터 그 권위를 주장했다는 사실이 가진 함의에 대해 아직 본격적으로 다루지 않았다.

요컨대, 우리는 그 경전들이 현대 불교 사상이나 실천을 반영한 것으로 보도록 유혹받을 수 있지만 그것이 실제로 그런지에 대해서는 결코 확신할 수 없다. 불교와의 만남이 다른 살아있는 피조물들에 대한 윤리

---

148) Roger T. Beckwith, "The Vegetatianism of the Therapeutae, and the Motives for Vegetarianism in Early Jewish and Christian Circles," *Revue de Qumran*, 13/49-52 (October, 1988), 409. 나는 이 참고 문헌과 함께 다른 통찰을 제공해준 로저 벡위드에게 감사한다.

적 관심을 새로 일으켰다기보다는 이미 있던 것을 강화했다고 보는 것이 가능하지 않을까. 한 종교 전통이 다른 전통과의 창조적으로 만날 때 자신 안에 있던 고유한 요소가 재활성화되는 것은 처음 있는 일이 아니다.

4.

이제 우리가 어떻게 동물과 함께 살아야하고 또 우리가 어떻게 그들을 대해야 하는가에 대한 토론은 결코 현대적인 것이 아니며, 무엇보다도 순전히 세속적인 것도 아니라는 것을 우리는 분명히 확인해야 한다. 오히려 이것은 많은 세계종교의 전통들 안에 있는 심오한 영적 주제이다. 아마도 놀랄 일은 아니겠지만, 불교에서도 부처님 자신이 채식주의자였는지, 그래서 모든 불자들 역시 채식주의자가 되어야 하는지에 대해 비슷한 논쟁이 이루어지고 있다.[149]

우리가 기독교인이든, 불교도든, 아니면 도교신자나 무종교인이든, 고통을 느낄 수 있는 다른 피조물들에 대해 우리의 연민을 확장하지 않고서 연민이 무엇인지에 대해 말하기는 어려울 것이다. 만약 도교 신자들과 불교 신자들이 기독교인들로 하여금 기독교가 본래 가지고 있던 신앙의 한 본질적인 어떤 것을 다시 발견하게 도와주었다면, 기독교인들은 진실로 그들에게 감사해야할 것이다. 관대하신 하나님 혹은 '거룩하신 영'은 선한 의지를 가지고 계시고 고귀하시지만, 인간의 생각이나 전통

---

[149] 예를 들어, 다음을 보라. Philip Kapleau, *To Cherish All Life: The Buddhist Case for Vegetarianism* (Rochester: The Sen Center, 1986), p. 29f, and Bodhin Kjolhede, "The Buddhist Case for Vegetarianism" in Andrew Linzey (ed.), *The Encyclopaedia of Global Animal Concern*. 그리고 아힘사(ahimsa)에 대한 중요한 작업에 대해서는 다음을 보라. Christopher Key Chapple, *Nonviolence to Animals, Earth, and Self in Asian Traditions* (Albany: State University of New York Press, 1993).

안에 갇혀 계시지 않는다.

중국의 도교적인 교회는 서기 906년 또는 907년에 당나라가 몰락 때까지 존속한 것으로 보인다. 그 교회는 이후 심하게 박해를 받아 다퀸$^{Da\ Qin}$ 수도원과 다른 많은 수도원들은 완전히 파괴되었고 오직 현재 재건된 비석과 탑만이 초기 중국 그리스도인들이 만들고자 추구했던 세계의 가시적 상징으로 남아있을 뿐이다. 하지만, 여전히 나와 같이 진정으로 비폭력적이고 자비로운 기독교 신앙의 새로운 탄생을 열망하는 사람들이 있다.[150] 사실 중국과 아시아의 그리스도인들은 하나의 기회를 가지고 있는데-아마도 그 기회는 세계 기독교에서 독특한 것이겠지만-그것은 환경과 채식주의와 동물보호를 위한 윤리적 감수성이라는 새로운 운동에 깊이 그리고 건설적으로 참여하는 것이고, 나아가 이렇게 새로 떠오르는 관심사가 어떻게 아시아 기독교의 가장 깊은 열망과 진정으로 공명하는지를 보여주는 것이다.

---

[150] 아시아신학에서 떠오르는 비폭력적이고 연민어린 주제들이 다음에서 다뤄지고 있다. C.S. Song(송천성), *Theology from the Womb of Asia* (London: SCM Press, 1988). 저자의 창조와 생태학적 문제들에 대한 존경스러운 관심에도 불구하고, 채식주의 및 동물에 대한 비폭력의 전통은 전적으로 간과되어 있어 아쉬움으로 남는다.

제8장
동물을 위한 예배를 드리는 것에 관하여

> 이 글은 이 책의 나머지 글들보다 더 개인적인 것이다. 여기서는 1999년에 출간돼 큰 논란을 불러일으킨 책 『동물의례: 동물 돌봄의 예배』*Animal Rites: Liturgies of Animal Care*를 내가 왜 집필하게 되었는지 이야기하고 있다. 그 책을 쓰게 된 신학적이고 목회적인 동기와 그에 대한 독자들의 반응을 소개하고 있다. 아직 논쟁이 있음에도 불구하고, 이제 동물들을 축복하고 동물을 위해 예배를 드리는 운동이 매년 성장하고 있다. 이 글의 일부는 『세계동물백과사전』*The Encyclopaedia of Global Animal Concern*에 내가 쓴 글 "동물 장례식"에서도, 또한 2004년 10월 1일 「처치 타임스」*Church Times*에 내가 실은 동물 축복예배에 관한 글에서도 찾아볼 수 있다. 이 글의 축약·개정판은 예수회의 현대 영성 잡지인 「더 웨이」*The Way* 46/4 2006년 10월호에도 실려 있다.

바니Barney는 유기견이다. 주인에게 버려진 후 한 동물보호소에서 있다가 새 집을 찾았다. 우리가 처음 바니를 만난 곳은 거기다. 덥수룩한 털,

진갈색의 눈, 그리고 생동감 넘치는 기질은 우리 린지 가족의 사랑을 한 몸에 받게 했다. "저기 털북숭이 로켓이 간다!" 산책길에서 바니가 우리 앞을 달려나갈 때 식구들은 이렇게 말했다. 녀석은 집을 갖게 된 것이 너무 기뻐 우리 중 아무나 현관문을 열면 그를 벽에 붙여 세우고 자기의 애정을 아낌없이 우리에게 퍼부었다. 내 기억에 바니는 아주 큰 발을 가지고 있었다. 녀석은 우리의 관심을 원했을 때 그 큰 발을 활용할 줄 알았다. 바니는 우리가 그에게 준 것보다 더 많은 것을 우리에게 주었다.

신경계통에 문제가 있다는 진단을 받은 후, 바니는 갑자기 발작을 일으켰고 다시는 회복되지 못했다. 수의사는 안락사를 권고했다. 가족 모두에게 엄청난 충격이었다. 여기에 세상으로부터 잘못 취급당한, 더구나 고통과 너무 이른 죽음으로부터 우리가 구해주지 못한 개 한 마리가 있다. 우리는 바니를 정원에 묻기로 했다. 무덤을 다 팠을 때, 나는 바니와의 이별에 적합한 언어를 찾느라 더듬거렸다.

미리 정해진 말은 없었다. 바니는 육체적으로 뿐만 아니라 영적으로도 방치되어 고통 받았었다. 교회는 정말이지 아무 것도 바니에게 줄 것이 없었다. 바니에게 할 말도 없었다. 기독교인들은 2천 년이나 된 오랜 영성과 깊은 학문전통을 물려받았지만, 다른 수많은 종種들의, 그것도 우리와 삶을 공유하면서 우리의 삶을 풍요롭게 해주는 종種들의 죽음에 대해서는 침묵한다. 최소한 예전적禮典的으로 말이다. 교회는 신자들이 자동차나 집을 사면 축복해주지만, 반려동물의 죽음에 대해서는 아무 목회적 배려도 해주지 않는다.

이런 빈틈을 발견하고 나는 무언가 하기로 작심했다. 나는 출판사들에 전화를 걸어 동물예배식animal liturgy에 관한 글을 쓰기 위해 다른 출판 계획으로부터 쉼을 원한다고 말했다. 그들은 내 소원을 들어주었다. "한 달이면 될 거예요." 나는 어리석게도 떠벌였다. 하지만, 실제는 여섯 달

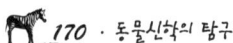

이나 걸렸고 한 여름을 다 소모했다. 집필은 고통스러운 과정이었다. 나에 대한 모든 아첨들은 내가 선구자나 된 것처럼 생각하게 했지만, 실제로 나는 황야에 던져진 넝마주의가 된 기분이었다. 내 몇몇 친구들은 내 작업이 특히나 괴짜인 것으로 판정했다.

하지만, 정작 내가 다루고자 했던 문제는 무엇이었나? 그것은, 아주 간단히 말하면, 기독교의 예배에서 동물이 안 보인다는 것, 즉 동물의 불가시성不可視性이다. 현재 기독교인들은 마치 동물의 세계가 전혀 존재하지도 않는 것처럼 하나님을 예배한다. 몇몇 시편 구절들과 반대로 기독교인들의 찬양은 오로지 인간중심적인 것에만 집중된다. 동물은 여기에 낄 자리가 거의 없다. 이 배후에 있는 것은 예상보다 더 심각한 영적 빈곤, 혹은 더 정확히 말해 무지다. 창조주이신 하나님께서 동물에 별로 관심이 없으시다는 관념이 바로 그것이다. 하지만, 만약 우리가 동물을 무시한다면, 우리는 전통적 기독교 사상에 존재했던 신의 태만divine negligence이라는 개념이 낸 길을 따라가게 된다. 그러나 이 개념은 하나님이 인간의 창조주일 뿐만 아니라 다른 많은 생물종들의 창조주이시라는 사실을 우리가 진심으로 이해할 때 더 이상 지탱하기 불가능한 개념이 된다. 자신이 지으신 온 우주를 양육하시고 지탱하시는 그 하나님께서 정말로 오직 한 생물 종에게만 관심을 가지신다는 것이 말이나 되는가? "인간의 복리에 대한 전적인 집착은 이제 확실히 편협한 생각으로 드러나기 시작한다."[151]

이와 연관된 질문이 육체에 관한 질문이다. 때로 성공회 신학은 강력한 성육신적 전통을 가지고 있다고들 말한다. 그런데 만약 그것이 사실이라면 많은 성공회 성직자들과 신학자들이 다른 육체를 가진 피조물

---

[151] 대주교 로버트 런시(Robert Runcie)에 의해서 인용된, 알려지지 않은 자료로, "Theology, the University and the Modern World," in P. A. B. Clarke and Andrew Linzey (eds), *Theology, the University and the Modern World* (London: LCAP, 1988), p. 20. 원

들과 우리의 관계가 가진 영적 중요성을 여전히 파악하지 못하고 있다는 것은 참으로 이상한 일이다. 왜 모든 종교들 중에서-최소한 이론적으로-가장 '육체적인' 종교인 기독교가 동물이라는 존재를 경축하고 나아가 그들을 도덕적 배려의 대상으로 인식하는 데 있어서 어려움을 겪는가? 이에 대한 성찰은 의미 있는 성찰이 될 것이다.

최소한 이론적으로 성육신의 교리는 육체를 진지하게 사고하도록 가르친다. 나는 루이스 보이어Louis Bouyer의 말을 내 한 책의 서문에 사용했다. "그러므로 인류는 기독교의 독창성이 성육신을 통해 매일의 삶을 성화하는 데 있지, 거룩해야 하지만, 실제로는 부자연스럽고 현실과 떨어진 세계에 살려고 시도하는 것에 있지 않다는 것을 깨닫게 될 것이다."152) 이처럼 성육신에 의해 성화되어야 하는 매일의 세계는 다른 피조물이 우리와 함께 거주하는 세계이다. "다른 피조물들과 우리의 관계를 경축하지 못하는 성육신 신학에는 무언가 확실히 이상한, 심지어는 어떤 사악한 것이 있다"고 나는 탄식했다. 더 절망적으로, "나는 인간의 활동-시각적 예술, 음악, 시, 춤-의 거의 모든 영역 안에서 성육신적 반향을 보기 원하고 때로는 그것을 지나치게 추구하기도 하지만, 동물과 우리의 관계가 영적, 아니 성육신적 관심을 가질 만한 가치가 있는 문제일 수 있다고 말하는 것에 경악하며 나를 바라보는 신학자들에게 조금씩 지쳐가고 있다."153)

기독교 신학은 여전히 동물에 관해 말하는 것이 마치 인간을 제왕의 자리에서 끌어내리려는 시도나 되는 것처럼 깊은 두려움을 가지고 있다. 실제로 최근에 한 신학자는 이러한 두려움을 다음과 같이 어리석게 교리

---

152) Louis Bouyer, *Rite and Man: The Sense of the Sacral and Christian Liturgy*, tr. by M. Joseph Costelloe (London: Burns and Oates, 1963), p. 9. 다음에서 인용되고 논의되었다. Andrew Linzey, *Animal Rites: Liturgies of Animal Care* (London: SCM Press, and Cleveland, Ohio: The Pilgrim Press, 1999), p. 14.
153) *Animal Rites*, p. 15.

적인 언어로 표현했다. "동물권 주장의 뿌리는 이것이다. 동물권 옹호론자들은 인간이 독특한 존재라는 것을 믿지 않는 것이다."154) 하지만, 이렇게 자신의 두려움을 투사하는 신학자는 분명히 동물권 뿐만 아니라 인간의 독특성 둘 다를 변호하는 나의 글을 한 번도 읽지 않았음이 분명하다.155) 하지만, 어떤 사람들은 아무리 많은 증거를 들이대도 좀처럼 생각을 바꾸질 않는다. 기독교인들 중에는 동물에 대한 감정을 표현하는 것만으로도 두려움을 느끼는 사람들이 있을 것이다. 내가 아는 어떤 성직자들은 종種 간의 우애관계를 경축하는 것을 감상적 생각에 영합하는 것이라고 주장하며 의심의 눈초리를 보낸다. 영국의 한 TV 시트콤에 출연한 제랄딘 그랜저Geraldine Granger는 동물예배를 드리려는 그녀의 계획이 어떤 근거에서 나왔는지 제시하면서 "사람들은 동물들을 사랑하니까"라고 말했다. 그러자 근엄하고 딱딱한 평신도 지도자 데이빗 호튼David Horton은 "사람들은 음식 믹서기도 사랑한다"고 맞받아친다. "하지만, 우리들 중에 물리넥스 매직 마스터라는 상표의 믹서기와 특별한 교류를 맺기 위해 캔터베리 대주교를 압박하는 사람은 거의 없다"고 말하면서 말이다.156)

그러나 음식 믹서기와 동물 사이에는 명백한 차이가 있다. 그 중요한 차이는 동물이 하나님의 피조물이라는 점이다. 이것은 너무도 자명한 것이지만, 이 말의 배후에는 깊은 신학적 통찰이 자리잡고 있다. 창세기 1장에 따르면 동물은 창조의 여섯째 날에 우리와 나란히 창조되었다. 그

---

154) Joseph Kirwan, "Greens and Animals" in Robert Whelan, Joseph Kirwan, and Paul Haffner (eds), *The Cross and the Rain Forest: A Critique of Radical Green Spirituality* (Grand Rapids, Michigan: William B. Eerdmans, 1996), p. 111.

155) 예를 들어 다음을 보라. Andrew Linzey, *Christianity and the Rights of Animals* (London: SPCK, and New York: Crossroad, 1987).

156) Richard Curtis and Paul Mayhew-Archer, *The Vicar of Dibley: The Great Big Companion to Dibley* (London: Michael Joseph, 2000) p. 84. 나는 디블리(Dibley)와 동물예배를 유명하게 만드는데 도움을 준 이 친절한 작가들에게 빚졌다.

들은 그들을 지으신 창조주로부터 한껏 축복을 받았다. 그들은 그들이 살고 번성할 공간을 창조주로부터 제공받았다. 그들의 생명, 즉 히브리어로 네페쉬^{nepesh}는 하나님이 주신 것이다. 창조주 하나님께서는 모든 살아있는 것들과 계약관계 안으로 들어오신다. 이러한 성서적 통찰을 고려한다면, 각 사람은 지각이 있는^{sentient} 다른 종들과 동료의식을 경험하는 것이 지당하다. 동물을 돌보고 그들을 동료로 대하는 사람들은 이것을 즉시, 그리고 아주 예민하게 느낀다. 물론 동물예배들 중에는 어린애 같은 감정에 젖는 수준의 예배가 있다고 나는 인정할 수 있다. 하지만, 나는 나이를 먹어갈수록 '어린애 같은 감정'에 덜 비판적이 된다. 언젠가 빈센트 반 고흐는 하나님을 사랑하기 위해서는 우리가 '많은 것들'을 사랑해야 한다고 말한 적이 있다.

친구를 사랑하고, 아내를 사랑하고, 무언가 당신이 좋아하는 것을 사랑하라. 그러면 당신은 그것들에 대해 더 많이 알게 될 것이다…그러나 사람은 고결하고도 진지한 친밀성을 가지고, 능력을 가지고, 그리고 총명함을 가지고 사랑해야 한다. 그리고 사람은 항상 더 깊게, 더 잘, 더 많이 알려고 노력해야 한다. 그것이 우리를 하나님께 인도하고, 흔들리지 않는 신앙으로 이끌 것이다.[157]

내가 말하고 싶은 요지는 많은 사람이 자기의 동물을 사랑하며 하나님 역시 당연히 그러신다는 것이다.

사람들이 보통 '감상적인 생각'이 무엇인지 말할 때 종종 어떤 특정한 감정적 반응은 적절한 것이 아니며 다른 어떤 것들은 적절한 것일 수 있다고 생각한다. 이것은 「가톨릭교회 교리문답」 안에 있는 다소 엄격한

---

[157] Vincent Van Gogh, Mark Roskill (ed.)에서 인용, *The Letters of Van Gogh* (London: Fontana, 1982), p. 124. 다음에서 인용되고 논의되었다. Andrew Linzey, *Animal Gospel: Christian Faith as if Animals Mattered* (London: Hodder and Stoughton, and Louisville, Kentucky: Westminster John Knox Press, 1999), p. 173-74.

가르침에 의해 강화되었는데, 그 내용을 소개하면 다음과 같다. "사람은 동물을 사랑할 수 있다. 하지만, 오직 사람에게 주어야 마땅한 애정을 동물에게 주어서는 안 된다."158) 이 말은 거의 이 세상에는 제한된 양의 사랑만 있어서 우리는 그것을 동물에게 낭비하면 안 된다고 말하는 것처럼 들린다. 하지만, 이 가르침이 도대체 어떻게 그토록 많은 가톨릭의 성인들이 보여준, 다른 피조물에 대한 놀라운 사랑과 조화를 이룰 수 있다는 말인가? 교리문답이 제시하는 것과 같은 일종의 '감정 할당제'가 과연 그리스도께서 보여주신 관대함과 공존할 수 있는 것인가?

그런데 비록 동물에 대한 정서적 응답이 첫 시작으로서 중요하다 해도 그것만으로는 충분치 않다. 여기에는 우리가 다루어야 할 또 다른 큰 신학적 질문들이 있다. 비록 성직자들은 종종 자신의 목소리를 내는 데 몸을 사리지만, 많은 '평범한' 신자들은 그 신학적 질문들이 무엇인지 이미 간파했다. 만약 하나님이 창조세계를 사랑하시고 돌보신다면, 하나님의 형상으로 독특하게 지어진 종種 또한 똑같은 사랑의 돌봄을 보여주어야 하지 않는가? 만약 동물 위에 행사하는 인간의 힘이 힘 자체를 정당화하지 않기 위해서는, 예수 그리스도의 삶과 모범에서 언뜻 보여주신 도덕적 관대함moral generosity이—즉 섬김을 통해 표현된 주권이—인간의 다른 피조물에 대한 '지배권'을 행사하는 데 있어서도 똑같은 모델이 되어야 하지 않는가? 하나님의 창조세계가 "우리를 위해 만들어진" 것이라고 주장하기는커녕, 인간이 하나님의 창조세계를 위해 만들어졌다고, 즉 하나님께서 창조하신 것들을 섬기는 봉사자와 관리인으로 만들어졌다

---

158) *Catechism of the Catholic Church* (London: Geoffrey Chapman, 1994), p. 517, para 2418. 이런 이상한 논평을 이해하기 위해서는, 사람은 동물들을 사랑할 의무가 없다는 것, 즉 확실히 성 토마스 아퀴나스에게서 유래한 입장이 수 세기동안 가톨릭의 일반적인 가르침이었다는 것을 인식할 필요가 있다. 나의 7장을 보라, "Why Church Teaching Perpetuates Cruelty," *Animal Gospel*, pp. 64–72. 동물에 대한 경멸에도 불구하고, 이 교리 문답은 실제로 이전의 입장보다 진일보한 것이다.

고 말하는 것이 더 진리에 가깝고 더욱 성서적이지 않은가? 동물예배는 기껏해야 동물에 관한 중요한 신학적 통찰들을 이야기할 수 있는 연단을 제공할 뿐이다. 그 중요한 신학적 통찰들에는 신적인 창조성에 대한 경이로움과 두려움, 하나님이 구별된 존재들을 기뻐하시기에 우리 역시 그들을 기뻐해야 한다는 것에 대한 음미, 그리고 특히 동물에 대한 학대로 귀결되는 인간의 자만과 탐욕에 대한 지속적인 인식이 포함된다.

이러한 신학적 통찰들 뿐 아니라 우리 앞에는 또한 대체로 충족되지 않은 영적인 요구들이 있다. 동물을 기르는 사람들은 종종 기본적이지만 다음과 같이 심오한 발견에 이른다. 즉 동물은 기계나 상품이 아니며, 하나님이 주신 고유한 삶과 개성과 성품을 가진 존재라는 점이다. 최선의 상태에서 반려동물과의 관계는 우리가 상호성과 자기희생과 신뢰 안에서 서로 성장하도록 도울 수 있다. 하지만, 이렇게 영적으로 훌륭한 관계는 종종 잘 인식되지 않는다. 많은 이들의 삶에서 동물은 '중요한 타자' significant other이다. 실제로 최근에 한 신학자는 이렇게 명백한 '초과' excess 의 관계 안에서 우리가 볼 수 있는 것은 오직 자기희생적인 하나님뿐이라고 말하기도 했다.

스티븐 웹Stephen H. Webb은 이렇게 적었다. "나는 동물을 진지하게 고려하는 신학적 관점으로부터 동물은 무언가 소유하는 것이라기보다 일종의 선물gift과 같으며, 그들은 우리가 기대하는 것보다 더 많은 것을 우리에게 주고, 따라서 우리로 하여금 그들이 준 선물에 화답할 의무를 준다고 제안하고 싶다."[159] 오늘날 교회들이 이러한 관계들을 '감상적', '불균형적' 혹은 '강박적'인 것으로 비방하는 것에서 벗어나, 하나님의 은총의 예증으로서의 그 관계들이 가진 신학적 중요성을 바라보았으면 좋

---

159) Stephen H. Webb, *On God and Dogs: A Christian Theology of Compassion for Animals* (New York: Oxford University Press, 1998), p. 6.

겠다.

어떤 이들은 동물을 위한 예배에 대한 관심이 포스트모던적이고 대체로 세속적 감각과 내통하는 것으로 보기도 한다. 하지만, 실제로 동물을 위한 축복의 기도는 가톨릭 예배의식서 『리투알레 로마눔』*Rituale Romanum*에서 발견되는데, 이 책은 1614년에 처음 쓰였고 1952년까지 사실상 방치된다. 우리가 이미 살펴본 것처럼, 기독교적 의무로서 동물에 대한 관심은 동물학대방지협회SPCA에 의해서 개척되었는데, 이 단체의 첫 번째 창립취지문은 런던 교계에서 '정기적인 담화'를 열기 위해 모금까지 제안하기도 했다.160) 동물에 대한 현대의 윤리적 관심이 기독교에서 나왔다는 사실을 기독교 성직자들은 대체로 잘 모른다.

어쨌든 나는 기독교 전통이 말하지는 않았지만 내 생각에 내 가슴 속 깊은 곳에서 항상 말하기 원했던, 하지만, 그것을 말할 수 있는 시간이나 노력을 찾지 못했던 그 말을 찾기 위해 나의 한 여름을 분주하게 보냈다. 놀랄 일은 아니지만, 사실 나는 동물 장례식을 위한 예배문을 짜는 것부터 시작했다. 나 자신도 경험했지만, 누군가가 자신의 죽은 개를 묻기 위해 파놓은 무덤 앞에서 그는 무어라 말해야 하나? 나는 그렇게 통렬하게 아픈 순간에 우리가 무엇을 말해야 하는가는 다른 사람이 죽었을 때 우리가 말해야 하는 것과 매우 비슷할 것이라는 결론에 도달했다. 우리는 먼저 생명을 주신 것에 감사의 기도를 드린 다음 전능하신 하나님의 손에 망자의 생명을 맡겨야 한다. 나는 내 안에서 일종의 희망의 신학과 씨름했다. 그리고 더욱 분명하게 1998년 영국성공회교회의 한 협의회에서 내린 결론, 즉 "예수 그리스도 안에 있는 하나님의 구원의 목적은 온 창조세계로 확장된다"161) 는 결론에 도달했다. 우주의 하나님은 나의 개 바

---

160) Arthur Broome, "Prospectus of the SPCA," RSPCA Records, 2(1823-1826). 나는 이 참고문헌을 제공해준 RSPCA의 사서에게 감사한다.
161) Lambeth Conference 1998, Resolution 1.8 Creation (a) (iii), *Animal Rites* 에 인용되고 논의됨,

니를 위해서도 특별한 공간을 만드실 것이다. 염치없지만, 나는 이렇게 동물 장례식의 한 기도문을 쓰며 내가 한 여름 쏟아 부은 노력에 위안을 얻었다.

순례자 하나님

우리와 함께 여행하시는 분

이 세계의 기쁨과 그림자들을 통해

우리와 함께 하시고

우리의 슬픔 안에서

우리의 고통을 어루만지소서.

비통함 없이

희망을 가지고

죽음의 신비를 받아들이도록 도우소서.

이 세계의 그림자들 가운데서

삶의 혼란과 죽음의 공포의 한복판에서

당신은 우리 곁에 서 계시며

항상 축복하시고, 늘 두 팔 벌려 안아주십니다.

우리는 이것을 압니다.

살아있는 모든 것이 당신의 것이며

당신께 돌아간다는 것을.

---

p. 108. 결의안은 다음과 같다. "이 회의는 (a) 다음과 같이 창조세계에 대한 성서적 비전을 재확인한다. 창조세계는 성 삼위일체 하나님이 전 지구와 모든 살아있는 존재와 맺으신 언약 안에서 하나로 묶인 상호의존의 관계망이다. (i) 하나님의 영은 창조세계 안에 성례전적으로 현존하시고 따라서 창조세계는 경의와 존중과 감사로 다루어져야 한다. (ii) 인간은 나머지 창조세계와 공동의 동반자이자 하늘과 땅을 잇는 살아있는 다리로서, 모든 창조세계의 공공의 선을 위해 개인적이고 집단적인 헌신을 해야 한다. (iii) 예수 그리스도 안에 나타나신 하나님의 구속적인 목적은 온 창조세계로 확장된다." 이 것은 아주 빈틈 없는 신학적 서술로서, 더 많이 알려질 가치가 있다. 다음을 보라, 〈www.anglicancommunion.org/lambeth/1/sect1rpt.html〉.

우리가 이 신비를 깊이 생각할 때

당신께서 OOO에게 생명 주심을 감사드립니다.

이제 우리는 그/그녀를 당신의 사랑의 손에 맡깁니다.

온유하신 하나님

당신의 세계는 깨지기 쉽고,

당신의 피조물은 섬세하며,

우리 모두를 낳으시고 구원하시는 당신의 사랑은

값을 매길 수 없습니다.

아멘.[162]

어떤 이들은 동물이 개별적으로 구원받는다는 나의 확신에 찬 생각에 트집을 잡을 지도 모른다.[163] 동물의 구원을 믿는 사람들 사이에서조차, 동물에게는 불멸을 위한 정상적인 '영혼'이 있다는 것을 믿지 않는 자들도 있다. 가톨릭 전통은 인간에게 내세가 가능하게 하는 '이성적인' 영혼과 죽음 이후에 사라지고 마는 동물의 '비이성적인' 영혼을 구별해왔다. 그러나 최소한 우리가 생각하는 이성적 합리성에 대한 절대적인 강조는 하나님의 은혜를 말할 때 적절치 않아 보인다. 간단히 말해 그런 생각은 핵심을 놓치고 있다. 핵심은 '하나님의 자비'이지 우리의 자비가 아닌 것이다. 나는 확실성을 가지고 동물의 정신psyche을 들여다보지는 못한다. 그러나 예수 그리스도 안에 나타난 자비로우신 하나님은 어떤 사

---

162) "A Liturgy for Animal Burial"에서의 기도문, *Animal Rites*, pp. 113-14.
163) 동물 개개와 공동의 구원에 대한 다양한 모델에 관해 유용한 논의와 연구에 대해서는 다음을 보라. Petroc and Eldered Willey, "Will Animals be Redeemed?" in Andrew Linzey and Dorothy Yamamoto (eds), *Animals on the Agenda: Questions about Animals for Theology and Ethics* (London: SCM Press, and Chicago: University of Illinois Press, 1994), pp. 190-200. 나의 입장은 모든 지각이 있는 존재들이 그들이 겪어야 했던 불평등과 고통을 보상받는 차원에서 구원받을 것이라는 것이다. 내가 믿는 것은 다름 아닌 정의로우신 하나님이라는 교리에서 요구되고 있다. 내가 믿는 그것이 얼마나 정확할 지에 대해서, 나는 그것을 전능하신 분에게 기쁜 마음으로 맡기려 한다.

랑스런 피조물도 결코 망각 속에 멸망하도록 내버려두시지 않을 것이라고 확신한다. 다른 그 어느 것보다도 확신한다. 인간을 제외하고 다른 모든 종種에게 이러한 희망의 복음을 부인하는 것은 오만하고 비열한 것으로 여겨져야 한다.

사실 우주적 구원이라는 생각—그리고, 함축적으로, 그 구원 안에 있는 개인에 대한 생각은—전혀 새로운 것이 아니다. 기독교 역사 초기에 널리 퍼진 로고스logos라는 교리는 그 모든 생각을—익살스럽게 표현하면— '캡슐에 싸듯이 조심스럽게 보호하고' encapsulate 있다. 알란 갤러웨이Allan Galloway는 그의 대표적 저서『우주적 그리스도』*The Cosmic Christ*에서 우주적 구원의 교리가 확실히 "원시 복음의 핵심이었다"[164]고 주장한다. 나는 정확히 이 주제를 가지고 탄탄한 로고스 신학을 전개하며 이 책의 추천사를 썼다.

> 그리스도는 처음이자 마지막,
>
> 알파와 오메가
>
> 모든 형태의 피조된 생명을
>
> 화해시키시고 구원하시는 분.
>
> 모든 살아있는 것들의
>
> 근원이자 운명.
>
> 모든 고통당하는 피조물들의
>
> 상처를 견디시는 분.

---

[164] Allan Galloway, *The Cosmic Christ* (London: Nisbet & Sons, 1951), p. x. 그는 신약에서의 많은 우주적 형상화가 한편으로는 "존재의 구조 안에 있는 모든 왜곡을 상징화"하기 위해 고안되었으며, 다른 한편으로는 "그리스도의 사역은 보편적으로 모든 피조세계에 유효하다는 것"을 확고히 하기 위해 만들어졌다는 것을 설득력 있게 주장한다. 우주적 그리스도의 교리는 "유대교와 기독교 신학의 근본적인 통찰들의 필수적인 함의로서 생겨났다," pp. 28, 29, 55.

모든 고통을 기쁨으로 변혁시키시는 분.

그리스도는 처음이자 마지막,

알파와 오메가

우주의 구원자

그 안에서 모든 것이 살도록 지음 받으리라.[165]

그런데 내 책은 단지 동물장례식만을 위한 예배문을 담고 있지 않다. 거기에는 또한 동물과의 우정을 감사하는 예배, 동물의 복지를 생각하는 예배, 치유하는 예배, "전 피조세계를 위한" 새로운 성만찬 기도문들, 그리고 각각의 개별 동물을 축복하기 위한 관례들을 포함했다. 나의 이 모든 시도들의 기초가 된 것은 하나님께서 다른 피조물들에게도 주신 생명을 우리가 경축하고 감사하도록 돕는 예배가 발전해야 한다는 요구였다. 다음은 이러한 기도문 중 몇 가지 예이다.

우주의 하나님,

모든 피조물이 당신을 찬양합니다.

해가 호수 위로 집니다.

새들이 하늘을 향해 날아갑니다.

곰의 으르렁거림

큰 가시고기의 재빠른 움직임

고양이의 가르랑거림

호랑이의 넓은 눈

치타의 재빠른 다리

산토끼의 춤

---

[165] 이 기도문은 다음에서 가져왔다. "A Liturgy for Animal Burial," *Animal Rites*, p. 110–11.

개의 핥음

비둘기의 하강

천 개의 귀를 가지신 하나님,

당신의 피조물들이 연주하는 음악이

창조세계를 관통해 울려 퍼지며

하늘에서 교향곡이 만들어집니다.

모든 것 안에 계시는 그리스도,

해변 위에서 부서지는 파도 안에

노을의 아름다움 안에

향기로운 봄 꽃 안에

우리의 마음을 춤추게 하는 음악 안에

서로 껴안는 사랑의 입맞춤 안에

무고한 자들의 울음 안에.

우리가 경탄하도록 도우소서, 주님.

두려움을 가지고 서도록

일어서서 바라보도록

그리하여 당신을 찬양하도록.

세상의 풍요를 위해

당신은 우리 앞에 서셨습니다.

크고 광대하신 하나님,

당신 없는 삶이

쓸모없는 것임을 알게 도우소서.

당신이 주시는 영감 없이

우리의 생각이 하찮은 것임을.

당신의 사랑 없이

우리의 마음은 보잘 것 없는 것임을.
당신은 우리의 편협함을 넘어서시는 하나님,
그러나 한 작은 공간과 시간 안에서
당신은 우리와 하나가 되셨습니다.
그리고 모든 먼지 조각들과도
당신은 모든 영원을 사랑하십니다.
우리 마음과 정신을 넓혀주소서.
모든 살아있는 것들에 경의를 표하기 위해
그리고 그들을 향한 우리의 돌봄 안에서
당신의 은혜로 자라나게 하소서.
당신의 나라의 표지가 되게 하소서. 아멘.166)

나는 이 책이 독자들의 흥미를 불러일으킬 것이라고 기대했다. 그러나 출판 이후 다가온 미디어의 기복 심한 반응에는 준비가 되어 있지 않았다. 「워싱턴포스트」*Washington Post*167) 와 「슈피겔」*Der Spiegel*168) 그리고 독

---

166) 이 기도문은 다음에서 가져왔다. "Celebrating the Creatures: A Liturgy," *Animal Rites*, pp. 28-30.
167) "Pet's Death Inspires Liturgies for Animals," *The Washington Post*, 3 March, 1999. 일년 동안 계속되는 듯했던 다른 많은 보도들 중에서 풍자적일뿐만 아니라 진지했던 것은 다음을 보라. "They are God's Best Friends Too: Ben Fenton on the Theologians Who Believe Heaven Would Be Hell without Dogs," *The Daily Telegraph* (18 September 1999); Robbie Millen, "Barking Dogma," *The Spectator* (18 September 1999); "Will Your Pet Rise Again? Yes, Some Faiths Say," *The Philadelphia Inquirer* (7 February 1999); "Do Dogs Go to Heaven?": *Los Angeles Dog Fancy Magazine* (September 1999), 25-28; "Animals in the Afterlife," *Charleston Post and Courier* (10 February 1999); " 'I Totally Believe in Animals in Heaven,' Says Animal Rights Theologian," Press release, *Ecumenical News International* (8 March 1999); "God Loves Animals Too," *Christian Herald* (7 April 1999); "Tail-Wagging Theology," *Reform* (magazine of the United Reformed Church) (April 1999).
168) "Sittichs Seele: Der british Theologe hat ein Gebetbuch geschrieben, das der Menschheit noch fehlte: eins fur die Tiere," *Der Spiegel "Special"* 7 (1999). 또한 다음을 보라. "Ein Gebetbuch fur Tiere: Anglikanischer Priester sorgt mit Werk fur Aufregung," *Blick In Die Welt* (18 April 1999).

일의 일간지 「트로우」 Trouw169)에 이르기까지, 아주 많은 세계의 언론들이 이 책에 주목했다. 또한 「인디펜던트」 Independent 지는 거의 한 면을 나와의 인터뷰에 할애했다.170) 나는 전화로 기자들의 취재에 응하거나 한 스튜디오에서 다른 스튜디오로 옮겨 다니면서 삼 주를 보냈다.

두 가지 반응이 지배적이었다. 첫 번째는 방어적인 것이었다. 그 방어의 총성은 기자들에게 이 예배문들이 명백하게 '불법' illegal이라고 통지한 영국국교회 홍보국에서 들렸다. 영국국교회의 예배는 보통법과 교회법에 의해 운영되기 때문에, 그 영향은 두 배로 심각하다. 다행히 교회법은 총회에 의해서 공식적으로 규정된 것들 이외의 예배에 있어서는 성직자의 '재량권'을 허락하고 있기 때문에 그 주장은 근거가 없었다. 하지만, 그런 비난이 제기되었다는 것 자체는 교회가 공식적으로 나에게 방어적 자세를 취했다는 신호였다. 교회의 대변인 아룬 카타리아Arun kataria는 이렇게 논평했다. "사제는 대안적 형태의 예배문을 사용할 수 있다. 그러나 '어떠한 방식으로든 그 사제가 무례하거나 적절하지 않은 일을 했다고 그의 주교가 느끼지 않을 것이라는 조건을 충족시켜야 한다.'"171) 이 말은 내가 무언가 부당한 것을 시도했다는 암시를 던졌다. 나는 궁금하다. 과연 그가 여우사냥과 고래잡이 포경선을 축복하는 성직자에게도 이런 똑같은 비난을 보냈는지.

「처치 타임즈」 The Church Times는 나를 반박할 신학적 적대자들을 찾았으나, 이상하게도 그들이 묵비권을 행사한다는 것을 발견했다. "내가 접촉했던 두 신학대학의 윤리 교수들은 '말할 것이 없다'는 이유로 이에 관해 논평하거나 자신의 말이 인용되는 것을 거부했다"고 그 신문은 보도했

---

169) "Nee, de doop voor dieren is niet noding," *Trouw* (Dutch daily newspaper) (4 August 1999), 12.
170) "Prayer Book for Pets Launched," *The Independent* (29 January 1999), 초기의 언론 보도는 폴 발렐리(Paul Vallely)와의 인터뷰로 이어졌다. "The Lord is My Shepherd," *The Independent* (3 February 1999).
171) *The Washington Post* (3 March 1999)에 인용되었다.

다. 정말로 무엇이 그런 침묵의 상황을 만들었는지 나는 알 수 없다. 하지만,

> 이름을 밝히길 꺼린 힐필드Hilfield에 있는 한 성 프란체스코회 소속의 수도사는 이렇게 논평했다. "우리는 동물을 좋아합니다. 우리는 몇 개의 우리 자신을 갖고 있습니다. 그러나 우리의 주된 관심은 사람입니다. 성 프란체스코에게 동물은 중요하지 않았는데, 사람들은 이를 깨닫지 못하고 있습니다. 그는 사람에게 더 관심이 많았습니다."[172]

성 프란체스코가 현대 프란체스코회 수도사들도 그럴 수 있듯이 인간과 동물 둘 다에게 관심을 가졌다는 것은 명백한 사실이었지만 그는 그것을 이해하지 못했다. 더욱 심각한 것은 성 프란체스코가 전했던 복음이 단지 인간만이 아니라 살아있는 모든 존재들을 지탱하시는 창조주 하나님의 사랑에 대한 것이었음을 정말로 파악하지 못한 사람이 다름 아닌 프란체스코회 수도사라는 점이었다. 이는 무척 당황스런 일이다. 다행히도 나는 얼마 후에 한 프란체스코회의 잡지에 기고하도록 요청 받았는데, 여기서 나는 이것을 이야기했다.

> 성 프란체스코와 동물에 대한 이야기의 배후에 있는 신학적 중요성은 주로 이것이다. 우리가 창조주 하나님과의 연합과 그 분에 대한 사랑 안에서 성장하는 것처럼, 우리는 하나님의 다른 피조물들과의 교제와 사랑 안에서 자라나야 한다. 동물에 대한 관심은 어떤 일탈이나 복음에 대한 왜곡이기는커녕, 진정한 영성의 표시다. 우리가 창조주 하나님에게 영광

---

[172] "For Pets We See No Longer," *Church Times* (29 January 1999). 여기에는 또한 같은 주제로 마가렛 듀건(Margaret Duggan)과의 인터뷰 기사가 실려 있었다. "Talking of Animals," p. 12.

돌리길 원한다면, 우리는 동료 피조물들을 존중해야한다.[173]

가톨릭 신학자들은 기회를 놓치지 않고 나에 대해 논평했다. 「아일랜드 인디펜던트」The Irish Independent지는 더블린Dublin에 있는 '마스터 데이 협회' Master Dei Institute의 회장 미셸 드럼Michael Drumm의 말을 보도했다. 그는 내 책이 '모욕적'이라고 선언했는데, 왜냐하면, "세례와 장례식이라는 의례는 인간의 신앙과 얽혀 있는 것이므로 똑같은 의례를 동물을 위해 사용하는 것은 의례의 품위를 떨어뜨리는 것"이기 때문이라는 것이다.[174] 그러나 내 책에는 어떤 세례식도 포함하고 있지 않았기 때문에, 그것은 언론이 벌인 전형적인 모함이었다고 해야 할 것이다. 같은 맥락에서 「아일랜드 가톨릭」The Irish Catholic의 편집장 데이비드 퀸David Quinn도 "대부분의 가톨릭교도들은 동물을 위해 만들어졌다는 이 예배를 감상적인 생각으로 만든 우스꽝스러운 예배로 여길 것이다"고 주장했다. 그는 덧붙여, "우리는 동물을 학대하지 말아야 할 의무를 갖고 있지만, 동물이 영혼을 갖고 있다는 생각은 기독교보다 힌두교에 더 가깝다."[175] 하지만, 사실을 말하자면, 가톨릭 신학은 동물이 영혼을 갖고 있음을 절대로 부정하지 않았다. 오직 인간만이 이성적이기 때문에 불멸하는 영혼을 소유했다고 말했을 뿐이다. 그러나 이 편집장은 성급한 비판에 몰입하느라 이 점이 맨 먼저 마음에 떠오르지 않았음이 분명하다.

그러나 모든 가톨릭의 반응이 천편일률적으로 나에게 적대적이었던 것은 아니다. 「태블릿」The Tablet은 상당히 진지한 뉴스 보도를 했고[176], 잉

---

173) Andrew Linzey, "Franciscan Concern for Animals" in Damian Kirkpatrick, Philip Doherty, and Sheelagh O'Flynn (eds), *Joy in All Things: A Franciscan Companion* (Norwich: The Canterbury Press, 2002), pp. 68-72.
174) "The Lord Is Your Pet's Shepherd Also…" *Irish Independent* (18 February 1999).
175) *Irish Independent* (18 February 1999).
176) "Pets in the Pew," *The Tablet* (6 February 1999).

글랜드와 웨일즈 가톨릭 주교회의의 예배 학술지는 다음과 같이 비난을 진정시키는 듯한 논평을 내놓았다. "이 기도문들은 진지하며, 신중하게 작성되었다. 예전적 구조나 일반적 양식과 관련하여 많은 장점이 있다. 눈물겹거나 감상적이지 않다." 꽤 놀랍다고 나는 생각했다. 이 논평은 이렇게 끝난다.

> 하지만, 우리의 예배 안에 특별히 동물예배를 짜 넣을 어떤 정당성이라도 있는가? 동물은 아마 영혼을 갖고 있을 것이다, 하지만, 그것은 불멸의 영혼이 아니며, 인간이 참여하는 구원과 성례전적 경륜의 일부가 아니다. 마태복음 6장 26절과 12장 12절은 하나님께서 동물을 돌보신다는 점을 분명히 말하고 있지만, 인간에게 더 큰 가치를 부여하고 있다. 유감스럽게도 우리는 린지 교수가 쓴 흥미로운 예배문들이 대부분 부적절하고 잘못된 것이라고 결론 내려야 할 것 같다. 그 예배문들은 분명히 경신성사성Congregation for Divine Worship, 교황청 기구의 하나_역자 주을 통과하지 못할 것이다![177]

짜증나게 하는 것은 그 예배문들이 그들의 승인을 받지 못한 것이 아니라―그것을 기대하는 것은 지나친 일일 것이다―그들이 언급한 신학적 반대의 이유들이다. 동물이 "구원과 성례전적 경륜의 일부"가 아니라는 말은, 많은 초대 기독교 교부들이 확언한 것처럼, 로고스가 모든 피조된 것들의 기원이자 운명이라고 하는 것을 숙고하기 전까지는 맞는 말처럼 들린다.

요한복음이 "그 안에 생명이 있었으니"[1:4]라고 분명히 말하는 것처럼,

---

177) Review of *Animal Rites, in Liturgy: Journal of the Catholic Bishops*; Conference of England and Wales (1999), 180–81.

만약 로고스가 모든 생명의 근원이라면 어떻게 동물이 구원의 섭리의 일부가 될 수 없는가? 하나님이 만물의 창조주가 되시지만 오로지 인간만의 구원자가 되신다고 단언하는 게 과연 어떻게 타당한가? 심지어 「가톨릭교회 교리문답서」에 "세계는 하나님의 영광을 위하여 창조되었으며" 또한 "창조의 궁극적인 목적은 모든 것의 창조주이신 하나님이 마침내 '모든 것 안의 모든 것' all in all이 되실 것이고, 따라서 자신의 영광과 우리의 한없는 행복을 동시에 보증하실 것"[178] 이라고 명확하게 말하고 있지 않은가. '모든 것 안의 모든 것'이 되신다는 것은 아무 '구원의 경륜'과 조화되기는 어렵다고 나는 생각한다.

나아가 인간의 구원과 창조세계의 구원을 절대적으로 구분하는 것은 커다란 실수다. 물론, 동물과 인간의 구원에는 차이가 있다. 예를 들어 인간은 구원을 필요로 하는데 왜냐하면, 동물이 할 수 없는 방식으로 분명히 죄를 짓기 때문이다. 그러나 구원되는 것은 동일하게 피조된 '물질'이다. 이것을 이해하지 못하는 것은 육신이 되신 로고스라는 그리스도론의 중요성을 이해하지 못하는 것이다. 이 그리스도론은 C. N. 코크레인 C. N. Cochrane에 의해서 잘 발전되었는데, 그는 초대교회가 로고스 안에서 "고대 그리스와 로마 시대에 존재하는 어떤 것보다 우월한 이해 방식"을 가졌다고 주장한다. 그는 이렇게 말한다. "이러한 믿음을 받아들이는 것은, 과학적인 사고에는 애매하게 보일지 몰라도, 질서와 운동의 요소들

---

178) *Catholic Catechism*, p. 69, para 294. 그러나 나는 교리문답서가 구원에 관해 매우 인간중심적인 관점으로 치우치는 경향이 있음을 인정한다. 현 시점에서 나는 그것이 로고스 교리의 중요성을 파악하는 것에 실패한 결과라고 생각한다. pp. 68-76을 보라. 교리문답서는 하나님이 어떻게 모든 것들을 "그의 영광을 높이기 위해서가 아니라 그것을 앞에 보이시고 그것과 소통하기 위해" 창조하셨는지(pp. 68-69) 그 예로 보나벤트라(Bonaventure)를 인용하고 있다. 그러나 교리문답서는 보나벤트라가 모든 피조물들을 그리스도의 상(象)으로 보았던 것을 인정하지 못하고 있다. 그는, "모든 피조물이 본성상 영원하신 지혜의 일종의 상(像)이자 닮음"이라고 말했다. "The Soul's Journey into God," tr, and(introduction by Ewert Cousins, Preface by Ignatius Brady, *Classics of Western Spirituality* (London: SPCK, 1978), p. 77.

을 자신 안에 포용한 아버지의 존재를 믿는 것이었으며, 이 요소들이 신적 본성의 본질보다 덜 필수적이라고 믿지 않는 것이다. 더욱이 이러한 필수적인 신적 구성물 위에 우주의 구조와 목적이 의존하고 있다는 것을 신봉하는 것이었다."[179] 좀 덜 추상적으로 말하자면, 로고스는 피조된 육체적 질료stuff를 신성의 본성 바로 그 안으로 데리고 가는 것이다. 모든 창조세계가 로고스를 통해서 구원받는다. 그렇지 않으면 구원이 없다. 요컨대, 가톨릭 주교회의 예배학술지에서 한 논평가가 제시한 가톨릭 교리는 여러 차원에서 충분히 가톨릭적이지 않다고 말해야 할 것이다.

두 번째 반응은 조롱이었다. 어떤 사람들에게는 예전적으로 승인된 동물에 대한 관심이라는 생각이 무언가 신기한 농담 같이 들린 모양이다. 널리 알려져 있고 존경받는 작가인 A. N. 윌슨A. N. Wilson은 좀 더 미묘한–그래서 각별히 참담한–풍자 하나를 제시했다.

우리는 얼마동안 강아지 퍼시가 세례를 받게 할 것인지 아닌지 고민해왔다. 낡은 정통적 가르침에는 찬동하기가 어렵다. 하지만, 만약 미래에 아무도 세례를 받지 않는다면 교회는 죽고 말 것이다. 샤르트르 대성당과 영국의 지역교회들이 진짜로 순전한 박물관이 되기를 원하는가? 그렇다면 의문이 드는 것은 퍼시 그 자신이다. 내가 기독교의 신조를 입 밖으로 말하는 것에 부끄러움을 느끼는 사이에, 나는 퍼시의 작은 머리가 무엇을 경험하는지 어떻게 알 수 있는가?

그렇다면 옥스퍼드 대학의 교수이신 앤드류 린지 목사가 '동물예배' 시리즈를 출간하셨다는 것은 위안이 되는 일이다. 공교롭게도, 개를 위한 세

---

179) C. N. Cochrane, *Christianity and Classical Culture: A Study in Thought and Action from Augustus to Augustine* (London: Oxford University Press, 1944), pp. vi and 238. 이것은 로고스 교리의 발전을 이해하기 위한 필수적인 작업이다.

례형식은 없다. 그것을 위해서라면 퍼뱅크Firbank의 불후의 명작 『피렐리 추기경의 괴벽』으로 우리의 시선을 돌려야 할 것이다. 하지만, '반려동물과의 계약 서약서'라는 형식이 있다… 그것은 분명히 위속에 가스가 차 있고, 입 냄새가 나며, 만족을 모르는 욕심을 가져서 종종 삶의 동반자가 되는 것을 어렵게 만드는 그 작은 친구에게 내가 좀 더 관대할 수 있도록 도울 것이다… 나는 퍼시가 분명한 이유도 없이 한 TV 프로그램을 보며 짖어대던 때를 기억할 것이다. 린지 교수는 기독교 신학의 상당한 부분을 형성해 온 터무니없는 인간중심적인 시각을 바로잡기 위해 애썼다.[180]

더 짜증이 나는 것은 「메일 온 선데이」*Mail on Sunday*에 실린 기사였다. 나와의 진지한 인터뷰를 싣고 나서 거기에 아무리 보아도 분명히 결혼식을 치르기 위해 멋지게 차려 입은 개 그림을 실은 것이다.[181] 내가 개의 결혼이나 그 어떤 동물의 결혼에도 전혀 관심이 없다는 것을 명백히 밝혔음에도 불구하고, 그 졸렬한 그림은 소제목만 읽는 독자들을 위해 그려져 있었다. 이 그림에 대해 한 유명한 여자 사냥꾼은 라디오에 출연해 내가 동물이 결혼해야 한다고 믿는다고 비난했다. 그것은 내 생각에 우리가 대면해야 하는 이슈, 즉 야생동물에 대한 학대행위라는 이슈로부터의 교묘한 일탈이었다. 다른 많은 어리석은 일들이 있었지만, 어느 독일 TV의 기자는 개 피부에 기생하는 벼룩을 축복하지 않고 어떻게 그 개를 축복할 수 있느냐고 나에게 까다로운 질문을 던졌다. 나는 그 다급한 때에 신학적으로 명석한 대답을 줄 수 없었던 것이 후회된다.

「인디펜던트」*The Independent*는 계속해서 흥미위주의 이야기를 썼다. 또

---

180) A. N. Wilson, "Diary," *New Statesman* (5 February 1999), 또한 〈www.newstatesman.com/199902050005〉을 보라.
181) "In Dog We Trust," *Mail on Sunday* (7 March 1999).

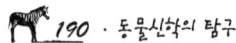

다른 이야기 거리가 나타나자 이번에는 신문의 '판도라' 칼럼에 이렇게 실었다.

> 앤드류 린지 교수는 신학과 동물복지 분야에서 세계적으로 으뜸가는 학술적 지위를 인정받는 옥스포드 맨스필드 칼리지Mansfield College의 교수인데, 최근 개와 달갑지 않은 대결을 벌였다. 동물을 위한 예배서를 출간해 교회의 전통주의자들을 모욕한 린지 교수가 한 BBC 프로그램을 촬영하는 도중 어떤 유기견 센터에 있던 개에게 물린 것이다. 그의 책 『동물의례』Animal Rites 어디에도 무는 개를 위한 기도문은 전혀 찾아볼 수 없다. 이 개 애호가에게도 빈틈이 있었던 것일까? 린지 교수는 안색 하나 변하지 않고, "나는 어떤 것은 토론할 가치가 있지만 그렇지 않은 것들도 있다고 생각한다"고 판도라에 말했다.182)

사실 나는 판도라에 아무 말도 하지 않았다. 그러나 진실이 재미있는 농담을 방해해서야 되겠는가.

하지만, 사려 깊고 흥미로운 논평들도 있었다. 「엑스포지터리 타임즈」 The Expository Times 는 나를 '개척자'로 묘사하면서 이렇게 보도했다. "그의 연구에서 부인할 수 없는 강점 중 하나는 범신론이나 뉴에이지즘이 나타나지 않는다는 것이다. 그의 연구는 기독교적 전통 안에 확고하게 서 있기 위해, 그가 볼 때 잃어버렸거나 희미하게 된 것을 되찾기 위해, 그리고 온 창조세계를 위한 삼위일체 하나님의 관심을 성찰하기 위해서 노력하고 있다."183) 영국국교회의 사회책임부 저널인 「크루서블」The Crucible 은 "모든 창조세계가 그리스도를 통해 구원받을 것이라는, 보다 심오한 믿

---

182) "Pandora," *The Independent* (11 February 1999).
183) Review of *Animal Rites* by Michael J. Townsend, *The Expository Times* (Spring, 1999), 120.

음과 씨름하기보다 매우 편협하게 인간 구원에만 초점을 두어 온 지금까지의 기독교에 균형을 잡으려는 반가운 시도"[184] 라고 나를 칭찬했다. 웨일즈의 대주교인 알윈 라이스 존스Alwyn Rice Jones 박사가 내 책을 "성직자와 목사들이 창조세계에 대한 기독교의 책임을 이해하고 그 진가를 인정하도록 돕는데 매우 필요한 책"[185] 으로 소개했는데 이는 고마운 일이었다.

대체로 내 책이 사람들의 관심을 끌었다는 점은 분명했다. 이것은 최근 동물과 사별을 겪고 나서 상실이라는 경험을 이해하려 씨름하는 사람들로부터 오는 많은 편지들과 전화들이 말해준다. 많은 사람이 자신의 상황에 관심을 보이고 나아가 공감하는 성직자를 발견한 것에서 깊은 위로를 받았다. 어떤 편지들은 사실 가슴 아픈 사연들이 담겨 있다. 나는 그 책을 내고 상처를 받았지만, 목회적인 돌봄을 받지 못했다고 느끼는 사람들에게 작은 도움이라도 되기 위해 조롱을 받았다고 생각하니 위로가 되었다. 또한, 언론사들은 기사를 멋대로 썼지만 사람들이 육신 되신 말씀과 육체를 가진 다른 피조물들과 함께 하는 삶 사이의 연결을 보았다는 점에서 나에게 기쁨이 되었다.

『동물의례』 *Animal Rites*는 동물예배를 위한 나의 첫 책이 아니다. 1975년으로 돌아가 내가 아직 신학생일 때 나는 이미『동물복지를 위한 예배문』 *Order of Service for Animal Welfare*을 썼고 이것은 영국 왕립동물학대방지협회RSPCA에 의해 소책자로 출판되었다. 물론 나의 동료 신학생들은 이 책에 대해 회의적이었고 속에 있는 생각을 감추지 못하고 떠들어댔다. 하지만, 그 소책자는 아주 잘 팔렸고 현재 6번째 개정판까지 나와 있다.[186]

---

184) Review of *Animal Rites* by Martyn Gross, *Crucible* (Journal of the Board for Social Responsibility of the Church of England) (January/March, 2000), 150–53.
185) *Animal Rites* 의 뒤표지에 나와 있는 논평이다.
186) *A Service for Animal Welfare* 는 RSPCA, Wilberforce Way, Southwater, Horsham, West Sussex RH139RS 로부터 구할 수 있다. 혹은 온라인 www.rspca.org.uk에서 구할 수 있다.

현재는 단지 영국에서뿐 아니라 유럽 대륙에서도, 그리고 미국에서도 점점 더 많은 성직자들이 동물을 위한 예배를 드리고 있다. 이 예배는 대개 10월 4일에 이루어지는데, 왜냐하면, 이 날은 '세계 동물의 날' World Day for Animals이며 또한 아시시의 성 프란체스코의 탄생일이기 때문이다. 혹은 10월 4일과 가장 가까운 일요일이 '동물복지주일' Animal Welfare Sunday로 지정되어 있고 이 날 동물을 위한 예배가 드려지기도 한다.

농담으로 하는 말인데, 하나님의 다른 피조물들을 섬기는 데에는 때로 위험을 수반할 수 있다. 내가 동물을 축복하던 첫 예배를 기억한다. 제단 난간에서, 한 남자가 흰 담비를 꽉 움켜쥐고 있었다. 나는 축도를 하려고 시도했다. 그 때 그가 소리 질렀다. "안돼요, 만지지 마세요, 이 녀석이 목사님의 거시기 손가락을 잘라버릴 지도 몰라요."[187] 이후론 성직자들이 동물예배에 "손을 안 댄다"don't touch고 말하는 것을 들을 때마다 나는 미소 짓는다.

"하지만, 동물은 집안을 어지럽힌다"고 이의를 제기하는 사람들이 있다. 이 말을 들을 때마다 나는 앨버트 슈바이처Albert Schweitzer가 서구철학의 역사를 어떤 사람이 아무리 부엌 바닥을 청소해도 개가 와서 더러운

---

187) 이 이야기는 본래 「처치 타임즈 *Church Times*」(2004년 10월 1일)에서 동물 예배에 대한 나의 글 가운데 나온 것이다. 그 다음 주에 요크셔(Yorkshire)에 있는 한 남자 성직자로부터 온 편지가 게재되었다. 그 역시 국립 흰담비 복지협회(National Ferret Welfare Society)의 회원이었다. 그는 분개했다. "나는 첫 번째 단락에서 흰담비와 그들의 소유자들에 대한 평소의 부정적인 이미지를 읽고 실망했습니다. 만약 그렇지 않았다면 매우 좋은 글이었을 것입니다. 흰담비들은 크기가 작고, 이빨로 무는, 냄새나는 동물이며, 그들을 어리석은 사람들의 바지 아래에서 찾아야한다는 일반적인 오해는 정말 매우 잘못된 것입니다. 흰담비는 그 어떤 다른 작은 포유동물보다도 물 가능성이 없습니다. 그리고 흰담비는 사실, 매력적이고 호기심이 많으며 친근한 피조물입니다. 흰담비 소유자들은 모두 무례하고 저속한 사람들이 결코 아닙니다. 나는 흰담비를 수 년 간 데리고 있었고, 아직까지 절대로 물리거나 제단의 난간에서 불경스러운 말을 한 적이 없습니다." 이것은 전적으로 타당한 충고였다. 어떤 모욕이 있었다면 사과한다. 나 역시 흰담비를 많이 생각한다. 그리고 나는 이러한 피조물이 또한 토끼를 공포에 떨게 하고 그것을 사냥하는 데 사용된다는 사실이 소름끼치는 수치라는 점에 글쓴이가 나와 동의할 것을 희망한다.

발로 진흙탕으로 만들어버리고 마는 것에 비유한 것이 떠오른다.[188] 그렇다 동물은 정말이지 인간중심주의적인 신학을 '어지럽힌다'. 교회에 동물을 데리고 나오려면 어느 정도 준비에 어려움이 있겠지만, 거기에는 깊은 상징적 중요성이 있다. 예배에 참가하는 인간 쪽에 좀처럼 잊을 수 없는 중요성이 있다. 그것은 아주 많은 신학들이 배제시켰던 동물의 세계를 예배에 포함시킨다는 것을 상징하는 것이다. 그것은 또한 하나님께 찬양을 드리고 있는 창조세계를 우리 눈으로 직접 볼 수 있는 기회를 제공한다.

하지만, 동물들이 내는 시끄러운 소리는 어쩌란 말인가? 글쎄, 어떤 사람에게 장송곡으로 들리는 소리는 다른 사람에게 새의 노래처럼 들릴 수 있다. 사실 나는 종종 다른 피조물이 가진 공간 감각에 놀라곤 한다. 종종 그런 일이 일어나지만, 예배시간에 개들이 서로 향해 짖기 시작할 때가 있다. 이럴 때 나는 아시시의 성 프란체스코는 새들에게 설교하는 능력을 가졌지만, 나 앤드류 린지는 단지 개들의 질문공세를 받을 수 있는 능력밖에 없다고 내 청중에게 양해를 구한다.

---

188) Albert Schweitzer, *Civilisation and Ethics*, tr. by C. T. Campion, London: Allen & Unwin, 1923, p. 119.

제9장
요약: 동물을 위한 예언자적 교회를 향하여

앞 장의 글이 가장 사적인 글이었다면, 이 장의 글은 가장 도발적인 글이 될 것이다. 2000년에 '동물복지를 위한 성공회 모임' ASWA은 사우스와크Southwark 대성당에서 동물복지를 위한 새천년 예배를 드렸다. 나는 설교 초대를 받았고 영국교회가 동물에 대한 윤리적 관심에 얼마나 이바지할 수 있는지, 그리고 만약 태만이 아니라면 현재의 무관심의 상태에서 벗어나기 위해 무엇이 필요한지 조사하기로 했다. 비록 나는 내가 속한 교회에 초점을 맞추었지만, 이 방법은 거의 모든 기독교 교회들과 관련이 있을 것이다. 다음의 내용은 ASWA에 의해 2000년에 소책자로 출간된 것을 개정한 것이다. 이 글은 지금까지 이 책에서 제기된 많은 문제들을 한꺼번에 다루기 때문에 이 책의 요약이 될 수 있을 것이다.

이 예배는 한 성공회성당에서 드려지는 예배이기 때문에, 여러분은 제가 성공회교회의 상황을 이야기하는 것부터 시작하는 것을 양해해주시리라 믿습니다. 동물에 관한한, 영국국교회Church of England에는 할 말이 많으며 나는 이 기회를 놓치고 싶지가 않습니다. 우리가 모두 아는 것처럼, 영국국교회는 법에 의해서 설립된 교회입니다. 이 교회의 수장은 여왕입니다. 대주교, 주교, 감독, 그리고 대성당 주임 사제들은 비록 교회의 의견을 어느 정도 참고하지만, 실질적으로는 수상에 의해 임명됩니다. 26명의 주교들은 상원에 자리를 가지고 있습니다. 심지어 교회의 예배도 법에 의해 지배를 받습니다. 영국국교회는 여러 가지 의미에서 제도화된 교회인 것입니다.

그렇다면 이런 질문이 제기되어야 합니다. 법과 관습과 특권에 뿌리를 둔 이와 같은 교회가 과연 가난하고 힘없고 약하고 불우하고 사회의 주변부에 있는 자들을 위해 발언할 수 있는가? 가장 근본적으로는 이 교회가 모든 것 중 가장 힘없고 약한 존재, 즉 지각이 있는 하나님의 다른 피조물들의 입장을 대변할 수 있는가? 내가 이 질문을 제기하는 이유는 우리의 큰 열망이 교회 안에서는 사멸했다고 보는 불가지론자 친구들이 있기 때문입니다. 영국국교회는 힘 있는 자들, 특히 동물에 대한 착취로부터 이득을 얻는 자들과의 제휴 때문에 너무 타협적이 되어서 동물을 위한 정의라는 대의를 결코 실질적으로 대변할 수 없다고 그들은 말합니다. 우리는 단지-동물 비유를 드는 걸 용서하신다면-주소를 잘못 잡은 나무 앞에서 짖고 있다고 그들은 말합니다.

만약 교회가 가난한 사람들, 가진 것을 박탈당한 사람들, 그리고 불우한 사람들조차 대변하지 못한다면 동물은 무슨 희망을 가질 수 있겠습니까? 한 가지 좋은 예를 들자면, 교회나 최소한 교회를 윤리적으로 대표하는 사람들 대부분이 현재 인간의 배아, 즉 분명히 인간 가운데 가장 약한 존재에 대한 파괴적인 실험을 지지하고 있을 때 지금 실험실에 갇혀 있는 동물들은 과연 무슨 희망을 가질 수 있겠습니까?

이해는 고사하고 교회가 동물의 대의명분을 정말로 이해하고 있다는 기미는 거의 없습니다. 그렇습니다, 교회는 농부들에게 무엇이 필요한지, 그리고 농촌 공동체를 괴롭히는 문제가 무엇인지 잘 알고 있습니다. 하지만, 교회는 정말로 농장의 동물들이 당하는 고통도 알고 있습니까? 몇 가지 예만 들겠습니다. 교회는 과연 동물들이 집약적 농법에 의해 감내해야 하는 것들—부리 자르기, 거세하기, 마취제 없이 꼬리 자르기, 좁은 우리에 가두어 키우기 등—이 무엇을 의미하는지 감지하기나 하고 있습니까? 교회는 안이한 확실성을 가지고 과학자들이 펼치는 공리주의적 주장을 받아들이고 있지만, 과연 세계 도처에 있는 실험실 안에서 동물들이 겪어야 하는 고통을 동등한 문제로 받아들이고 있습니까? 동물에 대한 유전자 실험이 급격히 증가하는 것에 대해 과연 교회는 어떤 저항을 하고 있는지 나는 의아해 하지 않을 수 없습니다. 교회는 산업과 상업의 필요가 무엇인지 완전히 이해하고 있습니다. 하지만, 동물들이 경제적인 상품으로 취급될 때, 즉 그들의 유전자가 조작되고, 특허가 매겨지고, 비참한 환경에서 사육되고, 섬뜩하게 도축되기만을 기다리면서 해외로 혹은 장거리 운송을 당할 때, 과연 동물들이 치러야 하는 대가가 무엇인지도 알고 있습니까? 이전에 결코 없었던 일이지만, 교회는 정말로 지금 우리가 하나님의 피조물들을 '고기를 생산하는 기계'로 바꿔버렸다는 것을 제대로 이해하기는 했습니까?

몇 가지 최근의 예를 드는 것으로도 충분할 것입니다. 지난 열두 달 동안 교회의 감독관님들은 부끄럼없이, 태연하게, 그리고 비판에 아랑곳하지 않고, 스포츠 사냥과 교회 소유지에서의 집약적 농업을 계속 허용해 왔습니다.[189]

---

[189] 영국국교회 재무위원회는 영국 교회가 소유하는 땅을 포함하여 교회의 재정을 관리한다. 여우 사냥에 대한 그들의 공식적이고도 오래 지속된 정책은 "우리 세입자들은 우리가 관리에 맡긴 땅에서 사냥을 허용할 것인지의 여부를 결정하는 데 있어서 그들 나름

내셔널 트러스트The National Trust 190) 라는 단체는 최소한 자기의 이름에 걸맞게 사슴 사냥의 잔인함 문제를 중점적으로 다루며 적절한 행동을 취하는 용기를 보여주었지만,191) 교회의 감독관님들은 그렇게 하지 못했습니다. 같은 기간 동안, 한 성공회성당은 기증품 경매를 통해 재정을 확충하고자 했습니다. 그것은 물론 아무 문제가 없는 것입니다. 하지만, 기증품의 하나가 사냥개를 동반한 일일 무료 사냥권이라는 것이 문제였습니다. 여기에 더하여, 같은 기간 동안, 재임 기간 중에 축산 농업을 공개적으로 반대했던 이전의 캔터베리 대주교는 집약적 돼지 사육을 옹호한다는 입장을 공식적으로 천명하였습니다. 그는 상원에서 돼지들에게 좀 더 넓은 공간을 주는 것에 반대하는 발언을 하고 거기에 투표를 했는데, 왜냐하면, 그렇게 하는 것이 "그 돼지들을 보살펴야 하는 사람들의 근로의 욕을 고취시키기 위해서는 시기적절한 것"이 아니기 때문이라는 것이었습니다.192)

의 양심에 따라야 한다"는 것이다. "Policy on Fox-Hunting" (London: Church Commissioners, March 1992). 많은 저항이 있음에도 불구하고, 그들은 2004년에 사냥개를 이용한 사냥을 폐지할 때까지 이 입장을 유지했다. 국가에 도덕적 본보기를 제공하기는커녕, 결국 그들은 단순히 법률 안에서 구현된 공식적 입장을 따라야했던 것이다. 최소한의 것을 말할 기회조차 잃어버린 것이다. 영국국교회 재무위원회의 정책에 영향을 끼치기 위한 시도로 총회에서 행한 나의 발언에 대해서는 다음을 보라. Andrew Linzey, "Cruelty in the Church's Own Backyard," Chapter 14, *Animal Gospel: Christian Faith as if Animals Mattered* (London: Hodder and Stoughton, 1999), pp. 130–39. 이 장은 구체적으로 영국의 상황에 초점을 두었기 때문에 Westminster John Knox에서 출판된 미국판에는 없다.

190) 영국, 웨일스, 북아일랜드에서 역사적인 의미가 있거나 자연미가 뛰어난 곳을 소유, 관리하며 일반인들에게 개방하는 일을 하는 민간단체-역자 주

191) 「내셔널 트러스트」*The National Trust*는 왕립협회의 생물학분야 간사이자 케임브리지대학의 킹스칼리지 학장인 패트릭 베이트슨(Patrick Bateson) 교수에게 사슴 사냥에 의해 발생되는 고통의 문제에 대한 보고서를 의뢰하였다. 베이트슨은 사냥된 사슴이 도로 사고에서 사지를 잃는 동물의 고통에 견줄만한 고통을 경험한다고 결론지었다. (Patrick Bateson, FRS, *Behavioural and Physiological Effects of Culling Red Deer, Report to the Council of the National Trust*, March 1997). 이러한 결과가 발표된 이후, 내셔널 트러스트는 그들의 땅에서 사냥개를 이용한 사슴 사냥을 허용하지 않기로 결정했다.

192) "예전에 아마추어 돼지 사육자였던 캔터베리의 대주교 로버트 런시(Robert Runcie)는 영국의 쪼들리는 돼지 사육자들을 강력하게 변호하기 위해서 기독교적 돌봄은 제쳐 놓았다. 오늘의 「텔레그래프」*Telegraph*에 글을 쓰면서, 그는 부유한 동물복지 압력단체들이 농장의 상황을 무시했다고 나무라고, 유럽의 경쟁자들과 맞서 싸우는 영국 농민들을 조롱했다고 비난했다. 압력 단체들에 관해서 그는 오늘날 농장 동물과 직접적인 접

자비로운 존재가 되는 것은 하나의 도전입니다. 그래서 내가 한번 해 보겠습니다. 나는 이 단체들과 개인들은 자신들이 일으키는 위법행위와 경악스러운 일을 이해하고 있다고 생각하지 않습니다. 동물보호론자들의 비판은 때로 가혹하겠지만, 역사의 비판은 이보다 훨씬 더 가혹할 것입니다.

오래 전, 내가 런던에서 학생이었을 때, 우리 그룹은 상원의 종교철학 분과강의를 들으러 가곤 했습니다. 어쨌든 우리는 항상 토튼햄Tottenham 법원 거리 지하철역에 내리곤 했습니다. 저는 그 역에 한 가지 기묘한 것, 즉 지상 1층으로 가는 낡고 흔들거리는 승강기가 있었음을 생생히 기억합니다. 그 승강기에 오를 때마다, "갈라진 틈을 조심하십시오"라는 기계음이 반복되어 들렸습니다. 이 말은 내 마음에 일종의 기도문처럼 되었습니다. 교회는 자기 안에 커다란 틈, 즉 진실성의 틈이 생겼음을 깨달았다고 생각하지 않습니다. 구체적으로 말하면 그 틈은 교회가 선포하

촉을 갖는 사람은 거의 없다고 말하면서, '그럼에도 불구하고 많은 사람이 어떻게 동물이 다루어져야 하는지에 대해 강한 견해를 가지고 있고 매일 그 동물들을 돌보고 운영하는 사람들에게 이래라 저래라 지시할 자격이 있다고 느낀다'라고 썼다. 「더 데일리 텔레그래프」*The Daily Telegraph* (6 March 2000)의 "Runcie Attacks 'Ignorant Critics of Pig Farming'"을 보라. 런시가 쓴 "축산업자를 지지하라—그는 무엇이 그의 돼지에게 최선인지 알고 있다"는 제목의 글도 같은 논지를 싣고 있다. 런시는 보몬트(Beaumont) 경의 돼지 복지 법안에 대해 반대했는데, 다른 무엇보다 이 법안은 돼지들에게 좀 더 넓은 공간을 줄 것과 깔짚을 개선할 것, 뿐만 아니라 꼬리를 짧게 자르는 것을 제한할 것을 제안했다. *Hansard* (House of Lords) (26 January 2000), col. 75. (본문에서의 언급은 col. 77 에 나옴). 교회 지도자들이 동물복지라는 대의에 대해 너무도 듣는 것이 없다는 것을 고려한다면 이 모든 것은 예외적이지 않을 수 있다. 예외가 있다면 그가 캔터베리의 대주교였을 때 집약적 농업에 반대하며 낸 그의 선언문의 정신과 최소한 조화를 이루기가 어렵다는 것이다. 그는 이렇게 말했었다. "많은 사람이 나에게 좁은 우리에 갇힌 암탉들과 나무틀에 갇힌 식육용 송아지들에 관해 편지를 썼다. 물론 이렇게 극단적인 감금 체계는 마땅히 혐오를 받아야 한다… 실제로 돼지를 키우는 농부로서 나는 내 돼지들이 그들의 자연적 존재의 영역을 존중하는 환경에서 키울 수 있는 것이 가능하다는 것을 발견했다. 나는 내 돼지들이 이처럼 보다 인도적인 대우에 반응을 보이는 것에서 기쁨을 얻는다. 그리고 나는 다른 축산업자들도 비슷한 환경에 있는 그들의 동물들에게서 비슷한 것을 느낀다고 확신한다…" "Statement by the Archbishop of Canterbury on Factory Farming" (London: Lambeth Palace), Andrew Linzey, *Christianity and the Rights of Animals* (London: SPCK, and New York: Crossroad, 1986)에서 발췌, "Appendix: Church Statements on Animals, 1956–1986," p. 155.

는 복음과 동물에 대해 저질러지는 학대행위에 대한 교회의 무감각함 사이에 생긴 틈입니다. 복음은 창조세계를 향한 무제한적이고, 자유로우며, 관대하신 하나님의 사랑, 즉 예수 그리스도의 삶과 고난, 자기희생과 죽음에서 섬광처럼 드러난 그 관대함에 대한 것입니다. 복음은 전 창조질서를 위한 기쁜 소식입니다. 하나님은 각각의 그리고 모든 살아있는 피조물들을 돌보십니다. 참새 한 마리도 하나님께서는 잊으시는 법이 없습니다. 지금 말씀드린 모든 것의 단 10분의 1만이라도 사실이라면, 교회는 동물들에게 다르게 행동해야 할 것입니다.

사람들은 가끔 나에게 말합니다. "앤드류, 교회는 걱정하지 마세요. 역사적으로 교회는 종종 잘못된 편에 섰어요. 노예제, 여성의 투표권, 사형제, 혹은 아동의 권리만 생각해보세요. 하지만, 교회는 항상 역전승했습니다. 결국 교회는 외부의 압력에 굴복할 것이고 동물의 대의를 지지할 겁니다." 글쎄요, 이 말은 나를 기쁘게 하지 못했습니다. 나는 교회가 단순히 세상의 압력에 순응하기 위해 동물의 대의를 지지하길 원치 않습니다. 나는 오히려 교회가 자신이 믿는 복음이 동물학대를 반대할 것을 명령한다는 것을 깨닫기 바랍니다. 지금 필요한 것은 교회가 가진 자애롭고 관대하신 하나님에 대한 교리 그 자체가 우리로 하여금 동물을 향해 관대함을 가지고 행동하도록 명한다는 것을 깨닫게 하는 것입니다. 오늘날 교회에 주어진 과제는 우리의 선구적인 기독교 선조들이 보았던 같은 것을 보게 하는 것입니다. 그것은 다름이 아니라 학대행위cruelty가 기독교 신앙과는 양립할 수 없다는 점입니다. 일찍이 1776년에 성공회 신학자 험프리 프리마트Humphry Primatt는 이렇게 말했습니다.

> 우리는 우리가 좋아하는 종교에 자부심을 가질 수 있다. 그러나 학대행위는 무신론이다. 우리는 기독교를 자랑할 수 있다. 그러나 학대행위는

불신앙이다. 우리는 우리의 정통교리를 신뢰할 수 있다. 그러나 학대행위는 이단 가운데 최악의 이단이다.[193]

어떤 사람들을 이렇게 말합니다. "앤드류, 걱정하지 마세요. 교회가 현저하게 심지어 압도적으로 인간에 대해, 인간의 이해관계에 대해, 그리고 인간의 복지에 대해 관심을 쏟는 것은 불가피한 일입니다." 글쎄요, 이 말도 나를 만족시키지는 못합니다. 하나님은 단지 인간만이 아니라 모든 피조물들의 창조주가 되십니다. 하나님이 만드신 수많은 종種들 가운데서 오직 한 가지 종種에게만 배타적으로 관심을 가지신다고 가정하는 것에는 무언가 깊이 우상숭배적인 요소가 있습니다. 세상은 인간의 이해관계가 이 세계에서 하나님의 유일한 이해관계가 아니라는 하나님의 진리를 말해줄 교회 지도자들과 신학자들을 찾고 있지만 그것은 허사였습니다. 온 창조세계는 단지 인간의 개선을 위해 만들어진 것이 아닙니다. 만물의 척도는 인간이 아니라 하나님이십니다.

사람들은 또 이렇게 말합니다. "글쎄요, 앤드류, 당신은 일종의 예언자이시군요." 나는 나에 대한 어떤 말도 감사하고 그 말들의 대부분은 정말로 좋은 뜻의 말들이었지만 나는 예언자가 되는 것에 흥미가 없습니다. 지금 필요한 것은 예언자가 아니라 예언자적인 교회입니다. 내가 가장 많이 듣는 이야기는 이런 이야기입니다. "앤드류, 인내심을 가지세요. 교회는 천천히 움직여요. 시간이 걸린다고요. 교회의 위계조직이 급진적인 입장을 취할 것이라고 기대해서는 안 돼요." 글쎄요, 나는 많이 인내해왔습니다. 30년 이상 인내해왔습니다. 만약 인내심에 대해 누가 아첨 점수

---

193) Humphry Primatt, *The Duty of Mercy and the Sin of Cruelty to Brute Animals* [1776], edited by Richard D. Ryder (Fontwell: The Centaur Press, 1992), p. 125. 서문은 존 오스틴 베이커(John Austin Baker) 주교가 썼다. 프리마트의 연구는 동물보호운동의 발생에 기초적인 것이었다. 1824년 (당시의) SPCA를 설립한 아서 브룸(Arthur Broome)은 1831년에 프리마트 연구의 요약본을 출판했다 (p. 11 in Ryder's Introduction).

를 준다면, 나는 그 점수 모두를 받았을 것입니다. 오래 전 그들은 나를 '화가 난 젊은이'라 불렀습니다. 하지만, 적어도 이제 그들은 더 이상 나를 그렇게 부를 수 없습니다. 왜냐하면, 지금 나는 '화가 난 늙은이'가 되어버렸기 때문입니다. 그리고 급진성에 대해 정직하게 말하자면, 기독교의 복음보다 더 급진적인 것이 어디 있습니까. 사랑이 악을 이길 것이며, 평화가 폭력을 극복할 것이고, 심지어 탐욕스럽고, 잔인하며, 폭력적인 인간이 구원받을 것이라는 상상보다 더 대담무쌍한 것이 어디에 있습니까.

매년 나는 동물에 대한 교회의 입장에 깊은 환멸을 느끼는 수 많은 사람들로부터 편지를 받습니다. 어떤 이들은 이미 교회를 떠났거나 곧 떠나려 하고 있습니다. 그들이 어떻게 느끼고 있는지 아는 것은 어려운 일은 아니지만, 만약 동물을 염려하는 사람들 모두가 교회를 떠난다면 교회가 설자리는 어디가 되겠습니까? 교회는 그동안 대부분 서 있었던 곳, 즉 이 논쟁의 잘못된 쪽에 서있게 될 것입니다. 물론 교회에 대해 투덜거리기는 쉽습니다. 교회에는 항상 깨인 주교님들과 지도자들이 있을 것입니다. 나는 그들을 교회에 남겨두신 하나님께 감사하며 그분들에게 경의를 표합니다. 하지만, 우리는 교회의 위계조직이 의식을 찾을 때까지 마냥 기다릴 수만은 없습니다. 그렇다면 우리는 예수님이 재림하실 때까지 기다리고 있어야만 할 것입니다. 아닙니다. 우리는 지금 시작해야 합니다. 결국 우리는 회중의 교회가 아니겠습니까? 우리의 목표는 동물 친화적인 교회, 동물에게 온정적인 교회를 만드는 것입니다. 그렇다면 이것을 어떻게 할 수 있습니까?

다음이 나의 '4부 합창 전략'입니다. 첫 번째로 우리에게는 '동물성서' Animal Bible가 필요합니다. 동물성서란 우리가 성서 안에서 모든 동물 친화적인 요소들을 끌어낼 필요가 있다는 것을 가리킵니다. 성서 안에 있는 모든 것이 동물권이나 인권에 친화적이지는 않습니다. 그러나 많은 사람이 가정하는 것보다 훨씬 더 성서는 동물권이나 인권에 친화적입니다. "이리가 어린 양과 함께 눕는"이사야 11:6 보편적 평화사상은 동물권을 옹호하는 사람들에 의해 발명된 것이 아닙니다. 채식주의로 살라는 태초의 하나님의 명령창세기 1:29~30 역시 그들이 발명한 것이 아닙니다. 하나님과 모든 살아 있는 피조물 사이에 계약이 맺어졌다는 사상창세기 8:9~10 역시 우리가 발명한 것이 아닙니다. 하나님이 특별히 동물들과 계약을 맺어 "이 땅에서 활과 칼을 꺾어 전쟁을 없이"호세아 2:18 하실 것이라는 믿음도 우리가 창작한 것이 아닙니다. 우리에게 절실하게 필요한 것은 바로 성서의 이러한 그리고 다른 동물 친화적인 통찰들을 토로할 완전히 새로운 세대의 성서학자, 주석가, 그리고 번역자들입니다.

우리는 '완고한 성서 신봉자들' Bible bashers, 즉 성서를 들어 동물들을 때리는 데 사용하는 사람들을 물리쳐야 합니다. 성서 어디에서도 동물들이 단지 인간의 이용을 위해 만들어졌다고 말하지 않습니다. 성서는 이 지구 전체가 인간이 원하는 대로 맘대로 할 수 있는 인간의 것이라고 말하지 않습니다. 성서는 하나님의 유일한 관심이 인간이라는 한 종種에게만 있다고 말씀하지 않습니다. 우리는 이렇게 중요하고 영향력 있는 성서라는 책이 동물을 착취하는 사람들의 사적 전유물로 남도록 내버려둘 수 없습니다. 성서는 동물을 위해 읽혀지고, 연구되고, 되찾아져야 합니다.

두 번째로 우리에게는 '동물신학' Animal Theology이 필요합니다. 언젠가 한 옥스퍼드 대학생은 신학을 "방법론적으로 스스로를 당황케 하는 어떤 길"이라고 정의한 바 있습니다. 두 말할 필요 없이, 나는 이 견해에 동의하지 않습니다. 신학은 종종 무언가 추상적이고 내세적인, 혹은 단순히 이론적인 것으로 묘사됩니다. 하지만, 실상은 거의 모든 중요한 개혁

운동들은 신학으로부터 시작한다는 사실입니다. "좋은 이론만큼 실천적인 것은 없다"는 말이 있습니다. 우리에게 절실하게 필요한 것은 동물이라는 대의에 목소리를 내는 새로운 신학입니다. "역사는 승자의 영토이다"라는 말이 있습니다. 그러나 우리는 동물에 대한 정의라는 대의가 기독교 역사에서 다 소진되어 더 이상 쓸거리가 없는 것처럼 만들어서는 안되겠습니다. 예를 들어, 로마가톨릭신자들 중에서 과연 누가 동물들이 그리스도와 비슷한 순결함을 가지고 있다는 뉴먼Newman 추기경의 교리를 들어본 적이 있으며, 무고한 동물들에게 가해진 고통이 그리스도 그분에게 가해진 고통과 도덕적으로 동등하다는 그의 견해를 들어본 적이 있습니까?[194] 감리교 신자들 중에서 누가 유혈 스포츠에 대한 존 웨슬리의 혐오를 알고 있으며, 그가 동물의 불멸성을 옹호했다는 것을 알고 있습니까?[195] 성공회 신자들 중에서 누가 1824년에 세계에서 첫 번째의 동물보호 단체인 RSPCA왕립동물학대방지협회를 설립한 사람이 다름 아닌 성공회 사제 아서 브룸Arthur Broome이었으며,[196] 오늘날 우리가 알고 있는 반反학대 감독관 제도가 그의 아이디어였고 이 제도의 첫 번째 기금

---

[194] "내 뜻은 우리가 종종 읽는 이야기에서 짐승들에게 가해지는 학대에 관한 이야기를 읽는 것이 얼마나 끔찍한 것인지를 생각해보라는 것입니다. 이것이 우리의 주님에게 가해진 학대행위 바로 그것이 아니라면 무엇이겠습니까?" John Henry Newman, "The Crucifixion" [1842] Sermon X, *Parochial and Plain Sermons* (London: Rivingtons, 1868), pp. 133-45. 또한 나의 논고를 보라, "The Christ-like Innocence of Animals," Chapter 8, Animal Gospel, pp. 73-77.

[195] 다음을 보라. Andrew Linzey, "John Wesley-An Early Prophet of Animal Rights," The Methodist Recorder (10 April 2003), 15. 동물의 불멸성에 대한 존 웨슬리의 설교에 관해서는, John Wesley, *Sermons on Several Occasions*, 4 Vols with biographical note by J. Beecham(London: Wesleyan conference Office, 1874)을 보라. Vol. ii 는 그가 동물의 불멸성을 지지하는 설교 "The General Deliverance," pp. 121-32를 담고 있다. 잔인한 스포츠에 대한 웨슬리의 반대에 관해서는 그가 1756년 7월 등재한 *Journal* (standard edition) (London: Charles H. Kelley, 1909), 4: 176을 보라.

[196] 아서 브룸(Arthur Broome)은 이 단체의 발족을 선언하기 위한 첫 번째 모임을 소집했다. 그의 노력은 매우 희생적인 것이었다. 그는 이 단체의 첫 번째 총무로서 이 단체를 위해 (무보수로) 전 시간을 일하기 위해서 그의 런던 교회를 그만두었으며, 결국 이 단체의 빚 때문에 감옥에 갇히게 되었다. 다음을 보라. James Turner, *Reckoning with the Beast: Animals, Pain, and Humanity in the Victorian Mind* (Baltimore and London: Johns Hopkins University Press, 1980), pp. 40-44.

이 그의 개인 주머니에서 나왔다는 것을 알고 있습니까? 복음주의자들 중에서 누가 스베덴보리Emanuel Swendenborg, 스웨덴의 영성 신학자를 신봉하는 목사였던 윌리엄 코호드William Cowherd가 1807년에 '성서기독교회'Bible-Christian Church 197)를 창립했다는 것을 알고 있습니까?198) 신자가 되기 위해서는 채식주의를 의무로 했던 이 교회는 현대 채식주의 운동의 개척자가 되었습니다.

동물보호운동은 기독교 전통에서-단지 세 명만 예로 든다면-윌리엄 윌버포스William Wilberforce, 존 웨슬리C.S. 루이스C.S. Lewis 등 여러 위대한 인물들의 공적으로 인해 명예로운 역사를 가지게 되었지만 우리들의 이야기는 여기서 끝난 것이 아닙니다. 사실 우리들의 이야기는 거의 알려지지 않았습니다. 하지만, 새로운 각성이 일어나고 있다는 증거들이 있습니다. 지금 창조적인 신학을 담은 새로운 책들이 출판되고 있는데, 그것은 스테판 웹Stephen Web의 『하나님과 개에 대하여』On God and Dogs, 199) 존 이튼John Eaton의 『창조세계의 순환』Circles of Creation 200), 그리고 로버트 머레이Robert Murray의 『우주적 계약』The Cosmic Covenant 201) 등입니다. 이 책들은 강력한 지지를 받고 많은 사람에 의해 읽혀질 가치가 있습니다. 그런

---

197) 영국 북서부에 세워진 기독교 채식주의 소종파-역자 주
198) 그 교회는 1807년 솔포드(Salford)에 설립되었다. 코허드를 따르는 사람들 중의 일부였던 윌리엄 매트컬프(William Metcalfe)는 나중에 미국을 여행했고 "미국의 가장 훌륭한 채식주의 지지자들" 중 사람이 되었다. Karen Iacobbo and Micheal Iacobbo, *Vegetarian America: A History* (Westport, Connecticut: Praeger Publishing, 2004), p. 11. 나의 다음 글을 보라. "Foreword: Veggie Pilgrim Fathers," pp. ix-. 아이아콥보(Iacobbo)의 책은 채식주의에 대한 주목할 만한 역사책인데 채식주의의 종교적이고 신학적인 역사를 담고 있다. 또한 다음을 보라. *History of the Bible-Christian Church, 1817-1817*(Philadelphia: J. B. Lippincott Company, 1922). 여기서는 육식을 당연히 하는 미국 땅에서 어떻게 '바이블 크리스천들'(Bible-Christians)이 먹으며 살았는지에 관한 상세한 내용이 기록되어 있다. 이 책을 알게 해 준 버나드 운티(Bernard Unti)에 감사한다.
199) Stephen H. Webb, *On God and Dogs: A Christian Theology of Compassion for Animals* (Oxford: Oxford University Press, 1998). 이 책의 서문은 앤드류 린지가 썼다.
200) John Eaton, *The Circles of Creation: Animals in the Light of the Bible* (London: SCM Press, 1995).
201) Robert Murray, *The Cosmic Covenant: Biblical Themes of Justice, Peace, and the Integrity of Creation* (London: Sheed and Ward, 1992).

데 우리는 책만 필요한 것이 아니라 동물에 관한 새로운 신학적 목소리를 내는 데 이바지할 완전히 새로운 세대의 학생들, 과목들, 학위들, 기관들, 센터들, 그리고 학교들이 필요합니다. 이미 좋은 소식들이 들려옵니다. 내가 동물신학을 연구하는 것에 관심을 가진 세계 곳곳의 학생들로부터 편지를 받지 않고 한 주를 지내는 일은 거의 없을 정도가 되었습니다. 동물들을 위해 좀 더 나은 세상을 만들기 위해 우리는 우리의 생각 즉 우리의 신학에 힘을 쏟을 필요가 있습니다. '동물윤리를 위한 옥스퍼드 센터' Oxford Centre for Animal Ethics라는 새로운 기관을 설립한 것은 이 방향으로 나아가는 데 중요한 발걸음입니다.

세 번째로 우리는 '동물목회' Animal Ministry가 필요합니다. 동물목회란 동물을 보살피고 또한 동물의 고통을 완화시키는 것이 그리스도인들의 실질적인 의무라는 단호하고도 강력한 이해에 기초한 것입니다. 동물들에 대하여 평범하고, 미온적이며, 열의가 없고, 설익은 교회의 선언문들은 어림도 없습니다. 만약 그리스도인들이 모든 피조물들을 위한 화해의 목회가 필요하다는 것을 믿는다면, 그것은 진심이어야 하고, 동물의 비참한 처지에서 돈을 버는 거래에 도전하는 것을 의미합니다.

그리스도인들은 너무도 자주 우리가 마치 '선택받은 종種'인 것처럼 말합니다. 적어도 나는 우리가 선택받은 종은 맞으나 '다스리는 종' master species이 아니라 '섬기는 종' servant species이라고 믿습니다. 우리들의 소명은 약하고, 자신을 방어할 수 없고, 상처입기 쉽고, 보호받지 못하고, 무고한-정확히 말하자면 자신을 대변할 수 없는-존재들을 위해 우리들의 힘을 사용하는 것입니다. 그것이 나에게는 기독교적 목회입니다. 즉 모든 고통 받는 피조물들을 향한, 그리스도를 닮은 목회입니다.

평신도든 성직자든 하나님의 온 창조세계를 향한 포용적인 목회라는 이 문제를 붙들, 완전히 새로운 세대의 그리스도인들을 우리는 절실히 필요로 합니다. 물론 우리는 인간의 구원에 관심을 가져야 합니다. 창조세계 가운데 유일하게 인간만이 잔인하고, 탐욕스러우며, 죄가 많습니다. 그래서 확실히 인간에게는 구원이 필요합니다. 하지만, 동물들 역시 잔인하고 탐욕스러우며 죄가 많은 인간들로부터 구원받을 필요가 있습니다. 이것은 모든 국가와 모든 지역의 교회들에게 던져진 완전히 새로운 의제입니다.

마지막으로, 우리는 '동물의례' Animal Rites가 필요합니다. 너무도 자주 기독교 의례와 예배는 영적으로 메말라 있습니다. 우리는 마치 창조세계가 눈에 보이지 않는 것처럼 하나님 앞에서 예배를 드립니다. 하지만, 예배는 모든 살아있는 피조물들을 향한 경축으로 우리를 이끌어야 합니다. 예배는 우리 안에서 경외심과 경이감 그리고 하나님의 장엄한 세계에 대한 감사를 불러일으켜야 합니다. 구체적으로 우리에게는 동물들의 생명을 경축하고, 그들이 인생의 반려자가 된 것에 감사하며, 그들의 고통이 경감되기를 기도하고, 그들의 죽음을 기억하는 예배가 필요합니다. 나의 책 『동물의례』 *Animal Rites*는 이것을 위한 많은 시도들 중의 하나일 뿐이며 단지 시작에 불과합니다. 하지만, 우리는 기독교의 예배를 변화시키는 일을 지속적으로 해야 하며 그래서 기독교의 예배가 동물 포용적이고 동물 친화적이 될 수 있도록 만들어야 합니다. 이것은 기독교 예배가 고통 받는 피조물들의 세계와 연결되도록 돕기 위한 예배학자, 시인, 그리고 찬송가 작사자들을 위한 의제입니다. 이상과 같은 것들이 우리의 '4부 합창 전략'이 되어야 합니다. 동물성서, 동물신학, 동물목회, 동물의례의 도움으로 우리는 지금 동물들에 대한 '영적 문맹' 상태에 있는 교회를 구할 수 있을 것입니다.

나는 곧 여러분에게 인간의 손에 의해 죽임 당하고 고통받은 수백 수천 수백만의 동물들을 기억하며 일어서서 침묵의 시간을 갖자고 요청할 것입니다. 우리는 작은 역사를 만들 것입니다. 그 침묵의 시간은 그리스도인들이 교회 안에서 일어서 하나님의 다른 피조물들의 삶과 죽음을 공적으로 기념하는 첫 시간이 될 것입니다. 우리가 그들을 기억하는 것은 현명한 일입니다.

교황 요한 바오로 2세는, 비록 내가 좋아하는 신학자는 아니었지만, 지난 2000년 3월에 무언가 용기 있고 정말이지 심오한 말을 했습니다. 미안하다고 말한 것입니다. 그는 반反유대주의를 지지하고, 여성의 권리에 반대하며, 다른 종교를 믿는 사람들에 대해 가해지는 폭력을 정당화한 죄들과 같은, 교회가 저지른 죄들을 회개한다고 말한 것입니다.[202] 회개하는 교회에는 언제나 희망이 있습니다. 다른 교회 지도자들도 그가 보여준 사례를 따라주기를 희망합시다. 무엇보다도 우리는 동물에 대한 무지와 어리석음, 특히 동물에 대한 학대행위에 자신이 공모한 것을 공개적으로 회개하는 교회를 필요로 합니다. 하나님께서 그런 교회를 필요로 하시고 또한 동물들이 그런 교회를 필요로 합니다. 그러나 그러한 일은 많은 희생적인 노력이 없이는, 그리고 하나님의 풍성한 은총이 없이는 이루어지지 않을 것입니다. 나는 여러분께 이러한 갱신과 교정의 과제를 침묵의 회개라는 단순하고도 상징적인 행동으로부터 시작하자고 제안합니다.

---

202) "로마의 성베드로 대성당에서 이루어진 한 엄숙한 고해성사에서 교황 요한 바오로 2세는 그의 교회가 지난 2천 년 동안 지은 죄, 특히 기독교인 사이에 분열을 일으킨 죄에 대해 하나님의 용서를 구함으로써 역사를 만들었다. 동시에 교황은 '어머니 교회'의 신성함을 재확인했다. 이 고백이 기초한 문서 *Memory and Reconciliation: The Church and the Faults of the Past* 는 교회는 항상 거룩하게 남아 있지만 교회의 회원들이 잘못을 범한다고 강조한다." *The Christian Century* (22 March 2000). 그렇다면 이 문서는 오직 교회의 이름으로 행해지는 죄만 인정할 뿐 교회 자신에 의한 어떤 죄, 혹은 교회으로 교회를 섬긴 사람들에 의해 저질러진 죄에 대해서는 인정하지 않는 것으로 보인다. 따라서 나의 찬사는 제한적인 것이 되어야 한다. 다음을 보라. Andrew Linzey, "Why We Should Applaud Pope John Paul Ⅱ," *Church of England Newspaper*, 8 July 1999, p. 21.

정의의 하나님

우리 삶에 대한 자기도취와 냉담함에 대하여

의로운 분노를 가질 수 있도록

우리를 채우소서.

자비의 하나님

우리의 완고한 마음으로부터

우리를 구하시고

우리 안에서

당신의 긍휼히 여기시는 영을 다시 새롭게 하소서.

구원의 하나님

모든 피조물을 구속하시며

죽음을 이기시는 당신이

모든 피조물의 희망입니다.

당신 앞에 서서

고통 받고 죽은

모든 피조물들을 기억하며

당신의 자비를 구합니다.

우주의 하나님

인종, 신조, 피부색, 혹은 종種의 경계 없이

당신의 눈 안에서는 모든 생명이 고귀합니다.

당신의 영을 지금 우리에게 보내셔서

마음과 정신과 영혼의 그 편협함에서

우리를 해방시켜 주옵소서.

그리하여 모든 피조물이 친족임을

우리가 지각할 수 있도록

그리고 만물이

그리스도 안에서 하나 되는

그 목적을 향해 나아갈 수 있도록 도와 주소서.

아멘. 203)

---

203) 이 기도문은 다음에서 따왔다. Andrew Linzey, *Animal Rites: Liturgies of Animal Care* (London: SCM Press, 1999, and Cleveland: Ohio: The Pilgrim Press, 2000), p. 130.

부록 1

사냥에 관해
주교님들에게 보내는 공개서한

> 다음은 2002년 10월 20일자 「처치 타임즈」*Church Times*에 실렸던 전면 광고문이다. 이 광고는 '잔인한 스포츠에 반대하는 연맹' League Against Cruel Sports과 '동물복지를 위한 국제기금' International Fund for Animal Welfare과 왕립동물학대방지협회RSPCA를 산하단체로 둔 '사냥당하는 동물을 보호하기 위한 캠페인' Campaign to Protect the Hunted Animal이 후원했다.

경애하는 주교님들께,

여느 때와 다른 소통 형식을 빌어 말씀드리는 걸 용서하십시오. 하지만, 이 문제는 지금 긴박하고 주저할 시간이 없습니다. 정부는 현재 '사냥법' Bill on Hunting을 공표했고, 조만간 상원과 하원에서 이에 대한 심의가 있을 예정입니다. 나는 상원에 계신 주교님들이 이 논의에 이바지하신 바에 관해 읽었으나 아직 명확히 표현되지 않은 중대한 신학적이고 윤리적인 고려사항이 있다고 믿습니다.

지금까지 발언한 주교님들은 자신이 대표하는 농촌 공동체의 복지와 사냥의 사회적이고 문화적인 측면에 대해서 관심을 표명하셨습니다. 매우 이해할 수 있는 일이지만 사람들은 농촌에 대한 관심이 없어졌고 농민들은 유례가 없는 어려움을 겪고 있다고 느낍니다. 하지만, 주교님들은 이 논쟁의 핵심이 '학대행위' cruelty의 문제라고 보는 사람들의 견해를 청취하셨는지 불분명합니다. 몇몇 주교님들이 동물의 복지에 대해 언급하셨지만 학대라는 문제를 온전히 거론한 분은 거의 없습니다.

나는 '학대행위'를 지각이 있는 피조물에 의도적으로 가한 고통이라고 정의합니다. 개를 동반한 사냥이 '잔인하다'는 것은 그것이 수의과 수술에서처럼 개체 동물 자신의 이익을 위해 행해지지 않을 때 '잔인하다'는 것은 논쟁의 여지가 없습니다. 모든 포유동물이 스트레스와 공포, 충격과 염려, 공포와 트라우마, 그리고 불길한 예감 및 육체적 고통을 경험한다는 것에는 이미 충분한 과학적 증거가 있습니다. 사냥하는 사람들은 한 피조물이 죽을 때까지 뒤쫓는 것이 사냥의 목표라고 분명히 밝히고 있기 때문에 그것은 '의도적'이라고 할 수 있습니다. 모든 사람들이 그 피조물의 죽음을 눈으로 볼 수 없지만, 사냥하는 사람들은 의심의 여지없이 최소한 사냥당하는 동물의 대부분이 당하는 결과를 직접 눈으로 볼 수 있을 것입니다.

인간은 도덕적 결정을 내릴 자유를 가진 도덕적 행위자입니다. 이 점이 사냥에 관한 논쟁에서 핵심적인 것입니다. 정말 있을 수 없는 일은 자신의 행위의 의미를 더 잘 알아야 하는 도덕적 존재가 학대를 동반하는 행위에 들어가기로 선택한다는 점입니다. 이 세계에는 비도덕적인 것들과 어떤 행위자에 의해 행해진 우연한 혹은 본능적인 가해행위가 있는가 하면, 이와 확실히 달리 도덕적 행위자의 의지에 의해 의도적으로 행해진 가해행위가 있습니다. 한마디로 이 둘의 차이는 '우발적' 행동 혹은

'불행한 일'이냐 아니면 도덕적으로 사악한 행동이냐의 차이인 것입니다.

따라서 몇몇 주교님들이 시도하셨던 것처럼, "여우들은 그것대로 친절하지 않고" 혹은 마치 자연이 도덕교과서나 도덕적 행위자나 되는 것처럼 그래서 우리의 의무를 면제해줄 수 있는 것처럼 "자연이라는 세계는 친절한 곳이 아니다"라고 언급함으로써 사냥을 정당화하려는 시도는 통하지 않을 것입니다. 엄밀히 말해서 학대는 완전히 인간의 행동입니다. 그것은 자유와 의도를 전제로 합니다.

그러한 행위가 본질적으로 있을 수 없는 일이라 주장하는 데에는 좋은 신학적 근거가 있습니다. 인간은 '하나님의 형상'으로 만들어졌고 동물을 다스릴 '지배권'이 주어졌습니다. 과거에는 이 두 개념이 동물에 대한 착취를 옹호하는데 사용되었던 것이 사실입니다. 그러나 오늘날 이렇게 생각하는 학자는 거의 없습니다. 오히려 우리는 하나님의 대리자로서 행동해야 합니다. 거룩하시고, 사랑이 많으시며, 공의로운 하나님의 형상으로 만들어졌기에 우리는 하나님이 하시는 것처럼 창조세계를 돌보는 독특한 의무를 수행해야 합니다. "왜 우리가 동물을 돌봐야 하는가?"라는 질문에는 오직 한 가지 성서적 답변만이 가능할 뿐입니다. "우리에게는 동물을 돌보는 의무가 주어졌기 때문입니다."

이러한 관점에서 볼 때, 우리의 힘 아래 완전히 복속되어 있고 또한 엄격히 말해서 도덕적으로 무죄인 '우리보다 못 한 피조물들'에게 의도적으로 고통을 가하는 것은 우리가 하나님으로부터 받은 책임에 대한 커다란 모반행위입니다. 한 주교님은 "[기독교와 유대교와 이슬람이라는] 세 아브라함 종교 전통 안에는 인간과 다른 나머지 피조질서 사이에 고정되고 커다란 간격이 있다"고 주장하면서 사냥을 옹호했으나 이것은 기독론적으로 무지몽매한 발언입니다. 그는 마치 힘 자체가 스스로 정당성을 가지는 것처럼 말했습니다. 하지만, 그가 말한 '간격'이라는 것은 최소한 부분적으로라도 우리의 도덕적 배려라는 행위로 채워져야 합니다. C.S. 루이스가 관찰하듯이, 동물에 대해 인간이 우위에 있다는 생각은 인간이 동물에 대해 의무를 지니고 있다는 것을 어느 정도 인지하는 것에 의해서만 존립이 가능한 생각입니다. 동물은 이러한 의무를 우리에게 지고 있지 않습니다.

하지만, 학대는 단지 있어서는 안 될 정도의 행위가 아닙니다. 그것은 도덕적인 빈곤의 증거, 즉 예수 그리스도처럼 관대함의 삶을 살지 못하는 우리 그리스도인들의 실패를 완벽하게 보여주는 사례입니다. 뉴먼Newman 추기경이 지적한 것처럼, "우리에게 어떤 해도 가하지 않고, 스스로를 지킬 수도 없으며, 완전히 우리의 힘 아래 있고 [또한] 공격이나 방어 무기도 갖지 못한 존재들을 괴롭히는 것에는 너무도 무섭고 악마적인 무언가가 있습니다." 그는 다음과 같이 호소하면서 그리스도를 닮은 동물의 무고함에 대해 이렇게 말합니다. "그렇다면 나의 형제[자매]들이여, 짐승들에 대한 학대행위에서 당신이 어떤 느낌을 받았는지 생각해보십시오. 그러면 그리스도의 십자가와 수난의 역사를 들을 때 당신 안에서 일어나는 비슷한 종류의 느낌을 받게 될 것입니다."

한 가지 문제가 더 있습니다. 사냥은-모든 죽임이 그래야 하는 것처럼-죄 많고 타락한 이 세상 안에서 어쩔 수 없이 필요할 때에 가끔 행해지는 유감스런 행동으로 행해지는 것이 아니라 도리어 '스포츠'로 찬양받고 있다는 점입니다. 무엇보다도 사냥이 예수 그리스도 안에 있는 하나님의 자유롭고 관대하신 사랑의 복음과 결코 양립할 수 없다는 것을 우리가 깨달아야 하는 것은 바로 이 때문입니다. 사람들이 사냥을 하는 것은 즐기기 위함입니다. 말라리우Mallalieu 남작부인은 이렇게 말한 적이 있습니다. "사냥은 우리의 음악이고, 우리의 시이며, 우리의 예술이고,

우리의 즐거움이다." 수 천 명의 시민들이 런던에서 사냥 반대 행진을 벌였을 때 그것은 단지 여우를 죽이는 '가장 효율적인' 방법을 찾으라고 요구하기 위해서가 아니었습니다.

고통을 가하는 것에서 기쁨을 얻는 것이 왜 그렇게 도덕적으로 통탄할 만한 일인지를 이해하는 것은 대단히 중요합니다. 어린아이의 잘못된 행위를 교정할 의도로 손바닥으로 철썩 때리는 것 정도는 도덕적으로 허용될 수 있을지 모르겠습니다. 하지만, 만약 이것을 즐기는 부모들이 있다면 우리는 당연히 그 앞에 맞서야 할 것입니다. 즐거움을 취하는 것은 도덕적으로 정당한 행위를, 상상건대, 혼란스럽고 심지어 사악한 것이 되게 할 수도 있습니다. 사냥을 금지시키는 것 그 자체는-찰싹 때리는 것을 금지하는 것보다 더-그러한 악행을 막지는 못할 것입니다. 하지만, 최소한 희생되는 숫자에 제한은 가할 것입니다.

본질적으로는 여기에 기독교적 일면이 있으며 이것은 정확히 표현될 가치가 있습니다. 동물 세계에 대한 돌봄과 관대함으로 신실하게 신뢰를 쌓아야 하는 쪽은 우리, 즉 너무나 많은 힘이 주어진 우리 인간이라는 사실입니다. 그리스도 안에 있는 하나님의 힘이 희생적인 사랑의 행위로 나타났다면, 또한 가난하고 약하고 깨지기 쉬운 자들을 향한 특별한 배려로 나타났다면, 우리가 가진 힘도 그렇게 사용되어야 마땅하지 않겠습니까! 그리고 이 모든 기독교적 가치들이 단지 우리 인간에게만 실행되어야 하겠습니까!

나는 하나님의 심판만이 두려운 게 아니라 역사의 심판도 두렵습니다. 사형제, 여성 투표권, 혹은 어린이 보호 등에서 주교님들이 반대표를 던져 사람들을 실망시켰던 그 기나긴 도덕적 문제들의 목록에 이제 사냥도 포함시켜야 하겠습니까? 도덕적 문제들에 대해 영국성공회 주교들이 과거에 취한 입장들의 기록을 읽는 것보다 더 마음의 갈피를 잡을 수 없는 경험도 없을 것입니다.

본질적으로 학대행위에 반대하는 대의를 어떻게 그렇게 기독교의 주교님들이 확실히 이해하지 못하는가는 정말로 이상한 일입니다. 왜냐하면, 그것은 우리의 기독교 선조들이 제창한 것이기 때문입니다. 수많은 19세기의 선각자들은-세 명만 예로 든다면, 윌리엄 월버포스William Wilberforce, 섀프츠베리Shaftesbury 경卿, 그리고 파웰 벅스턴Fowell Buxton은-모든 형태의 학대행위를 반대하는 것을 기독교적 의무로 보았습니다. 성공회 사제 아더 브룸Arthur Broome은 1824년에 기독교 단체의 하나로서 동물학대방지협회SPCA를 설립했습니다.

1909년에 히어포드Hereford의 주교는-다섯 명의 다른 주교단의 지지를 얻어-사슴 사냥과 비둘기 총렵과 사냥개를 이용한 토끼사냥을 금지하는 법안을 발의한 적이 있습니다. 당시 캔터베리의 대주교는 이를 지지하면서 이렇게 말했습니다. "나는 오늘 우리가 왜 백 년 전에 개를 부추겨 소를 물어 죽이는 영국의 옛 구경거리bull-baiting와 같은 것들에 이의가 제기되지 않았는지 이해하기 힘든 것처럼, 지금으로부터 50년 후에는 현재 당신의 상원의원들이 왜 사냥개를 이용한 토끼사냥에 이의 제기하는 것을 꺼렸는지 이해하기가 불가능하게 될 것이라고 확신합니다." 거의 백 년이 지난 오늘날 최소한 자기 목소리를 내는 기독교 주교들의 감수성은 과거 개를 부추겨 소를 물어 죽이는 구경거리에 대해 주교들이 보여주었던 감수성에 비해 사냥과 토끼사냥에 대해 더 예민하지 않은 것 같습니다. 사냥에 대한 논쟁은 중차대한 기로에 서 있습니다. 정부는 현재 당치도 않은 입법조치를 예고하고 있는데, 그것은 면허를 주어 여우와 밍크 및 산토끼 사냥을 허가하는 것입니다. 면허발급은 소위 '스포츠'가 된 사냥이 현재 도덕적으로 소유하고 있지도 못하고 법적으로 가져서도 안 되는 하나의 정당성을 부여할 것입니다. 사실 학대행위에 '면허를 발급' 한다는 어떤 종류의 생각도 도덕신학에 모욕적인 것입니다. 소위 '공리성' utility과 '잔학행위' cruelty라는 원칙들은– '필수적인 학대' 라는 말처럼 질문을 불러일으키는 관용표현과 마찬가지로–학대행위에 대해 전적으로 공리주의적인 그리고 세속적인 정당성을 전제로 합니다. 때로는 어떤 타협안이 도덕적으로 칭찬을 받을 때가 있겠지만, 이번은 아닙니다. 스포츠를 위해 사냥개를 동반하여 벌이는 포유동물에 대한 사냥행위는 강간, 아동학대, 그리고 고문과 함께 도덕적으로 언제나 허용될 수 없는 행동으로 분류되어야 합니다. 다른 무엇을 진리라고 하든, 기독교의 복음은 학대행위와 양립할 수 없습니다. 지금까지 사냥에 대한 논쟁에서 주교단은 사냥의 지속에 표를 던졌습니다. 그러나 나는 이 주교님들이 영국에 있는 교회들의 견해를 대변한다고 보지 않습니다. 나는 사냥에 반대하는 많은 주교님들이 상원에 있든 아니든 자신들의 목소리를 내주실 것을 호소합니다. 그 목소리를 들으면 나는 감사할 것입니다. 만약에 교회가 너무도 이바지할 것이 많은 이 논쟁에서 완전히 잘못된 편에 선다면 그것은 비극적인 일이 될 것입니다.

주교님들께 그리고 하나님의 모든 피조물들에게 평화로운 성탄을 빕니다.

앤드류 린지

부록 2

동물 및 종교관련 주요도서

다음은 종교와 동물에 관련된 주요도서 목록이다.

▶▶ Keith Akers, *The Lost Religion of Jesus: Simple Living and Non-violence in Early Christianity* (New York: Lantern Books, 2000). 월터 윙크(Walter Wink) 교수가 서문을 썼다. 예수는 동물과 인간에게 비폭력을 실천한 '에비온파'(Ebionite)라고 주장하는 도발적인 연구다. 많은 사람은 이를 문제로 여기겠지만, 윙크 교수는 학문성과 선명한 논리를 가지고 이를 논한다.

▶▶ Anon, *The Animals' Lawsuit Against Humanity: A Modern Adaptation of an Ancient Animal Rights Tale* (Louisville, Kentucky: Fons Vitae, 2005). 앤슨 레이트너(Anson Laytner)와 댄 브리지(Dan Bridge)가 번역 및 번안하였으며, 매튜 카우프만(Matthew Kaufman)이 편집하고, 세이드 나스르(Seyyed Hossein Nasr)가 서문을, 쿨섬 베굼(Kulsum Begum)이 삽화를 넣었다. 이 이야기에는 놀라운 역사가 있다. 이 이야기의 다양한 버전들이 입에서 입으로 전해졌으나, 그것이 처음에 문서로 (아라비아어로) 기록된 것은 10세기경 이

슬람 수피 성직자들의 모임인 (아마도 오늘의 이라크에 있는) '순수 형제 기사단'에 의해서였다. 이 문서는 1316년에 가서야 프랑스 왕 앙주의 찰스(Charles of Anjou)의 요청에 의해 그리스도인 중에서 마에스트로 칼로(Maestro Calo)로 알려진 칼로니무스(Kalonymus)의 아들 랍비 칼로니무스에 의해 번역되었다. 이 이야기는 인간의 동물 학대에 반대하는 정교한 신학적 논쟁을 펼친 최초의 문서 중 하나임이 분명하다.

▶▶ Susan J. Armstrong and Richard G. Botsler (eds), *The Animal Ethics Reader* (London and New York: Routledge, 2003). 교재로 사용하기 위해 출판된, 588쪽에 이르는, 광범위하고 감탄할만한 선집(選集)이다. 너무 간략한 면이 없지는 않지만 종교적 관점에서 쓴 5편의 에세이도 포함되어 있는데 (저자는 Norman Soloman, Stephen Fuchs, Martin Forward, Michael W. Fox, Andrew Linzey), 미래 개정판에서 보완될 수 있을 것이다.

▶▶ Marc Bekoff with Carol Meaney (eds), *Encyclopaedia of Animal Rights and Animal Welfare* (Westport: Greenwood Press, 1998). 제인 구달(Jane Goodall) 박사가 서문을 썼다. 이 백과사전에는 '동물신학', '신적 권리', '신정론', '생명에의 외경' 등의 신학적 화제들과 여러 유익한 종교 사상가들에 관해 내가 쓴 짧은 전기들이 포함되어 있다.

▶▶ R.J. Berry (ed.), *The Care of Creation: Focusing Concern and Action* (London: Inter-Varsity Press, 2000). 존 스토트(John Stott)가 서문을 썼다. 이 책은 〈창조세계의 돌봄에 대한 복음주의 선언 Evangelical Declaration on the Care of Creation〉(1994)에 대한 응답 모음집이다. 이 책은 그 선언이 안타깝게도 동물을 하나의 도덕적 문제로 인지하지 못하는 것과 심지어는 의도적인 학대행위를 반대하지 못하는 것을 전체적으로 반성하고 있다. 이것은 보수적인 복음주의 안에서 동물이라는 주제가 아직 생태적 근시안에서 벗어나지 못하고 있다는 매우 뚜렷한 표시이다. 이에 대한 나의 비판은 Andrew Linzey, *Third Way*, 23/6 (July 2000), 23-25를 보라.

▶▶ Charles Birch and Lukas Vischer, *Living with the Animals: The Community of God's Creatures* (Geneva: WCC Publications, 1997). 이 책은 두 편의 에세이로 구성되어 있는데, 하나는 성서에서 다른 하나는 기독교 전통에서 동물에 대한 우호적인 목소리들을 찾는다. 짧지만 인상적인 입문서이다.

▶▶ Edward Carpenter, "Christian Faith and the Moral Aspect of Hunting," in Patrick Moore (ed.), *Against Hunting* (London: Gollancz, 1965). 이 논문은 동물에 대한 전통적 관념에 도전하는 전 웨스트민스터 학장의 획기적인 글이다.

▶▶ Christopher Key Chapple, *Nonviolence to Animals, Earth, and Self in Asian Traditions* (Albany: State University of New York Press, 1993). 아시아의 종교 전통 속에서 비폭력이라는 주제를 예리하게 탐구한 간결하면서도 포괄적인 책.

▶▶ Stephen R.L. Clark, *The Moral Status of Animals* (Oxford: The Clarendon Press, 1977). 훌륭하고 폭넓은 철학적 토론을 담은 책으로서, 서문에서 "이것은 결코 사실일 수 없다, 피할 수 있는 악을 제거하기 위한 운동은 정당한 것이다"라고 주장한다. 종교적이고 신학적인 관점에 대한 통찰력 있는 토론을 담고 있다.

▶▶ Daniel A. Dombrowske, *Hartshorne and the Metaphysics of Animal Rights* (Albany: State University of New York Press, 1988). 찰스 하트숀(Charles Hartshorne)의 획기적인 논문, "인간 이하의 세계가 가진 권리"(The Rights of the Subhuman World), *Environmental Ethics*, 1 (1979), 49-60의 과정신학에 기초한 선구적인 작업.

▶▶ John Eaton, *The Circle of Creation: Animals in the Light of the Bible* (London: SCM Press, 1995). 성서 안의 동물 우호적 가르침에 대해 알기 쉽게 쓴 입문서. 하지만, 저자의 가벼운 필치는 성서학의 상당한 성과를 가린다.

▶▶ Denis Edwards, *Jesus: The Wisdom of God: An Ecological Theology* (Minneapolis: St. Paul's, 1995). 저자의 상상력 안에서 지각이 있는 피조물을 명확하게 포함하는 얼마 안 되는 생태신학적 연구이다. 이 책은 예수를 히브리 지혜전통의 체현으로 본다. 감탄할만한 작업이나, 아쉽게도, 이 책의 신학적 창의성은 널리 알려지지 않았다.

▶▶ Richard L. Fern, *Nature, God and Humanity: Envisioning an Ethics of Nature* (Cambridge: Cambridge University Press, 2002). 창조세계에 대하여, 특히 동물에 대한 도덕적 의무에 대하여 쓴 대단히 혼란스럽고 일관성 없는 책. 다음과 같은 문장이 그 전형적인 예이다. "채식주의를 주장하는 사람들이 종종 간과하는 것은—그들이 채식주의자라는 점에서 당연한 일이겠지만—고기에 기반한 음식들을 단념하자는 제안이 모든 인간 사회가 의존하는 안녕에 대한 상식을 위협한다는 것이다."(p. 239) 충분한 변론도 없는 이러한 헐렁한 주장에 우리는 의심을 품지 않을 수 없다.

▶▶ Allan Galloway, *The Cosmic Christ* (London: Nisbet & Sons, 1951). 아쉽게도 절판된 지 오래된 책이지만, 이보다 더 체계적인 연구는 아마 없을 것이다. 이 책은 그리스도의 행위가 모든 창조세계에 유효하다는, 매우 설득력 있는 주장을 펼친다. 현대 인간중심주의적 시각을 교정할 수 있는 중요한 연구이다.

▶▶ Robert M. Grant, *Early Christians and Animals* (London and New York: Routledge, 1999). 서문도, 각주도, 혹은 연관성에 대한 아무런 규명도 없이 지면의 대부분이 알렉산드리아 학파, 안디옥 학파, 라틴 교부들, 그리고 세비야의 이시도르(Isidore of Seville) 등의 작업에 대한 장황한 요약으로 구성된 매우 실망스러운 책. 저자는 신약성서 학자로서 주후 처음 3세기 동안의 종종 혼란스러운 세계 안에서 동물의 지위가 무엇이었는지 잘 밝힐 수 있었을 것이다. 이에 대한 나의 비판은 Andrew Linzey, *Church Times* (10 December 1999), p. 10을 보라.

▶▶ Roberta Kalechofsky (ed.), *Judaism and Animal Rights: Classical and Contemporary Responses* (Marblehead: Micah Publications, 1992). 동물의 지위에 대한 유대교의 견해를 알기 위해서 반드시 읽어야 할 필독서.

▶▶ Andrew Linzey, *Animal Rights: A Christian Assessment* (London: SCM Press, 1976). 기독교의 입장에서 동물의 지위에 대한 연구한 첫 현대적 작업. 권리에 대한 전통적 범주들(개성, 이성, 영혼의 소유 여부)이 부적절하다고 비판하면서 지각의 유무를 대안으로 제시한다. 무엇보다도 기독교의 전통적인 인간중심주의는 영적으로 빈곤하고 신학적으로 변명할 수 없는 오류임을 강조한다.

▶▶ Andrew Linzey, *Christianity and the Rights of Animals* (London: SPCK, and New York: Crossroad, 1987). 이 책은 피조물이 존중 속에 대우 받기를 요구하는 창조주의 권리에 근거한 새로운 권리 개념을 제안한다. 모든 지각이 있는 피조물은 '신적 권리'를 가지며 고유한 가치를 가진 주체들이라 주장한다. 동물권이라는 개념을 성서와 연결시키고 피조물의 권리를 위한 신학적 기반을 제공한 첫 번째 조직적 시도.

▶▶ Andrew Linzey and Tom Regan (eds), *Animals and Christianity: A Book of Readings* (London: SPCK, and New York Crossroad, 1988). 동물에 대한 기독교의 문헌들을 모은 첫 번째 선집(選集)이다. 찬반 양진영에서 열성적 지지자들의 글들을 발췌했는데, 여기에는 아퀴나스, 아우구스티누스, 칼 바르트, 보나벤투라, 칼뱅, 데카르트, 이레네우스, 토마스 모어, 앨버트 슈바이처, 톨스토이, 그리고 웨슬리가 포함되어 있다. 총괄 서문 "위대한 윤리"와 "창조세계에 대한 태도," "고통의 문제," "동물의 구원에 대한 질문," "경외, 책임, 권리" 그리고 "실천적 문제들"과 같은 5개의 섹션별 서문도 있다. 이 책은 2007년에 Wipf and Stock (Oregon, Eugene)에 의해 재출간되었다.

▶▶ Andrew Linzey, *Animal Theology* (London: SCM Press, and Chicago:

University of Illinois Press, 1994). 신학적 관점에서 동물의 지위를 다룬 가장 포괄적인 연구서. 무엇보다 인간의 동물에 대한 지배는 "섬김으로 나타난, 그리스도의 주권이라는 패러다임의 모델을 따라야 한다"(p. ix)고 주장한다.

▶▶ Andrew Linzey and Dan Cohn-Sherbok, *After Noah: Animals and the Liberation of Theology* (London: Mowbray, now Continuum, 1996). 동물에 대한 유대교 및 기독교의 가르침에 대한 최초의 포괄적 연구. 두 종교의 전통 안에서 동물에 대한 긍정적 이해를 보여주는 자원을 찾는다. 첫 장, "어떻게 동물이 유대교와 기독교 신학을 해방할 수 있는가"(pp. 117-37)는 동물이 우리의 하나님 이해에 대해 어떤 근본적인 질문을 던지고 있으며, 왜 우리는 포이어바흐가 인간이라는 종의 신격화 시도라 비판한 종교로부터 스스로를 구원하기 위해 동물에게 주목해야 하는지를 논한다.

▶▶ Andrew Linzey and Dorothy Yamamoto (eds), *Animals on the Agenda: Questions about Animals for Theology and Ethics* (London: SCM Press, and Chicago: University of Illinois Press, 1998). 지금까지 출간된 책들 중에서 동물과 신학에 대해 가장 포괄적이고 독창적인 연구모음집. 집필에 이바지한 사람들은 Richard Bauckham, J.W. Rogerson, Stephen R.L. Clark, John B. Cobb, Jr., Michael Lloyd, Paul Badham, J.B. McDaniel, Walter Houston, John Muddiman, Thomas E. Hosinski 등이다. 이 책에는 나의 서문(pp.ix-x)과 나의 소개의 글 "기독교는 구제될 수 없는 종차별주의자인가?"(pp. xi-xx), 그리고 "성서적 관점 이해하기"(pp. 3-7), "전통과 씨름하기"(pp. 63-66), "논의되는 질문들"(pp. 115-19), "동물에 대한 의무"(pp. 203-205) 등 4개의 섹션별 서문이 포함되어 있다.

▶▶ Andrew Linzey, *Animal Gospel: Christian Faith as if Animals Mattered* (London: Hodder and Stoughton, and Louisville, Kentucky: Westminster John Know Press, 1999). 나의 책 『동물신학』의 후속편으로서 무엇보다도 동물이 당하는 무고한 고통에는 무언가 그리스도의 무고한 고통과 닮은 점이 있으

며, 이것은 곧 우리에게 그리스도를 닮은 관대함의 윤리를 요청한다고 주장한다.

▶▶ Andrew Linzey, *Animal Rites: Liturgies of Animal Care* (London; SCM Press, and Cleveland, Ohio: The Pilgrim Press, 1999). 기독교 공동체들이 동물을 하나님의 피조물로 경축할 수 있도록 모두 14편의 새로운 예배문을 포함하는 예배모음집. 여기에는 동물과의 반려 관계를 축하하는 예배, 동물의 복지를 위한 예배, 치유를 위한 예배, "모든 창조세계를 위한" 새로운 성찬 기도, 그리고 동물을 위한 장례예배 등이 포함되어 있다. "한 마리의 참새도 떨어지지 않는다—동물 우호적 영성 다시 주장하기"(pp. 1-21)라는 나의 긴 서문도 실려 있다.

▶▶ Andrew Linzey and Paul Barry Clarke (eds), *Animal Rights: A Historical Anthology* (New York: Columbia University Press, 2005). 플라톤, 아퀴나스, 데카르트, 홉스, 크로포트킨(Kropotkin, 러시아의 무정부주의자-역자 주), 존 스튜어트 밀, 칼 마르크스, 그리고 앨버트 슈바이처 등의 다양한 철학자, 정치 이론가, 그리고 신학자들이 동물에 대해 그리고 동물에 대한 인간의 의무에 대해 어떻게 생각했는지를 보여주는 50개 이상의 발췌문 모음집. 여기에는 어떻게 동물의 문제가 정의의 문제에 포함될 수 있는가에 대한 편집자의 서문(pp. xiii-xxii)이 실려 있다.

▶▶ Jay B. McDaniel, *Of God and Pelicans: A Theology of Reverence for Life* (Louisville, Kentucky: Westminster John Knox Press, 1989). 창조와 동물이라는 문제를 슈바이처의 철학적 통찰을 사용하여 조명한, 한 과정신학자의 선구적인 시도. 그의 후속작 *Earth, Sky, Gods, and Mortals: Developing an Ecological Spirituality* (Mystic: Twenty-Third Publications, 1990)는 학생과 교사들을 위한 탁월한 교재이다.

▶▶ Robert Murray, *The Cosmic Covenant: Biblical Themes of Justice,*

Peace and the Integrity of Creation (London: Sheed and Ward, 1992). 성서에 대한 매우 훌륭한 고찰로서, 특히 제6장은 친족(kinship)이라는 개념을 끌어와 동물과 인간의 관계에 관한 매우 탄탄한 논의를 전개한다. 예수회 소속 학자가 수고를 아끼지 않은 획기적인 연구이나 아쉽게도 널리 알려지지 않았다.

▶▶ Norm Phelps, *The Dominion of Love: Animal Rights According to the Bible* (New York: Lantern Books, 2002). 성서학 연구의 성과를 바탕으로 동물을 위한 간결하고 요점을 찌르는 신학적 주장을 펼친 인상적인 입문서.

▶▶ Charles Pinches and Jay B. McDaniel (eds), *Good News for Animals: Christian Approaches to Animal Well-Being* (Maryknoll, Orbis Press, 1993). 지금은 아쉽게도 절판되었지만 이 책은 1990년에 미국의 듀크 대학(Duke University)에서 열린 한 협의회의 결과를 담은 선구적인 모음집이다. 듀크 대학은 동물을 위한 신학적 목소리를 제기한 첫 번째 기관 중 하나이다. 편집자 중 한 사람인 찰스 핀치가 쓴 도발적 에세이, "각자 각자의 종류에 따라: 신학적 종차별주의에 대한 방어"(pp. 187-205)는 사려 깊은 신학적 응답을 기다리고 있다.

▶▶ Humphry Primatt, *The Duty of Mercy and the Sin of Cruelty to Brute Animals* [1776], edited by Richard D. Ryder (Fontwell: The Centaur Press, 1992). 서문은 존 오스틴 베이커(John Austin Baker) 주교가 썼다. 기독교와 학대는 서로 양립할 수 없다는 저자의 주장이 이 책을 획기적인 저서로 만든다.

▶▶ Tom Regan (ed.), *Animal Sacrifices: Religious Perspectives on the Use of Animals in Science* (Philadelphia: Temple University Press, 1986). 존 바우커(John Bowker) 교수가 서문을 썼다. 상당히 획기적인 에세이들을 담은 범종교적 선집(選集). 특히 제임스 캐프니(James Gaffney)의 논문, "동물실험과 로마가톨릭 윤리적 방법론의 연관성"은 그 깊은 통찰력과 명석함으로 높

이 평가받을 만하다. 이 책은 또한 나의 에세이, "창조세계에서 동물의 자리-기독교적 견해"를 싣고 있다.

▶▶ Michael Robson, *St. Francis: The Legend and the Life* (London: Geoffrey Chapman, 1997). 성 프란체스코에 대한 최고의 저술 중 하나. 학문성과 통찰력을 겸비하고 있다. 이 책은 특히 창조세계와 동물에 대한 프란체스코의 철저한 주장을 놓치지 않고 있다. 프란체스코에 대한 이러한 작업에 비추어 볼 때, 왜 아직도 그렇게 많은 프란체스코 수사들이 특별히 동물복지의 문제를 기독교의 문제로 받아들이지 않고 있는지 이해하기 어렵다.

▶▶ Joyce E. Salisbury, *The Beast Within: Animals in the Middle Ages* (London and New York: Routledge, 1994). 중세시대가 동물에 대해 얼마나 동정심을 보여주지 않았는지를 냉정히 보여주는 책. 중세에 중대한 지적 영향을 미쳤을 교회는 그런 점에서 면죄받기 어려울 것이다.

▶▶ Steve F. Sapontzis (ed.), *Food for Thought: The Debate over Eating Meat* (Amherst: Prometheus Books, 2004). 육식에 대한 찬반양론의 에세이들로 구성되어 있는 책. 이 중에는 나와 John Berkman, Roberta Kalechofsky, Tom Regan, James Gaffney 등이 종교적 측면에서 쓴 에세이들도 포함되어 있다. 학생과 교사들을 위한 탁월한 교재이다.

▶▶ Elijah J. Schochet, *Animal Life in Jewish Tradition* (New York: K'tav, 1984). 유대교와 동물에 대한 기념비적이고 포괄적인 책. 권위 있는 연구서.

▶▶ Richard H. Schwartz, *Judaism and Vegetarianism* (New York: Lantern Books, 2001). 히브리어로 *"tsa'r ba'alei chayim"*(생명 있는 어느 피조물에게도 고통을 주지 말라)라는 성서의 가르침에 기초한 유대교의 철저한 계율이 어떻게 철저한 채식주의를 정당화할 수 있는지를 보여주는 권위 있는 연구서. 또한 주목할 것은 같은 저자의 책 *Judaism and Global Survival* (New York: Lantern Books, 2002)인데, 이 책은 전 세계적 굶주림의 문제에 주목하면

서 채식주의의 정당성을 논증하고 있다.

▶▶ Albert Schweitzer, *Civilisation and Ethics*, tr. by C.T. Campion (London: Allen & Unwin, 1923). 슈바이처는 동물에 대한 기독교의 저술에서 여전히 무시되는 인물이다. 하지만, 그는 특히 동물에 대한 그리고 생태에 대한 감수성 둘 다를 예견했었다. 많은 신학적 한계에도 불구하고 이 책은 여전히 그의 '생명에의 외경'이라는 개념에 대한 감동적이고 통찰력 있는 이야기를 담고 있다.

▶▶ Frederick J. Simoons, *Eat Not This Flesh: Food Avoidances from Prehistory to the Present* [1961] (Madison: University of Wisconsin Press, second edition, 1994). 음식 규제 이론과 실천에 대한 포괄적 연구서. 하지만, 도덕적인, 특히 종교적인 고찰에서는 매우 제한적인 이해를 보여준다. (이 책은 김병화 역으로 돌베개 출판사에 의해 2004년 『이 고기를 먹지 마라?: 육식 터부의 문화사』라는 제목으로 출간되었다-역자 주).

▶▶ Roger D. Sorrell, *St. Francis of Assisi and Nature: Tradition and Innovation in Western Christian Attitudes toward the Environment* (New York: Oxford University Press, 1988). 기독교 안에서 자연에 대해 보여준 오랫동안의 관심에 대해 학술적으로 분석한 책. 특히 피조물에 대한 프란체스코의 견해가 그의 앞선 성인들에 의해 어떻게 예견되었는지를 보게 해준다.

▶▶ Paul Tillich, "Nature, Also, Mourns for a Lost Good" in *The Shaking of the Foundations* (New York: Scribners, 1962). 많이 알려지지 않은 논문이지만, 틸리히의 자연에 대한 관심과 또한 자연의 모호함에 대한 그의 신학적 이해 두 가지를 조명해주는 논문이다. (이 책은 김천배 역으로 대한기독교서회에 의해 『흔들리는 터전: 폴 틸릭 설교집』이라는 제목으로 1959년에 출간되었다-역자 주).

▶▶ Kerry S. Walters and Lisa Portmess (eds), *Religious Vegetarianism from Hesiod to the Dalai Lama* (Albany: State University of New York

Press, 2001). 유익한 선집(選集)으로 채식주의에 대한 피타고라스, 인도, 불교, 유대교, 기독교, 그리고 이슬람의 문헌들을 제공하는, 교재로서 훌륭한 책.

▸▸ Stephen H. Webb, *On God and Dogs: A Christian Theology of Compassion for Animals* (New York: Oxford University Press, 1998). 내가 서문을 썼다. 반려동물을 하나님의 은총을 가져오는 존재로 부각시킨, 통찰력 있고 창조적인 연구이다.

▸▸ Robert N. Wennberg, *God, Humans and Animals: An Invitation to Enlarge Our Moral Universe* (Grand Rapids: William B. Eerdmans, 2003). 상당히 혼란스런 책으로, "하나님은 인간을 이롭게 하기 위해, 즉 인간의 영혼 형성과 의사 결정을 위한 맥락의 일환으로, 동물의 고통과 고난을 허용한다"(p. 339)라는 결론을 내린다. 또 인용하자면, "이 피조물들[동물들]은 나름의 가치와 중요성을 가지고 있지만, 그들의 고통과 고난은 (부분적으로) 하나님을 사랑하고 예배하고 영광 돌리는 사람들을 만들기 위한 수단으로 허용될 수도 있다 … 말하자면 동물에게 허용된 고통과 고난은 하나님을 이롭게 하기 위한 것이다."(p. 340) 과연 이러한 잔인한 가설로부터 구출될 수 있는 공의로운 하나님에 대한 교리는 있는지, 혹은 그렇게 불릴 가치가 있는 어떤 하나님이라도 있는지 우리는 의아해하지 않을 수 없다. 이 책의 저자는 또한 나의 '신적 권리'라는 이론을 잘못 이해하고 있다. 그는 마치 내가 톰 리건(Tom Regan)의 세속적 이론과 나란히 그 개념을 도입하는 것처럼 말하고 있지만(p. 167), 그것은 사실이 아니다. 동물이 고유한 가치를 가지고 있으며 그 가치는 그들의 창조주인 하나님에 의해 확인된다고 주장하는 것에는 본질적인 모순이 없다.

▸▸ Richard Alan Young, *Is God a Vegetarian?* (New York: Open Court Publishing, 1999). 유감스러운 제목에도 불구하고, 미국 신학자에 의해 채식주의의 성서적 기반을 다룬 진지한 복음주의적 저서.

부록 3

한국에 소개된 동물보호 및 채식 관련 책

J. R. 데자르뎅. 『환경윤리-환경윤리의 이론과 쟁점』. 김명식 옮김. 자작나무

가타노 유카. 『이렇게 귀여운 동물을 왜 죽여야 하는 거죠?』. 고원진 옮김. 책읽는 수요일

게일 A. 아이스니츠. 『도살장-미국 산 육류의 정체와 치명적 위험에 대한 충격 고발서』. 박산호 옮김. 시공사

고다마 사에. 『유기동물에 관한 슬픈 보고서』. 박소영 옮김. 책공장더불어

고미송. 『채식주의를 넘어서』. 푸른사상

권지형, 김보경. 『임신하면 왜 개, 고양이를 버릴까?』. 책공장더불어

김동훈. 『동물법 이야기』. 팻러브

김민화. 『고기와 가족의 나쁜 식탁-지구를 살리는 어린이』. 소복이 그림. 스콜라

김서정. 『나를 살리고 생명을 살리는 다이어트- 다이어트, 채식, 그리고 나』. 아지랑이

김수현. 『바른 식생활이 나를 바꾼다』. 일송미디어

김수현. 『밥상을 다시 차리자』. 중앙생활사

김우열. 『채식의 유혹-육식의 족쇄를 풀어라!』. 퍼플카우콘텐츠그룹

김익현. 『피터 싱어가 들려주는 동물 해방 이야기』. 자음과모음

김재민. 『닭고기가 식탁에 오르기까지-달걀이 프라이드치킨이 되기까지, 양계장

이 공장이 되기까지』. 시대의창

김주화. 『그래서 나는 도시락을 챙겼다–지구 온난화 시대의 채식엄마 이야기』. 오블리제

김진석. 『동물의 권리와 복지』. 건국대학교출판부

김홍명, 황대원. 『면역 세라피– 내 몸과 영혼을 되살리는』. Here & Now Insight

난 멜링거. 『고기–욕망의 근원과 변화』. 임진숙 옮김. 해바라기

니겔 로스펠스. 『동물원의 탄생』. 이한중 옮김. 지호

니콜라 게갱. 『인간과 개, 고양이의 관계 심리학–세르주 치코티』. 이소영 옮김. 책공장더불어

니콜렛 한 니먼. 『돼지가 사는 공장–공장식 축산업 너머의 삶과 좋은 먹거리를 찾아서』. 황미영 옮김. 수이북스

다음을 지키는 사람들. 『광용아 햄버거 맛있니?–패스트푸드만 먹기 24일간의 체험일기』. 조선은 그림. 리좀

다음을 지키는 엄마모임. 『차라리 아이를 굶겨라–아이를 해치는 음식 39가지』. 시공사

데이브 드위트. 『다빈치의 부엌–이탈리아 요리, 그 비밀의 레시피』. 김지선 옮김. 빅하우스

레이 그릭, 진 스윙글 그릭. 『가면을 쓴 과학 동물실험–질병퇴치를 위한 의학혁명』. 윤미연 옮김. 다른세상

레이 그릭, 진 스윙글 그릭. 『탐욕과 오만의 동물실험–의사와 수의사가 밝히는 의학혁명』. 김익현, 안기홍 옮김. 다른세상

로브 레이들로. 『개에게 인간은 친구일까?–사랑하고 학대하고 보호하는 개와 인간의 이야기』. 박성실 옮김. 책공장더불어

로브 레이들로. 『동물 쇼의 웃음 쇼 동물의 눈물』. 박성실 옮김. 책공장더불어

로브 레이들로. 『동물원 동물은 행복할까?』. 박성실 옮김. 책공장더불어

로브 레이들로. 『동물원 동물은 행복할까?』. 박성실 옮김. 책공장더불어

루비 로스. 『우리를 먹지 마세요!』. 천샘 옮김. 두레아이들

리디아 히비. 『동물과 이야기하는 여자』. 김보경 옮김. 책공장더불어

리처드 로즈. 『죽음의 향연–광우병의 비밀을 추적한 공포와 전율의 다큐멘터리』. 안정희 옮김. 사이언스북스

리처드 H. 피케른, 수전 허블 피케른. 『개고양이 자연주의 육아백과–닥터 피케른의 홀리스틱 수의학 교본』. 양현국, 양창윤 옮김. 책공장더불어

리처드 W. 불리엣. 『사육과 육식–사육동물과 인간의 불편한 동거』. 임옥희 옮김.

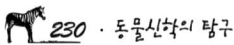

알마

마거릿 웨스트보.『채식하는 사자 리틀타이크-조지 웨스트보』. 정소영 옮김. 책공 장더불어

마이클 폴란.『잡식동물의 딜레마』. 조윤정 옮김. 다른세상

마크 베코프.『동물권리선언-우리가 동물의 소리에 귀 기울여야 하는 여섯 가지 이유』. 윤성호 옮김. 미래의창

마크 베코프.『제인 구달의 생명 사랑 십계명, 제인 구달』. 최재천, 이상임 옮김. 바다출판사

마타 윌리엄스.『당신도 동물과 대화할 수 있다』. 황근하 옮김. 샨티

멜라니 조이.『우리는 왜 개는 사랑하고 돼지는 먹고 소는 신을까-육식주의를 해부한다』. 노순옥 옮김. 모멘토

박경화.『도시에서 생태적으로 사는 법』. 명진출판사

박미연 외.『고기, 먹을수록 죽는다-모비』. 함규진 옮김. 현암사

박민철.『너의 마음이 궁금해-한국 최초 애니멀커뮤니케이터에게 배우는 동물 교감법』. 예담

박상표.『가축이 행복해야 인간이 건강하다-가축사육, 공장과 농장 사이의 딜레마』. 개마고원

박순영.『희망의 이유-제인 구달』. 궁리

박종무.『모든 생명은 서로 돕는다-수의사 아빠가 딸에게 들려주는 생명, 공존, 생태 이야기, 해를 그리며』. 리수

박하재홍.『우리가 알아야 할 동물복지의 모든 것-돼지도 장난감이 필요해』. 김성라 그림. 슬로비

베지닥터.『채식이 답이다-마음마저 맑아지는 즐거운 채식여행』. 스토리플래너

빅토리아 부텡코.『내 몸을 살리는 녹색 에너지 푸성귀-현대인의 생명 에너지 푸성귀』. 라형택 옮김. 아카데미북

사이 몽고메리.『템플 그랜든-자폐를 딛고 세상의 절반을 바꾼 동물학자』. 공경희 옮김. 작은길

삼하경일.『육식을 삼가자』. 가리내

세미.『함께 살고 싶어요-유기견 무무, 포, 하은이 이야기』. 대성그림. 꿈터

손영기.『나는 풀 먹는 한의사다』. 북라인

송광일.『기적의 채소-비료도 농약도 쓰지 않는 먹거리 혁명, 자연재배』. 청림Life

신승철.『갈라파고스로 간 철학자- 데카르트에서 들뢰즈.가타리까지, 철학 속 생태 읽기』. 서해문집

실비어 펑스턴.『인간을 위해 희생하는 동물들 이야기』. 오제운 옮김. 지경사
아비가일 우즈.『인간이 만든 질병 구제역』. 강병철 옮김. 삶과지식
안병수.『내 아이를 해치는 맛있는 유혹 트랜스 지방』. 국일증권경제연구
에리카 퍼지.『'동물'에 반대한다』. 노태복 옮김. 사이언스북스
에릭 슐로서, 찰스 윌슨.『맛있는 햄버거의 무서운 이야기-패스트푸드에 관해 알고 싶지 않은 모든 것』. 노순옥 옮김. 모멘토
에릭 슐로서.『식품주식회사-질병과 비만 빈곤 뒤에 숨은 식품산업의 비밀』. 박은영 옮김. 허남혁, 따비
에릭 슐로서.『패스트푸드의 제국』. 김은령 옮김. 에코리브르
웨인 파셀.『인간과 동물, 유대와 배신의 탄생』. 전진경 옮김. 책공장더불어
웨인 파셀.『인간과 동물-유대와 배신의 탄생』. 전진경 옮김. 책공장더불어
이광조.『역사 속의 채식인-피타고라스에서 뉴턴까지』. 살림
이상문.『기적의 음양식사법-자연치유와 생명의 길』. 정신세계사
이선아.『꿈꾸는 황소-션 케니프』. 살림
이영화.『나는 채식하는 오페라 가수』. 문화유람. 2003.10.23.
이용한.『안녕, 고양이는 고마웠어요-길고양이와 함께한 1년 반의 기록』. 북폴리오
이태근.『밥상 혁명- 녹색마을 자연학교의 참살이 건강 비법』. 더난출판사
잔 카제즈.『동물에 대한 예의-우리를 가장 인간답게 만드는 그들을 위하여』. 윤은진 옮김. 책읽는수요일
장두석.『사람을 살리는 생채식』. 정신세계사
장준.『전국 채식 맛집-가보면 즐겁고 먹어보면 놀라는』. 지오마케팅
전경옥.『우리가 외면하고 있는 동물의 행복할 권리』. 네잎클로바
제러미 리프킨.『육식의 종말』. 신현승 옮김. 시공사
제임스 서펠.『동물, 인간의 동반자』. 윤영애 옮김. 들녘
제프리 무세이프 메이슨.『코끼리가 울고 있을 때』. 오성환 옮김. 까치글방
조너선 사프란 포어.『동물을 먹는다는 것에 대하여』. 송은주 옮김. 민음사
조안 엘리자베스 록.『세상에 나쁜 벌레는 없다-작은 것들 속에 깃든 신의 목소리』. 조응주 옮김. 민들레
조엘 펄먼.『내 몸 내가 고치는 기적의 밥상』. 김재일 옮김. 북섬
조엘 펄먼.『내 몸의 자생력을 깨워라』. 이문영 옮김, 홍혜걸 감수. 쌤앤파커스
존 로빈스.『육식, 건강을 망치고 세상을 망친다』. 아름드리미디어
존 로빈스.『음식혁명』. 안의정 옮김. 시공사
존 쿳시.『동물로 산다는 것-노벨문학상 수상자 존 쿳시의』. 전세재 옮김. 평사리

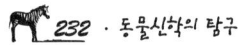

존 A. 맥두걸. 『어느 채식의사의 고백-녹말음식은 어떻게 약도 없이 살을 빼고 병을 고치나』. 강신원 옮김. 사이몬북스
진 바우어. 『생추어리 농장-동물과 인간 모두를 위한 선택』. 허형은 옮김. 책세상
짐 메이슨. 『죽음의 밥상-농장에서 식탁까지, 그 길고 잔인한 여정에 대한 논쟁적 탐험.피터 싱어』. 함규진 옮김. 산책자
쯔루다 시즈카. 『베지테리안, 세상을 들다』. 손성애 옮김. 모색
찰스 클로버. 『텅 빈 바다-남획으로 파괴된 해양생태계와 생선의 종말』. 이민아 옮김. 펜타그램
찰스 패터슨. 『동물 홀로코스트-동물과 약자를 다루는 '나치' 식 방식에 대하여』. 정의길 옮김. (사)동물보호시민단체 KARA 감수. 휴(休)
최경순. 『밥상 위의 보약, 생식』. 가림M&B
최훈. 『철학자의 식탁에서 고기가 사라진 이유-고기를 굽기 전, 우리가 꼭 생각해 봐야 할 철학적 질문들』. 사월의책
카렌 두베. 『고기 없이 못 살아! 정말 못살아?-모태 육식 애호가의 채식 도전기』. 이덕임 옮김. 프로네시스
카르멘 유엔. 『붓다의 밥상- 어떻게 먹을 것인가? - 참된 웰빙과 다이어트에 관한 붓다의 가르침』. 강태헌 옮김. 파피에
캐럴 J. 아담스. 『육식의 성정치- 페미니즘과 채식주의 역사의 재구성』. 류현 옮김. 미토
캐서린 그랜트. 『동물권, 인간의 이기심은 어디까지인가?』. 황성원 옮김. 이후
코다 미츠오. 『단식요법의 과학-현대 의학으로 증명한 체질개선 건강법』. 배성권 옮김. 미래지식
코다 미츠오. 『생명을 살리는 생채식 건강법』. 고정아 옮김. 일송미디어
콜린 베번. 『노 임팩트 맨-뉴욕 한복판에서 환경에 영향을 주지 않고 살아남기 1년 프로젝트』. 이은선 옮김. 북하우스
콤 켈러허. 『얼굴 없는 공포, 광우병 그리고 숨겨진 치매-미국산쇠고기를 둘러싼 무서운 음모와 충격적인 진실! 미스터리소설보다 더 흥미진진한 광우병 다큐멘터리!』. 김상윤, 안성수 옮김. 김현원 감수. 고려원북스
쿠로다 야스후미. 『돼지가 있는 교실-돼지 P짱과 32명의 아이들이 함께 한 생명수업 900일』. 김경인 옮김. 달팽이
크리스틴 트리봉도. 『우리 안에 돼지-생명의 숲에서 길을 묻다, 조슬린 포르셰』. 배영란 옮김. 숲속여우비
토마스 캠벨. 『무엇을 먹을 것인가-콜린 캠벨』. 유자화 옮김. 이의철 감수. 열린과학

티에리 수카르.『우유의 역습-당신이 몰랐던 우유에 관한 거짓말 그리고 선전』. 김성희 옮김. 알마

패트리샤 맥코넬.『당신의 몸짓은 개에게 무엇을 말하는가-동물행동학자가 들려주는 개의 심리와 행동』. 신남식, 김소희 옮김. 에피소드

폴 그린버그.『포 피시-네 종류 물고기를 통해 파헤친 인간의 이기적 욕망과 환경의 미래』. 박산호 옮김. 시공사

프란츠 알트.『생태주의자 예수』. 손성현 옮김. 나무심는사람

피터 싱어.『동물 해방』. 김성한 옮김. 연암서가

피터 싱어.『동물과 인간이 공존해야 하는 합당한 이유들-피터 싱어의 동물 해방 두 번째 이야기』. 노승영 옮김. 시대의창

피터 싱어.『모든 동물은 평등하다-철학자 피터 싱어가 쓴 동물운동가 헨리 스피라 평전』. 김상우 옮김. 오월의봄

하비 다이아몬드.『내 몸이 아프지 않고 잘 사는 법』. 김민숙 옮김. 오홍근 감수. 한언출판사

하워드 F. 리먼.『나는 왜 채식주의자가 되었는가- 채식주의자가 된 미국 최대 축산업자의 양심 고백』. 김이숙 옮김. 문예출판사

할 헤르조그.『우리가 먹고 사랑하고 혐오하는 동물들-인간과 동물의 관계, 그 모든 것에 관하여』. 김선영 옮김. 살림

함웅도.『내 운명을 바꾸는 채식의 비밀』. 건강다이제스트사

헬렌 니어링, 스콧 니어링.『조화로운 삶』. 류시화 옮김. 보리

헬렌 니어링.『아름다운 삶, 사랑 그리고 마무리』. 이석태 옮김. 보리

현금호.『개와 사람 사이』. 가각본

홍승스님.『녹차와 채식-사찰음식으로 부처를 만나다』. 우리출판사

황성수.『고혈압, 약을 버리고 밥을 바꿔라』. 페가수스

황성수.『곰탕이 건강을 말아먹는다』. 동도원

색인

한국어

ㄱ

개리 스나이더 97
개체수 108, 109, 110, 111
개혁운동 91
겸손 22, 52, 73, 81, 112
경외 26, 31, 51, 52, 54, 55, 147, 154, 207, 222
경외심 26, 31, 51, 52, 55, 147, 207
고통의 문제 37, 41, 55, 58, 59, 63, 105, 198, 222
공동선 64
공동의 생태적 선 111
공리주의 16, 17, 18, 68, 112, 197, 217
공포 25, 55, 71, 178, 193, 212
구속 69, 70, 99, 100, 101, 103, 105, 107, 113, 123, 126, 127, 128, 178, 209
기독교 윤리 63, 65, 66
기독교인 22, 24, 124, 136, 139, 148, 152, 163, 166, 167, 170, 171, 173, 208

ㄴ

내셔널 트러스트 198
내재성 103
네페쉬 34, 174
노예화 74
니체 79, 82, 100

ㄷ

다스리는 종 52, 206
데이비드 메이 115, 116
데이비드 퀸 186
데이빗 호튼 173
데카르트 79, 222, 224
도교적 기독교 159
도덕성 53, 106
도덕적 결정 212
도덕적 관대함 74, 119, 120, 175
도덕적 요청 89
도덕적 행위자 89, 106, 121, 126, 150, 212, 213
도마 136, 143, 144, 152
동물권 5, 15, 17, 18, 19, 20, 21, 22, 24, 25, 26, 27, 31, 32, 41, 42, 43, 66, 77, 78, 79, 80, 81, 82, 84, 85, 86, 87, 88, 89, 112, 117, 121, 122, 124, 131, 133, 154, 155, 173, 203, 222
동물목회 206, 207
동물보호 단체 109, 204
동물보호론자 199
동물보호운동 81, 83, 85, 201, 205
동물복음 21, 47, 154
동물복지주일 193
동물성서 202, 207
동물신학 2, 3, 5, 21, 22, 23, 24, 46, 69, 70, 74, 76, 77, 90, 91, 92, 104, 105, 107, 112, 113, 115, 116, 118, 119, 120, 121, 125, 133, 135, 203, 206, 207, 219, 223
동물 연구를 위한 장애자들의 모임 41
동물예배 170, 173, 174, 176, 187, 189, 192, 193
동물 옹호자 39, 43, 79, 80, 84, 103, 111, 112
동물운동 29, 38, 40, 41, 44, 45, 84

동물의례 21, 75, 169, 191, 192, 207
동물의제 42
동물장례식 181
동물해방 15, 16, 17, 22, 25, 26, 31, 40, 43, 131
두려움 55, 71, 75, 97, 147, 148, 172, 173, 176, 182

ㄹ

로고스 69, 70, 105, 180, 187, 188, 189
로데릭 던컬리 138
로버트 머레이 205
로버트 무레이 117
로저 고트리브 90
로저 벡위드 165
로즈마리 류터 127
리워야단 66
리처드 애덤스 95
리처드 오스틴 96

ㅁ

마르크스 79, 224
마르틴 루터 64, 101
마스칼 101
마크 매킨타이어 115, 120
마틴 부버 58
마틴 파머 157
매킨타이어 115, 116, 120, 122, 123, 124, 125
매튜 폭스 96, 130
맥다니엘 97, 98, 103, 127
몬테피오레 106
몽테뉴 83
무정부주의 43, 44, 224
물다양성회의 108, 109

ㅂ

바울 99, 100, 126, 127, 161, 164
반려동물 56, 170, 176, 190, 228
보존주의자 107, 108, 109

복제 2, 37
뵈머 138
브라이언 혼 71
비폭력 25, 122, 148, 158, 163, 167, 168, 218, 220
빌헬름 슈니멜허 146
빛의 종교 155, 156, 159

ㅅ

살해 41, 57, 95, 106, 127
샐리 맥페이그 127
샐리 스미스 홀트 115, 125
생명에의 경외 51
생명에의 연민 53
생명의 경축 51
생체해부 철폐운동 85
생태신학 5, 23, 24, 26, 71, 90, 91, 92, 95, 96, 97, 102, 104, 105, 107, 113, 127, 128, 129, 221
생태적 프로그램 103
생태주의자 90, 103, 106, 107, 109, 111
섀프츠베리 83, 85, 216
섬기는 종 52, 74, 206
성공회 21, 31, 58, 85, 171, 177, 195, 198, 200, 204, 215, 216
성서기독교회 85, 205
성육신 69, 70, 125, 126, 127, 171, 172
쇼펜하우어 79
쉘링 101
슈바이처 26, 51, 52, 102, 193, 222, 224, 227
스베덴보리 205
스테판 웹 205
스트레스 55, 71, 212
스티븐 클라크 104
시드니 에반스 29, 50
신비주의 26, 60, 75
신의 태만 171
신적 권리 19, 20, 87, 131, 133, 219, 222, 228

신적 환희　75
신정론　24, 71, 72, 219

ㅇ

아더 브룸　85, 216
아동의 권리　35, 89, 200
아리스토텔레스　64, 79
아우구스티누스　31, 79, 86, 222
아퀴나스　64, 70, 79, 86, 151, 175, 222, 224
안식일　65, 143, 144
안식일의 평화　65
알란 갤러웨이　180
알루오벤　155, 156, 157, 158
암스테르담 유럽협약　56
애니 딜라드　92
앤드류 로완　62
앤드류 블레이크　41
앤 프리마베시　102
앨런 그린스펀　78
에드워드 카펜터　107
에르푸흐트　51
에머슨　94
에비온 복음서　161, 163
에비온파　161, 162, 163, 166, 218
에큐메니즘　50
에피파니우스　161, 162, 163
엘리엇　45, 141, 143, 144, 146
연민　20, 24, 25, 53, 56, 59, 60, 66, 91, 101, 135, 139, 154, 155, 158, 159, 160, 167, 168
영국국교회　44, 45, 50, 58, 184, 191, 196, 197, 198
영허즈번드　50, 51, 52, 58
예수 경전　156, 157, 158, 162, 163, 166
예수회　67, 158, 169, 225
옥스퍼드 동물윤리 센터　21, 45
요한　11, 16, 18, 23, 24, 30, 33, 48, 52, 53, 54, 55, 56, 58, 61, 62, 66, 73, 76, 96, 97, 98, 99, 100, 101, 103, 112, 117, 119, 123, 124, 125, 132, 134, 135, 139, 145, 152, 157, 160, 161, 162, 167, 173, 176, 187, 192, 195, 197, 200, 201, 203, 204, 206, 208, 221
우월성　74, 150
우월주의　65
우주적 그리스도　180
위쪽으로의 타락　98
윌리엄 고드윈　59
윌리엄 모리스　152
윌리엄 윌버포스　83, 205, 216
윌리엄 제임스　53
윌리엄 코호드　205
유니테리언 교회　49
유대-기독교　122, 138, 161, 163, 166
윤리적 감수성　61, 168
윤리적 도전　63
인간학　63
인도주의　20, 77, 83, 87, 88, 123
인디펜던트　184, 186, 190
인본주의　54

ㅈ

자연보존주의자　107
자유로운 종　74
장 칼뱅　64
정신적 외상　41, 55
제니트　56
제이 맥다니엘　97, 127
제임스 구스타프슨　68
조나단 에드워즈　53
조나돈 포리트　96
조세프 릭카비　67
조지 오웰　44
조지프 키르완　87
존 로빈슨　130
존 올리버　106
존 이튼　205
종부성사　57
진화　55, 65, 72, 80, 93

짐 톰슨   106

ㅊ

찰스 페기   75
창조세계   23, 34, 50, 54, 62, 64, 65, 69, 70, 72, 73, 90, 96, 98, 99, 100, 102, 105, 106, 107, 112, 113, 122, 123, 125, 126, 127, 128, 129, 134, 136, 140, 144, 148, 151, 175, 177, 178, 182, 188, 189, 191, 192, 194, 200, 201, 205, 206, 207, 213, 219, 221, 222, 224, 226
창조신학   96
채식주의   5, 21, 30, 38, 39, 40, 85, 90, 104, 105, 121, 122, 123, 154, 157, 158, 161, 162, 163, 164, 165, 166, 167, 168, 203, 205, 221, 226, 227, 228

ㅋ

카르마   159
카타바시스   73
칼 바르트   63, 99, 118, 222
캔터베리 대주교   173, 198
콥트   136, 137, 139
콥틱성서   138
크리스티나 로세티   68
클리마싸이드   83
키르완   87, 88, 89
키스 와드   73

ㅌ

통합   24, 116, 117, 119
틸리히   101, 227

ㅍ

파월 벅스턴   83
페미니즘   62
평화   22, 43, 60, 65, 72, 84, 115, 121, 123, 125, 127, 135, 136, 147, 148, 149, 150, 151, 202, 203, 217
포스트모던   177
포식자   129, 130, 148
포이어바흐   70, 223
폴 배리 클라크   77
표적 통제   110
프란체스코   19, 23, 27, 151, 185, 193, 194, 226, 227
플라톤   79, 224
피터 싱어   14, 15, 16, 31, 130, 131

ㅎ

학대행위   44, 45, 74, 124, 190, 200, 201, 204, 208, 212, 214, 216, 217, 219
해방운동   78, 79
험프리 프리마트   200
현자의 돌   81
혼합주의   159
홉스   79, 224
환경보존론자   111

로마자

C

C.S. 루이스   63, 105, 128, 205, 214

J

J.K. 엘리엇   141, 143, 144, 146

S

SPCA   81, 85, 88, 177, 192, 201, 204, 211, 216